高等学校应用型本科管理学

"十三五"规划教材

财 务 分 析

主 审　姚　旭

主 编　王　磊

副主编　刘悦男　王　娜

中国金融出版社

责任编辑：张 铁 黄 羽
责任校对：张志文
责任印制：陈晓川

图书在版编目（CIP）数据

财务分析（Caiwu Fenxi）/王磊主编 . —北京：中国金融出版社，2017. 2
高等学校应用型本科管理学"十三五"规划教材
ISBN 978 - 7 - 5049 - 8806 - 5

Ⅰ . ①财…　Ⅱ . ①王…　Ⅲ . ①会计分析—高等学校—教材　Ⅳ . ①F231. 2

中国版本图书馆 CIP 数据核字（2016）第 282951 号

出版
发行　　中国金融出版社

社址　北京市丰台区益泽路 2 号
市场开发部　（010）63266347，63805472，63439533（传真）
网 上 书 店　http://www.chinafph.com
　　　　　　（010）63286832，63365686（传真）
读者服务部　（010）66070833，62568380
邮编　100071
经销　新华书店
印刷　北京市松源印刷有限公司
尺寸　185 毫米 ×260 毫米
印张　15. 25
字数　513 千
版次　2017 年 2 月第 1 版
印次　2017 年 2 月第 1 次印刷
定价　38. 00 元
ISBN 978 - 7 - 5049 - 8806 - 5
如出现印装错误本社负责调换　联系电话（010）63263947

前　　言

财务分析既是一门科学，更是一门艺术。为了适应当今市场经济建设对企业财务会计信息管理控制的需要，从企业纷繁复杂、真伪难辨的财务数据中真实有效地揭示出企业的财务状况和经营成果，找出企业经营管理的问题所在，并据此提出改进方向，编者结合了自身的实际工作经历和丰富的教学经验编写了此书。

本书本着理论与实务并重的原则组编相关内容，有利于广大实际工作者学习应用，可以成为实际工作者进行财务分析工作的良师益友。当今会计界从事财务会计分析工作的大多是单位的会计主管或会计机构的负责人，所依据的分析资料又几乎全部来自于会计资料。从有助于开展分析工作的角度出发，本书选择了以会计要素为主线的结构编排，这样做便有别于其他同类财务会计分析教材的体系结构，从而有利于分析者摆脱传统以三张报表分析为主的框架约束，使财务分析工作可以产生更好的实际效果。不仅如此，编者还对会计环境问题进行了较为深入的分析研究，提出了不少新观点，既有利于提高读者对财务分析工作的认识，也有利于提高读者的财务分析能力。

本书共分十一章。第一章、第二章阐述企业财务分析的理论、思路、方法和信息来源；第三章介绍对财务分析基础资料的可靠性和可信性进行校验的方法；第四章至第七章阐述了财务会计报表的分析内容及方法；第八章主要介绍企业偿债能力、营运能力、盈利能力、发展能力分析方法；第九章主要介绍在财务单项分析的基础上进行财务综合分析的方法；第十章介绍财务分析报告的审阅和编写方法；第十一章主要介绍对财务会计报告的粉饰行为的鉴别方法。为了便于掌握财务分析方法与技巧，本书附录为 GL 公司财务报表数据。

本书适合开设相同或类似课程的各个专业的本科生学习，这些专业包括会计学、财务管理、审计学、资产评估、金融学等，同时也可作为这些专业研究生以及 MBA、MPA、MPAcc、MV、Maud 等专业硕士学习的参考教材。当然，也可以作为企业开展经营分析培训的教材使用。

本教材由姚旭教授担任主审，王磊副教授担任主编，刘悦男讲师、王娜讲师担任副主编，祁丽讲师、赵凯讲师、李宁讲师参编，具体分工如下：第一章、第二章由祁丽编写；第三章、第五章由刘悦男编写；第四章由赵凯编写；第六章、第七章由王娜编写；第八章、第九章由王磊编写；第十章、第十一章由李宁编写。

在本书的写作过程中，编者参阅了国内外大量的文献和资料，其中信息明确的作者已列于脚注或参考文献中，而信息不全的部分，因无法详细查证其出处，故未能列出。在此，向所有企业财务分析研究领域的专家和学者致以最诚挚的谢意。

编者
2017 年 1 月

目　　录

第一章　财务分析概述 …………………………………………………… 1

第一节　财务分析的概念与意义 …………………………………… 1

一、财务分析的概念 ………………………………………… 1

二、财务分析的意义 ………………………………………… 2

第二节　财务分析的发展与学科定位 ……………………………… 3

一、财务分析的发展 ………………………………………… 3

二、财务分析的学科定位 …………………………………… 5

第三节　财务分析的依据和内容 …………………………………… 7

一、财务分析的依据 ………………………………………… 7

二、财务分析的内容 ………………………………………… 8

第四节　财务分析应注意的问题 …………………………………… 9

一、注意基本财务报表与财务报表附注相结合 …………… 9

二、注意财务分析与非财务分析相结合 …………………… 9

三、注意动态分析与静态分析相结合 ……………………… 9

四、注意定量分析与定性分析相结合 ……………………… 9

五、注意企业内部分析与外部分析相结合 ………………… 10

第二章　财务分析的程序与方法 ………………………………………… 11

第一节　财务分析的程序 …………………………………………… 11

一、确定分析目标 …………………………………………… 11

二、信息收集整理阶段 ……………………………………… 11

三、财务分析实施阶段 ……………………………………… 12

四、财务分析总结阶段 ……………………………………… 12

第二节　财务分析的基本方法 ……………………………………… 13

一、比较分析法 ……………………………………………… 13

二、比率分析法 ……………………………………………… 14

三、结构分析法 ……………………………………………… 17

四、因素分析法 ……………………………………………… 18

五、趋势分析法 ·· 21

第三章 财务分析信息基础 ·························· 24

第一节 财务分析信息的作用与种类 ················ 24

一、财务分析信息的作用 ························ 24

二、财务分析信息的种类 ························ 25

三、财务分析评价标准 ·························· 27

第二节 企业财务报表信息 ························ 27

一、资产负债表信息 ···························· 27

二、利润表信息 ································ 30

三、现金流量表信息 ···························· 32

四、所有者权益变动表信息 ······················ 34

五、会计报表附注信息 ·························· 34

六、财务情况说明书 ···························· 38

第三节 企业财务分析其他信息 ···················· 38

一、审计报告信息 ······························ 38

二、企业内部非财务信息 ························ 39

三、企业外部信息 ······························ 40

第四章 资产负债表分析 ·························· 43

第一节 资产负债表分析概述 ······················ 43

一、资产负债表分析的目的 ······················ 43

二、资产负债表分析的内容 ······················ 45

第二节 资产负债表质量分析 ······················ 45

一、资产质量分析 ······························ 45

二、负债质量分析 ······························ 51

三、所有者权益质量分析 ························ 53

第三节 资产负债表结构分析 ······················ 54

一、共同比资产负债表 ·························· 54

二、资产结构分析 ······························ 57

三、负债结构分析 ······························ 59

四、股东权益结构分析 ·························· 62

五、资产结构与资本结构的适应度分析 ············ 63

第五章　利润表分析 ………………………………………………… 67

　第一节　利润表分析概述 ………………………………………… 67

　　一、利润表分析的目的 ………………………………………… 67

　　二、利润表的格式 ……………………………………………… 67

　　三、利润表分析的内容 ………………………………………… 69

　第二节　利润表质量分析 ………………………………………… 70

　　一、营业收入 …………………………………………………… 70

　　二、营业成本 …………………………………………………… 71

　　三、营业税金及附加 …………………………………………… 72

　　四、期间费用 …………………………………………………… 72

　　五、资产减值损失 ……………………………………………… 74

　　六、公允价值变动损益 ………………………………………… 75

　　七、投资收益 …………………………………………………… 75

　　八、营业利润 …………………………………………………… 77

　　九、营业外收入 ………………………………………………… 77

　　十、营业外支出 ………………………………………………… 78

　　十一、利润总额 ………………………………………………… 79

　　十二、所得税费用 ……………………………………………… 79

　　十三、净利润 …………………………………………………… 80

　　十四、每股收益 ………………………………………………… 80

　第三节　利润表结构分析 ………………………………………… 80

　　一、共同比利润表 ……………………………………………… 80

　　二、收入结构分析 ……………………………………………… 81

　　三、成本费用结构分析 ………………………………………… 82

　　四、非经常性损益 ……………………………………………… 82

第六章　现金流量表分析 ………………………………………… 84

　第一节　现金流量表分析概述 …………………………………… 84

　　一、现金流量表分析的目的 …………………………………… 84

　　二、现金流量表分析的内容 …………………………………… 85

　第二节　现金流量表质量分析 …………………………………… 85

　　一、经营活动现金流量质量分析 ……………………………… 86

　　二、投资活动现金流量质量分析 ……………………………… 90

三、筹资活动现金流量质量分析 ················· 92

四、现金流量表附注中的现金流量质量分析 ········· 93

第三节　现金流量结构与趋势分析 ················· 93

一、现金流量结构分析 ····················· 93

二、现金流量趋势分析 ····················· 96

第七章　所有者权益变动表分析 ················· 100

第一节　所有者权益变动表分析的目的和内容 ········· 100

一、所有者权益变动表分析的目的 ············· 100

二、所有者权益变动表分析的内容 ············· 101

第二节　所有者权益变动表质量分析 ··············· 101

一、直接计入所有者权益的利得与损失的分析（其他综合收益）··· 101

二、会计政策变更的分析 ··················· 102

三、前期差错调整 ······················· 103

四、股利政策 ·························· 104

五、库存股 ··························· 106

六、股票期权 ·························· 107

第三节　所有者权益变动表结构分析 ··············· 108

一、所有者权益垂直分析表 ················· 108

二、留存收益比例 ······················· 111

第八章　财务比率分析 ······················· 113

第一节　偿债能力分析 ····················· 113

一、偿债能力的内涵及衡量 ················· 113

二、短期偿债能力分析 ····················· 114

三、长期偿债能力分析 ····················· 120

四、现行偿债能力分析指标的局限性 ············· 127

第二节　盈利能力分析 ····················· 128

一、盈利能力分析的内涵与意义 ··············· 129

二、影响盈利能力的因素 ··················· 130

三、盈利能力的分析指标、评价方法和评价标准 ······· 132

第三节　营运能力分析 ····················· 143

一、营运能力分析的内涵与内容 ··············· 143

二、流动资产周转情况分析 ……………………………………… 144

三、固定资产周转情况分析 ……………………………… 152

四、总资产周转情况分析 ………………………………… 154

第四节　发展能力分析 …………………………………………… 156

一、发展能力的内涵 ……………………………………… 156

二、发展能力指标分析 …………………………………… 157

第九章　企业经营与财务综合分析 ………………………………… 167

第一节　财务综合分析概述 ……………………………………… 167

一、财务综合分析的意义 ………………………………… 167

二、财务综合分析的特点 ………………………………… 168

三、财务综合分析的方法体系 …………………………… 169

四、财务综合分析方法的应用原则 ……………………… 169

第二节　财务综合分析方法 ……………………………………… 170

一、财务比率综合评分法 ………………………………… 170

二、杜邦分析法 …………………………………………… 176

三、经济增加值评价法 …………………………………… 186

四、平衡计分卡法 ………………………………………… 189

第三节　杜邦财务分析案例 ……………………………………… 193

一、公司概况 ……………………………………………… 193

二、案例问题及资料 ……………………………………… 194

三、案例分析要求 ………………………………………… 195

四、案例分析结论 ………………………………………… 195

第十章　企业财务分析报告 ………………………………………… 201

第一节　财务分析报告概述 ……………………………………… 201

一、财务分析报告的含义和特点 ………………………… 201

二、财务分析报告的类型 ………………………………… 201

三、财务分析报告的内容 ………………………………… 202

第二节　财务分析报告的编写 …………………………………… 204

一、财务分析报告的格式要求 …………………………… 204

二、财务分析报告的编写要求 …………………………… 205

三、财务分析报告的分析手法 …………………………… 206

　　四、财务分析报告在分析过程中应注意的其他问题 ……………………… 207

　　五、财务分析报告范例 ……………………………………………………… 207

第十一章　财务会计报告粉饰行为分析 …………………………………… 215

　第一节　财务会计报告粉饰行为概述 ……………………………………… 215

　　一、财务会计报告粉饰行为的内涵 ……………………………………… 215

　　二、财务会计报告粉饰行为的类型 ……………………………………… 216

　　三、财务会计报告粉饰的动机分析 ……………………………………… 217

　第二节　财务报告粉饰常见手段及防范措施 ……………………………… 218

　　一、财务会计报告粉饰常见手段 ………………………………………… 218

　　二、财务会计报告粉饰的识别与防范 …………………………………… 222

附录 ……………………………………………………………………………… 226

参考文献 ………………………………………………………………………… 232

第一章

财务分析概述

学习目标

通过本章的学习，明确什么是财务分析，了解财务分析的意义及其产生和发展趋势；掌握财务分析的依据和内容以及形成的理论基础；理解财务分析的目的以及不同财务分析主体财务分析目的的差异；了解财务分析中应注意的事项。

第一节 财务分析的概念与意义

一、财务分析的概念

财务分析是以会计核算和报告资料及其他相关资料为依据，采用一系列专门的分析技术和方法，对企业等经济组织过去和现在的有关筹资活动、投资活动、经营活动的盈利能力、营运能力、偿债能力和增长能力状况等进行分析与评价，为企业的投资者、债权者、经营者及其他关心企业的组织或个人了解企业过去、评价企业现状、预测企业未来、做出正确决策与估价提供准确的信息或依据的经济应用学科。要正确理解财务分析的基本内涵，必须搞清以下几个问题。

（一）财务分析是一门综合性、边缘性学科

财务分析是在企业经济分析、财务管理和会计基础上形成的一门综合性、边缘性学科。所谓综合性、边缘性是指财务分析不是对原有学科中关于财务分析问题的简单重复或拼凑，而是依据经济理论和实践的要求，综合了相关学科的长处产生的一门具有独立的理论体系和方法论体系的经济应用学科。

（二）财务分析有完整的理论体系

随着财务分析的产生与发展，财务分析的理论体系不断完善。从财务分析的内涵、财务分析的目的、财务分析的作用、财务分析的内容，到财务分析的原则、财务分析的形式及财务分析的组织等，都日趋成熟。

（三）财务分析有健全的方法论体系

财务分析的实践使财务分析的方法不断发展和完善，它既有财务分析的一般方法或步骤，又有财务分析的专门技术方法，如水平分析法、垂直分析法、趋势分析法、比率分析法等都是财务分析的专门和有效的方法。

（四）财务分析有系统、客观的资料依据

财务分析的最基本资料是财务报表，财务报表体系和结构及内容的科学性、系统性、客观性为财务分析的系统性与客观性奠定了坚实的基础。另外，财务分析不仅以财务报表资料为依据，而且参考管理会计报表、市场信息及其他有关资料，使财务分析资料更加真实、完整。

（五）财务分析有明确的目的和作用

财务分析的目的受财务分析主体和财务分析服务对象的制约，不同的财务分析主体进行财务分析的目的是不同的，不同的财务分析服务对象所关心的问题也是不同的。各种财务分析主体的分析目的和财务分析服务对象所关心的问题，也就构成了财务分析的目的或研究目标。财务分析的作用从不同角度看是不同的。从财务分析的服务对象看，财务分析不仅对企业内部生产经营管理有着重要作用，而且对企业外部投资决策、贷款决策、赊销决策等也有着重要作用。从财务分析的职能作用看，它对于正确预测、决策、计划、控制、考核、评价都有着重要作用。

二、财务分析的意义

财务分析的意义是外在的，是不同财务信息使用者赋予它的。不同财务信息使用者注重的财务分析的结论是不同的，所以他们对财务分析提出的要求也是有区别的，这就必然决定了企业财务分析对于不同的信息使用者具有不同的意义。其基本的意义可以从以下几方面来认识。

（一）从债权人角度看财务分析的意义

债权人更多地关心企业的偿债能力，关心企业的资本结构和负债比例，以及企业长短期负债的比例是否恰当。一般来讲，短期的债权人更多地注重企业各项流动比率所反映出来的短期偿债能力。而长期债权人则会更多地考虑企业的经营方针、投资方向及项目性质等所包含的企业潜在财务风险和偿债能力。同时长期债权人也要求了解企业的长期经营方针和发展实力及是否具有稳定的盈利水平，因为这是企业持续偿债能力的基本保证。所有这些都要通过全面的财务分析才能实现，并要提供具有针对性的财务指标及相关信息。

（二）从投资者角度看财务分析的意义

一般而言，投资者最注重的是企业的投资回报率水平，又十分关注企业的风险程度，不但要求了解企业的短期盈利能力，也要考虑到企业长期的发展潜力。所以企业财务分析对投资者具有十分重要的意义。它不但说明企业的财务目标是否最大限度地实现，也为投资者作出继续投资、追加投资、转移投资或抽回投资等决策，提供最重要的信息。如果是上市公司，作为投资者的股东，还要了解公司每年的股利分配情况及股票市场的市价变化等。同时，对投资者来讲，不仅要求获得当前的盈利和风险的分析信息，更要求获得各期动态分析的信息，因为这对投资决策更有价值。

（三）从经管者角度看财务分析的意义

财务分析信息对于提高企业内部经营管理水平，制定有效的内外部决策都具有重要意义。企业外界的利益者对企业的影响是间接的，而企业经营管理当局利用财务分析信息能马上应用于管理实务，对促进企业各级管理层综合管理水平的提高至关重要。所以对应用企业内部管理财务分析信息的要求越具体和深入，越有助于企业的经管当局及时了解企业的经营规划和财务、成本等计划的完成情况，并通过分析各种主、客观原因，及时采取相应的措施，改善各个环节的管理工作。同时，财务分析信息也是企业内部总结工作业绩、考核各部门经营责任完成情况的重要依据。

（四）从政府角度看财务分析的意义

对企业有监管职能的主要有工商、税务、财政和审计等政府部门，它们也要通过定期了解企业的财务分析信息，把握和判断企业是否按期依法纳税、有无通过虚假财务报告来偷逃国家税款、各项税目的缴纳是否正确等。同时，国家为了维护市场竞争的正常秩序，必然会利用财务分析资料，来监督和检查企业在整个经营过程中是否严格地遵循国家规定的各项经济政策、法规和有关制度。

（五）从内部员工角度看财务分析的意义

内部员工不但关心企业目前的经营状况和盈利能力，也同样关心企业的经营前景，他们也需要通过财务分析资料来获取这些信息，知道其辛勤劳动获取怎样的成果，企业和本部门的有关指标是否完成，了解各种工资、奖金和福利变动的原因以及企业的稳定性和职业的保障程度等。

第二节　财务分析的发展与学科定位

一、财务分析的发展

（一）财务分析应用领域的发展

对财务分析产生与发展在早期作出重要贡献的是贷款人和投资者，正是他们对财务报表信息的需求影响着财务分析的产生与发展。在近代与现代，企业经理、银行家和其他人对财务信息的需求进一步影响着财务分析的发展进程。

1. 财务分析开始于银行家

直到20世纪初，会计账簿与报表一直被当作记账员工作的证明，然而这时银行家开始要求使用资产负债表作为评价贷款是否延期的基础。财务报表大规模使用于信贷目的，开始于1895年2月9日，当时纽约州银行协会的经理委员会采纳了一项决定：要求它们的机构贷款人提交书面的、有其签字的资产负债报表。从那时起，财务报表被主要银行推荐使用。1900年，纽约州银行协会发布了申请贷款的标准表格，包括一部分资产负债表。尽管银行开始要求其客户的资产负债表，但没有任何对其内容进行数量计量的尝试。资产负债表可能仅仅是被检查，然后就存档了。纽约第四国家银行副总经理杰姆斯是主张提供报表的最积极支持者。他认为扩大贷款必须预测贷款人的偿债能力，必须对报表进行分析。他设计出财务报表的比较格式，显然财务报表比较应是财务分析的内容。在接受了比较报表观点后，银行家们开始考虑什么应该比较，如比较速动资产与流动负债等。这可以证明，在20世纪初，比率分析已经出现并被贷款人接受。

2. 投资领域的财务分析

从财务报表分析观察企业财务状况的观点也应用于投资领域。1900年，美国的汤姆斯发表了题为"铁路报告分解"的小册子，在处理各种铁路报表因素时，他使用了现代的分析方法，如经营费用与总收益比率、固定费用与净收益比率等。财务分析作为评价财务状况的基础在投资领域越来越流行。

3. 现代财务分析领域

现代财务分析领域不断扩展，早已不限于初期的银行信贷分析和一般投资分析。全面、系统地筹资分析、投资分析、经营分析是财务分析的基本领域。随着经济发展、体制改革与现代公司制的出现，财务分析在资本市场、企业重组、绩效评价、企业评估等领域的应用也越来越广泛。

（二）财务分析与会计发展

1. 财务分析与会计技术发展

财务分析的产生与发展是社会经济发展对财务分析信息需求与供给共同作用的结果。会计技术与会计报表的发展为财务分析的产生与发展奠定了理论基础。财务分析的基础是财务报表，财务报表的基础是会计技术。因此，会计技术发展影响或决定着财务分析的产生与发展。

会计技术的发展可分为四个阶段：第一个阶段是利用会计凭证记录交易事项；第二个阶段是利用会计分类账记录交易事项；第三个阶段是编制财务报表；第四个阶段是财务报表解释。财务报表解释的目的是给管理者提供经营管理信息。

财务报表解释要求财务分析。因为财务报表是会计分类账的缩写，相当少的财务报表数据代表了无数会计借贷的结果。由于有些财务报表数据非常综合，它是无数业务交易的结果，因此，对于财务报表反映的单一数据与无数业务交易之间就存在许多需要解释的问题。为了解释介于财务报表与业务交易之间的中间数据，就要对财务报表进行分析，即从总体分解到其构成因素，或者说是采用与会计相反的程序，从财务报表回到原始分录。

财务报表解释要求比较。对财务报表构成因素的进一步检验，并不能得出最终财务状况的结论。计量各因素的相关程度是必需的。例如只看企业流动负债绝对额不能得出企业支付能力好坏的结论，必须将其与流动资产相比较，即从流动负债与流动资产之间的相关程度说明企业的支付能力。因此，解释企业财务状况仅分解财务报表是不够的，还要进行各种相关比较，包括不同历史阶段的比较。而对财务报表信息的比较正是财务分析的基本技术。

2. 财务分析与会计汇总（或报表）的历史发展

要全面理解财务分析的产生与发展，了解会计汇总及报表的发展是有益的。会计从最初记录交易到以货币计量形成会计余额，然后从会计余额发展到会计汇总，再从会计汇总发展到会计报表。对会计汇总的需要来自于经济发展与管理需求。有资料表明，对资产与负债的汇总被认为存在于14世纪。到16世纪，会计汇总成为复式记账（会计平衡）形式的有机组成部分。当企业经营规模较小时，会计余额汇总可反映财务状况与经营结果，并可供企业所有者和合伙人检查，不需要在会计汇总或会计分类账基础上编制财务报表。

随着19世纪末期企业规模增大，公司开始有许多投资者，编制更多的会计汇总给所有股东是必需的。因此，会计余额汇总或总分类账被发展成当代的资产负债表。现代会计实践中使用的其他财务报表是近代随着经济发展及对会计的需求而加入会计程序的，如利润表、财务状况变动表、现金流量表等。

从会计余额、会计汇总到财务报表的发展，反映了财务分析与会计发展是紧密相关的。随着经济发展及人们对会计信息的需求，会计技术不断发展，财务报表不断完善。而会计技术和财务报表的发展与完善，又促进了财务分析的发展。

（三）我国财务分析的发展

我国的财务分析思想出现较早，但真正开展财务分析工作还是在 20 世纪初。当时，中国的一些外国洋行和中国金融资本家开始分析企业的经营效益和偿债能力，但很少根据会计核算数据进行较全面的分析。新中国成立后，在计划经济体制下，我国一直把财务分析作为企业经济活动分析的一部分。但在统收统支的计划经济体制下，经济活动分析的基本任务是分析企业各项计划的完成情况，财务分析在经济活动分析中是无足轻重的。改革开放以来，随着企业自主权的扩大，财务分析引起了越来越多的有识之士的重视，不仅经济活动分析中的财务分析内容得到了充实，财务管理和管理会计等学科中都增加了财务分析的内容。但是，这些学科毕竟有其独立的理论与方法论体系，财务分析只不过作为这些学科体系的一部分，没能形成适应在市场经济条件下，建立现代企业制度需要的独立的财务分析学理论体系与方法论体系。企业所有者、潜在投资者、企业经营者、企业债权人等缺少投资、经营、交易等所需要的财务分析系统理论与方法。因此，在我国建立独立的财务分析学科体系是经济发展的客观需要。

随着我国社会主义市场经济体制的建立、发展与完善，我国的宏观经济环境和微观经济体制都发生了很大变化。建立产权清晰、权责明确、政企分开、管理科学的现代企业制度已成为我国企业制度改革的目标和方向。在现代企业制度下，企业的所有者、债权人、经营者和政府经济管理者都站在各自的立场上，或从各自的目的和利益出发，关心企业的经营状况、财务状况和经济效益。国家在宏观经济政策和环境方面也为他们分析和掌握企业的经营和财务状况创造了条件。例如，统一了财务会计制度，完善了财务会计信息披露制度，建立了产权清晰的企业制度等。这些都为我国财务分析的发展奠定了基础。

二、财务分析的学科定位

关于财务分析的学科定位问题一直存在较大争议，有人将其划归为会计学，有人将其划归为财务管理，还有人将其划归为金融学、统计学等。财务分析之所以定位较难是因为它是一门与上述学科都相关的一个边缘性学科，这从另一个方面也说明财务分析应该独立于上述学科。

财务分析实际上是在会计信息供给（会计学）与会计信息需求（财务学、经济学、管理学等）之间架起的一座桥梁。因为在会计学与经济学、管理学和财务学等学科的关系中，都涉及会计学的发展如何满足相关学科发展的信息需求，其他学科的发展如何有效利用会计信息的问题。一方面，会计学毕竟不是单纯满足某一信息使用者的需求，因此，会计提供的信息往往需要分析与转换而成为信息需求者的有用信息；另一方面，经济学、管理学、财务学等相关学科的复杂性也不能要求会计学者完全或直接掌握其会计信息的需求，将相关学科的决策需求分析转换为会计信息需求，也是会计学发展所需要的。在会计学与相关学科关系的信息转换中，财务分析起着至关重要的作用。财务分析就是根据相关学科或人们对会计信息的需求，将标准的会计信息分析转换为决策与管理所需要的信息；同时，财务分析又将相关学科理论与实务所需求的信息，分析转换为会计应该提供的信息。财务分析的这种地位与作用，在会计学与财务学的关系发展中体现得最为明显与清楚，如图1－1所示。

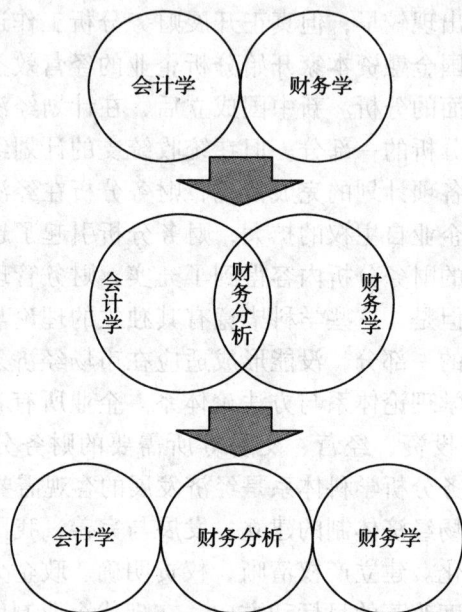

图1－1　财务分析与会计学、财务学的关系及演变

随着相关学科理论与实务对会计信息需求的加大，财务分析在连接会计学与相关学科关系中的地位与功能将进一步扩展，如图1－2所示。

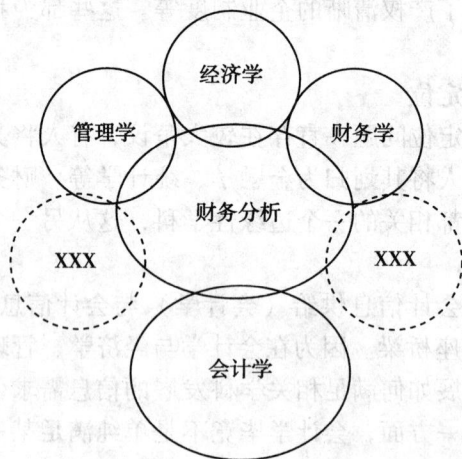

图1－2　财务分析同会计学和相关学科的关系

　　从财务分析在与会计学和相关学科关系中的地位与作用看，随着会计学科地位的提升，以及相关学科对会计信息需求范围、数量与质量要求的提高，财务分析将在分析主体、分析对象、分析内容和学科地位上有进一步的扩展与提升。财务分析不仅要满足投资者、债权人等外部信息需求者的需要，而且要满足管理者、员工等内部信息需求者的需要；不仅要满足管理学理论与实务发展的需要，而且要满足经济学理论与实务发展的需要。财务分析是一门独立的边缘性学科，而且将成为一个独立于会计学和财务学等的专业方向。

第三节　财务分析的依据和内容

一、财务分析的依据

　　进行财务分析必须依据有关资料。这些资料按范围可以分为内部资料和外部资料。内部资料是指可以从企业内部收集的，有关企业本身生产经营和财务活动的资料；外部资料指从企业外部收集的，有关企业经营和理财所处的环境和外部因素的资料。

　　（一）内部资料

　　1. 核算资料

　　核算资料指会计、统计、业务核算记录的，反映企业生产经营和财务活动实际情况的数据资料。在核算资料中会计核算资料是主要的资料，特别是会计核算所编制的财务报表和财务情况说明书更是分析的重要依据。

　　核算资料不仅是指报告当期的，而且包括历史的，特别是最近 3~5 年的历史资料，以利于了解发展变化情况。

　　2. 计划预算资料

　　计划预算资料指企业事前预计和规划的生产经营和财务活动情况的资料，包括财务计划、生产经营计划、各种预算和定额资料。它体现了企业预定的目标和任务。

　　3. 调研资料

　　这是指通过调查研究收集的，核算中没有记载的有关资料，这些资料对核算资料起着引证和补充的作用。

　　4. 其他内部资料

　　这里指除了上面三种资料以外的其他企业内部资料。如企业针对一些特定事项作出的情况等。

　　（二）外部资料

　　1. 市场资料

　　市场资料指反映资金、生产资料、消费品等市场供求、价格的变动及市场发展前景的有关资料。

　　2. 同行业资料

　　同行业资料指企业所属行业及同类企业的经营和财务资料、行业内竞争情况的资料、行业发展前景的资料等。

3. 政策资料

政策资料指有关财政、税收、金融、物价、外贸等经济政策及国家发展经济的方针等方面的资料。

4. 其他外部资料

其他外部资料是指其他与企业发展或决策方案有关的社会、政治、经济、文化状况及国际经济形势等方面的资料。

二、财务分析的内容

财务分析的内容主要根据信息使用者的不同而分为外部分析内容、内部分析内容，另可设置专题分析内容。具体来说，企业财务分析的内容有：

1. 财务状况分析

企业的财务状况是用资金进行反映的生产经营成果。企业的资产、负债和所有者权益从不同方面反映企业的生产规模、资金周转情况和企业经营的稳定程度。分析企业的财务状况包括分析其资本结构、资金使用效率和资产使用效率等。其中资金使用效率和资产使用效率分析构成企业营运能力分析，它是财务状况分析的重点。其常用指标为流动资产周转率、存货周转率、企业应收账款周转率等。

2. 获利能力分析

企业的获利能力是企业资金运动的直接目的与动力源泉，一般指企业从销售收入中能获取利润多少的能力。获利能力可反映出该企业经营业绩的好坏，因此，企业的经营人员、投资者和债权人都非常重视和关心。获利能力分析常用指标为主营业务利润率、营业利润率、销售毛利率、销售净利率等。

3. 偿债能力分析

偿债能力指借款人偿还债务的能力，可分为长期偿债能力和短期偿债能力。

长期偿债能力指企业保证及时偿付一年或超过一年的一个营业周期以上到期债务的可靠程度。其指标有固定支出保障倍数、利息保障倍数、全部资本化比率和负债与税息折旧及摊销前利润（EBITDA）比率等。短期偿债能力指企业支付一年或者超过一年的一个营业周期内到期债务的能力。其指标有现金比率、速动比率、流动比率等。

4. 现金流量分析

现金流量分析是通过现金流量比率分析对企业偿债能力、获利能力及财务需求能力进行财务评价。常用指标有销售现金比率、现金债务比率、现金再投资比率和现金满足内部需要率等。

5. 投资报酬分析

投资报酬指企业投入资本后所获得的回报。投资报酬分析常用的指标有资本金报酬率和股东权益报酬率、总资产报酬率和净资产报酬率等。

6. 增长能力分析

企业的成长性，是企业通过自身生产经营活动，不断扩大和积累而形成的发展潜能，是投资者在选购股票进行长期投资时最为关注的问题。增长能力分析常用的指标有利润增长率、销售增长率、现金增长率、净资产增长率和股利增长率等。

第四节　财务分析应注意的问题

传统的财务分析，一般从偿债能力、盈利能力、营运能力、发展能力等方面出发，通过计算一系列指标，来判断企业的财务状况。由于对企业进行财务分析的主体较多，主要有内部管理者、股东、债权人、注册会计师、竞争对手、供应商、客户及有关监管部门等，不同的分析主体有不同的分析目的，分析的重点也就有所不同。而目前的企业财务分析具有公式化的倾向。因此，为了进行科学的财务分析，应该特别关注以下几个方面。

一、注意基本财务报表与财务报表附注相结合

根据会计报表分析计算财务指标，是判断企业财务状况的主要手段，但是，简单的财务指标有时候可能造成误解，必须结合会计报表附注进行解释。如流动比率的高低反映了企业短期偿债能力的大小，但要正确判断企业的短期偿债能力、衡量流动资产的变现能力，就必须结合企业的会计报表附注，具体分析应收账款、存货、短期投资等主要项目的变现能力。

二、注意财务分析与非财务分析相结合

对企业的股东、主要债权人以及内部管理者来说，仅仅靠财务分析不能够满足其需要，还必须重视非财务分析。特别是在有些行业，决定企业成败的因素，在短期内往往难以反映在会计报表中，必须进行非财务分析，尤其是在偿债能力、盈利能力的分析中，更是如此。

对于偿债能力分析，除了企业的短期偿债能力和长期偿债能力指标以外，还必须关注可能存在的担保事项、可能存在的质量保证事项、有关的诉讼事项、银行对企业的授信额度、企业可能存在的资产重组事项及企业偿债声誉的一贯表现等。

对于盈利能力分析，除了分析有关盈利能力的一般指标以外，还需特别关注企业所处行业的发展阶段以及企业在行业中的位置、企业主流产品的寿命周期、企业人才的储备状况等。

三、注意动态分析与静态分析相结合

企业的生产经营业务和财务活动是一个动态的发展过程，因此要注意进行动态分析，在弄清过去情况的基础上，分析当前情况的可能结果对恰当预测企业未来有一定帮助。要具有发展的眼光，防止静止不变地看待问题。分析上市公司的财务报表，就是在对上市公司过去和现在的总结分析的基础上，展望未来，分析该公司是否具有发展的潜力。

四、注意定量分析与定性分析相结合

定性分析是分析的基础和前提，没有定性分析就弄不清本质、趋势和与其他事物的联系。定量是分析的工具和手段，没有定量分析就弄不清数量界限、阶段性和特殊性。现代企业面临复杂多变的外部环境，这些外部环境有时很难定量，但会对企业财务报表状况和经营成果产生重要影响。因此，在定量分析的同时，需要做出定性的判断，在定

性判断的基础上，再进一步进行定量分析和判断，充分发挥人的丰富经验和量的精密计算两方面的作用，使报表分析达到最优化。

五、注意企业内部分析与外部分析相结合

任何一个企业的运营发展都会既受到特定的外部环境的影响，又受到企业内部的微观条件的限制。面对外部环境，企业能否抓住机会，避开威胁，取决于企业自身的实力。因此，作为财务分析人员必须关注处于不同经营环境下的企业采用什么样的财务策略会对财务状况产生什么样的影响，并以此为依据对企业的财务状况和经营成果作出正确评价，为信息需求者提供可靠的数据信息。

本章小结

财务分析是以会计核算和报告资料及其他相关资料为依据，采用一系列专门的分析技术和方法，对企业等经济组织过去和现在的有关筹资活动、投资活动、经营活动的盈利能力、营运能力、偿债能力和增长能力状况等进行分析与评价，为企业的投资者、债权者、经营者及其他关心企业的组织或个人了解企业过去、评价企业现状、预测企业未来、做出正确决策与估价提供准确的信息或依据的经济应用学科。经过百年的发展，其相关理论已比较完善。

进行财务分析必须依据企业有关内部资料和外部资料。不同的分析主体具有不同的分析目的，分析的重点也就有所不同。一般从偿债能力、盈利能力、营运能力、发展能力等方面出发，通过计算一系列指标，来判断企业的财务状况。

思考与练习

1. 什么是财务分析？如何正确理解财务分析的内涵？
2. 企业进行财务分析有什么意义？
3. 财务分析是如何产生的？
4. 财务分析的发展趋势如何？
5. 进行财务分析一般需要依据哪些资料？
6. 财务分析的主要内容有什么？
7. 财务分析中应注意哪些方面的事项？

第二章
财务分析的程序与方法

学习目标

本章的学习目标是使学生掌握财务分析的基本程序与基本方法。具体包括：掌握财务分析程序包括哪个阶段，各阶段的目标和作用是什么；明确财务分析的基本方法有哪些，各种方法的原理与应用，特别是比较分析法、结构分析法和趋势分析法评价的思路与方法，为财务比率分析奠定基础；明确比率分析法的分类与作用；掌握因素分析法的程序与原理；学会灵活运用财务分析方法解决复杂的现实问题，实现财务分析的总体目标。

第一节　财务分析的程序

财务分析的程序，是进行财务分析所应遵循的一般规程。研究财务分析程序是进行财务分析的基础与关键，它为开展财务分析工作、掌握财务分析技术指明了方向。财务分析的程序可以归纳为四个阶段。

一、确定分析目标

企业对外发布的财务报表是根据全体使用者的一般要求而设计的。不同的分析主体会从自己特定的目的出发，在财务报表中获取对其决策有用的财务信息。例如，企业的投资者较为关心的是企业的经营成本、获利能力及其变动趋势，企业的债权人则更关心企业的偿债能力，企业的经营管理者更加注重企业综合价值最大化。各分析主体首先必须根据自己的需要确定财务分析的目标，根据分析目标决定收集资料的多少、分析范围的大小以及分析方法的选择。

二、信息收集整理阶段

在明确财务分析目的的基础上，根据财务分析计划收集整理财务信息。财务分析信息是财务分析的基础，信息的完整和准确对分析的正确性有着直接的影响。财务分析的资料主要来源于以下几个方面：

1. 财务报表

财务报表是财务分析的基础，包括资产负债表、利润表、现金流量表等。

2. 财务报表附注和财务状况说明书

企业在编制财务报表的同时，为便于正确处理和分析财务报表，还要编制财务报表附注和财务状况说明书。财务报表附注主要说明企业所采用的会计处理方法、会计处理方法的变更情况和变更原因、变更对财务状况和经营成果的影响，以及财务报表中有关重要项目的详细资料；财务状况说明书主要说明企业的生产经营情况、利润实现情况和

分配状况、资金增减和周转情况及其他对财务状况有重大影响的事项

3. 注册会计师查账验证报告

注册会计师的意见是依据国家有关法规和一般公认会计准则，并采取必要的验证程序后提出的，具有较强的独立性和权威性。注册会计师查账验证报告包括经审计的各种财务报表、财务报表的注释、审计报告及每年的财务状况的汇总等。

三、财务分析实施阶段

在财务分析实施阶段，主要通过对收集整理的财务信息进行分析，评价企业的财务状况和经营成果的真实程度。它主要包括以下两个方面：

1. 财务指标分析

对财务指标进行分析，特别是进行财务比率指标分析，是财务分析的一种重要方法。财务指标能准确反映某方面的财务状况。进行财务分析，应根据分析的目的和要求选择正确的分析指标。债权人要进行企业偿债能力分析，必须选择反映偿债能力的指标或反映流动性情况的指标，如流动比率指标、速动比率指标、资产负债率指标等；而一个潜在投资者要进行企业投资的决策分析，则应选择反映企业盈利能力的指标，如总资产报酬率、资本收益率，以及股利报偿率和股利发放率等。正确选择与计算财务指标是正确判断与评价企业财务状况的关键所在。

2. 基本因素分析

财务分析不仅要解释现象，而且应分析原因。在报表整体分析和财务指标分析的基础上，对一些主要指标的完成情况，从其影响因素角度，进行深入定量分析，确定各因素对其影响的方向和程度，为企业正确进行财务评价提供最基本的依据。

在此阶段，主要采取比较分析法、结构分析法、趋势分析法、因素分析法等具体的方法，对企业的盈利能力、发展能力、偿债能力以及企业的资产资本结构情况、现金流量情况进行分析、评价，为企业的经营决策提供依据。

四、财务分析总结阶段

财务分析总结阶段是财务分析实施阶段的继续，具体可分为三个步骤：

1. 财务综合分析与评价

财务综合分析是在应用各种财务分析方法进行分析的基础上，将定量分析结果、定性分析判断及实际调查情况结合起来，以得出财务分析结论的过程。财务分析结论是财务分析的关键步骤，结论的正确与否是判断财务分析质量的唯一标准。一个正确分析结论的得出，往往需要经过几次反复。

2. 财务预测与价值评估

财务分析既是一个财务管理循环的结束，又是另一个财务管理循环的开始。应用历史或现实财务分析结果预测未来财务状况与企业价值，是现代财务分析的重要任务之一。因此，财务分析不能仅满足于事后分析原因，得出结论，而且要对企业未来发展及价值状况进行分析与评价。

3. 财务分析报告

财务分析报告是财务分析的最后一步。它将财务分析的基本问题、财务分析结论，

以及针对问题提出的措施、建议以书面的形式表示出来，为财务分析主体及财务分析报告的受益者提供决策依据。财务分析报告是对财务分析工作的总结，还可作为历史信息，供后来的财务分析者参考，以保证财务分析的连续性。一般具有以下主要内容：

（1）摘要段。摘要段概括公司综合情况，使财务分析报告的使用者对财务分析对象有一个总括的认识。

（2）说明段。说明段是对分析对象运营及财务状况的介绍。如介绍公司的资产资本数额、盈利或亏损情况、拟贷款数额、年限等。

（3）分析段。分析段是对企业的经营情况进行全面而深入分析研究的部分，是财务分析的重点部分。如采用表格、图示等方式，分析企业的盈利能力、发展能力、偿债能力、资产资本结构、现金流量情况等。

第二节　财务分析的基本方法

财务分析的基本方法是指在发挥财务报表分析的评价、预测、判断功能时经常使用的具有普遍适用性的方法。常用的财务分析的基本方法有比较分析法、比率分析法、结构分析法、因素分析法、趋势分析法等。

一、比较分析法

（一）比较标准

比较分析法是将实际数据与性质相同的各种标准进行对比，从数量上确定其差异，并进行差异分析的一种分析方法，也就是将报表中的各项数据，与计划、前期或其他企业等同类数据进行比较。财务分析中经常使用的比较标准有以下几种：

1. 公认标准。公认标准是对于各类企业不同时期都普遍适用的指标评价标准，利用这些标准能衡量、揭示企业短期偿债能力及财务风险的一般状况。

2. 行业标准。行业标准是反映某行业水平的指标评价标准。在比较分析时，既可以用本企业财务指标与同行业平均水平指标对比，也可以用本企业财务指标与同行业先进水平指标对比，还可以用本企业财务指标与同行业公认标准指标对比。通过行业标准指标比较，有利于揭示本企业在同行业中所处的地位及存在的差距。

3. 目标标准。目标标准是反映本企业目标水平的指标评价标准。当企业的实际财务指标达不到目标标准时，应进一步分析原因，分析其对偿债能力的影响，为企业决策提供参考。

（二）比较形式

按比较对象的不同分为三种形式：

1. 绝对数增减变动分析。通过编制比较财务报表，将比较各期的报表项目的数额予以并列并相减，计算比较对象各项目之间的增减变动差额。

绝对值变动数量 = 分析期某项指标实际数 － 基期同项指标实际数

2. 百分比增减变动分析。在计算增减变动额的同时计算变动百分比，并列示于比较财务报表中，以消除项目绝对规模因素的影响，使报表使用者一目了然。

$$变动率(\%) = \frac{绝对值变动数量}{基期实际数量} \times 100\%$$

3. 变化比率值，其计算公式如下：

$$变动比率值 = \frac{分析期实际数值}{基期实际数量} \times 100\%$$

式中说的基期，可指上年度，也可以指以前某年度。下面举例说明比较分析法的应用。例如，某企业连续两年的利润简表见表 2-1，试利用比较分析法对其进行分析。

表 2-1　　　　　　　　　　　　　利润表简表　　　　　　　　　　单位：百元

项目	2012 年	2013 年
营业收入	1 000	1 100
营业成本	600	700
毛利	400	400
销售费用	100	150
管理费用	150	160
利息费用	10	10
所得税	46.2	26.4
净利润	93.8	53.6

根据表 2-1 的资料，运用比较分析法可以得出比较分析表，见表 2-2。

表 2-2　　　　　　　　　　　　　比较分析表　　　　　　　　　　单位：百元

项目	2012 年	2013 年	变动额	变动率
营业收入	1 000	1 100	100	10%
营业成本	600	700	100	16.70%
毛利	400	400	0	0
营业费用	100	150	50	50%
管理费用	150	160	10	6.70%
利息费用	10	10	0	0
所得税	46.2	26.4	-19.8	-42.86%
利润	93.8	53.6	-40.2	-42.86%

在利用比较分析法进行财务分析时，必须注意财务指标的可比性，即所对比的同类指标之间在指标内容、计算方法、计价标准、时间长度等方面应完全一致。另外，分析的核心在于解释原因，财务分析是个研究过程，分析得越具体、越深入，则水平越高。

二、比率分析法

比率分析法是财务报表分析的一种重要方法。它以财务报表为依据，将彼此相关而性质不同的项目进行对比，求其比率。不同的比率，反映不同的内容。通过比率分析，可以更深入地了解公司的各种情况，同时还可以通过编制比较财务比率报表，作出不同时期的比较，从而更准确、更科学地反映公司的财务状况和经营成果。比率分析的形式有：（1）百分率，如流动比率为200%；（2）比率，如速动比率为1:1；（3）分数，如负债为总资产的1/2。

（一）指标分类

由于财务分析的目的不同、分析的角度不同等，比率分析法中的比率有许多分类形式。有的根据财务报表的种类来划分比率，有的根据分析主体来划分比率，有的从反映财务状况的角度划分比率，等等。下面对几种主要的比率划分方法加以说明。

1. 按分析主体或目的划分的比率

按财务分析主体的观点或目的的不同，财务分析的比率可分别从投资者、债权者、政府管理者及经营者的角度进行划分。

（1）投资者角度。投资者主要关心投资的保值增值、企业盈利能力的大小及投资风险性等。从这一分析目的出发，主要比率有销售利润率、营业成本报酬率、净资产利润率、成本收益率、资本保值增值率、股票价格与收益比率、每股股利、股价市场风险、股利支付率。

（2）债权者角度。债权者主要关心其债权是否能及时、足额收回。具体包括借贷本金、应得利息及各种应收款等。从这一分析目的出发，债权者主要看企业的流动性、信用程度及盈利性等，反映这方面的财务比率有流动比率、速动比率、资产负债率、负债对所有者权益比率、存货周转率、应付款周转率、销售利润率。

（3）政府管理者角度。政府管理者主要关心企业对社会的贡献和积累情况。企业的社会贡献主要指企业为国家创造或支付的价值，包括工资、奖金、津贴、劳动退休统筹及其他社会福利支出、利息支出额、应交增值税、应交产品销售税金及附加、应交所得税、其他税收、净利润等。反映企业社会贡献和积累情况的比率有社会贡献率、社会积累率、产品销售率。

（4）经营者角度。企业经营者关心企业的生产经营情况和财务状况，上述各种比率都是经营者所关心的。但是，由于经营者分析问题的角度与投资者、债权人及政府管理者可能不同，经营者往往站在企业整体立场上，既要考虑企业外部的需要，又要注意内部经营管理的要求，因此，经营者关心的比率较多。

2. 按分析内容划分的比率。

按分析内容划分比率，是站在企业整体立场上，或者说是站在企业经营者的立场上，根据不同的管理目的和要求产生的。几种主要的划分方法是：

（1）将比率分为营业评价比率、流动性评价比率、外债风险评价比率和股本收益评价比率四种。

①营业评价比率。这种比率主要用于考评企业的经营业绩。属于这种比率的主要有：生产成本率和销售毛利率、经营利润率、费用率、贡献率、资金周转速度、投资收益率等。

②流动性评价比率。这种比率主要用于评价企业有无力量偿还所欠的短期债务。属于这种比率的主要有流动比率、速动比率。

③外债风险评价比率。这种比率主要用于评价企业偿还所欠长期债务的能力。属于这

种比率的主要有外欠款对资产的比率、外欠款对股本的比率、净经营利润与利息的比率。

④股本收益评价比率。这种比率主要用于评价企业股东的收益状况或收益能力。反映股本收益的比率是股本收益率，即股本净收益与股本总额之比。

（2）将比率分为流动性比率、盈利性比率、长期偿付能力比率和市场检验比率。

①流动性比率。反映流动性比率的主要有流动比率、速动比率、应收款周转率、平均收账天数、存货周转率。

②盈利性比率。反映盈利性比率的主要有销售利润率、资产周转率、资产收益率、净资产收益率、每股收益。

③长期偿付能力比率。反映长期偿付能力的比率主要有资产负债率、利息保障倍数。

④市场检验比率。反映市场检验比率的主要有每股价格与每股收益比率、股息产生率、市场风险率。

（3）将比率分为收益性比率、流动性比率、安全性比率、成长性比率和生产性比率五种。

①收益性比率。反映收益性的比率主要有销售利润率、成本利润率、总资产报酬率、资本收益率等。

②流动性比率。反映流动性的比率主要有存货周转率、流动资产周转率、固定资产周转率、总资产周转率等。

③安全性比率。反映安全性的比率主要有流动比率、利息负担率、资产负债率等。

④成长性比率。反映成长性的比率主要有利润增长率、营业收入增长率、固定资金增长率。

⑤生产性比率。反映生产性的比率主要有劳动分配率、劳动装备率、人均销售收入等。

（4）将比率分为盈利性比率、投资收益率、活动性比率、流动性比率、偿债能力比率。

①盈利性比率。反映盈利性的比率有每股收益、销售利润率、销售税后利润率、销售经营费用率。

②投资收益率。反映投资收益的比率有投资税后利润率、资产收益率、净资产收益率。

③活动性比率。反映活动性的比率有应收账款周转率、存货周转率、应付账款周转率。

④流动性比率。反映流动性的比率有流动比率、酸性试验比率、净营运资本与销售的比率。

⑤偿债能力比率。反映偿债能力的比率有资产负债率、负债对净资产的比率、长期负债对资本的比率、利息保障倍数、固定支出保障倍数。

3. 按财务报表划分的比率

按财务报表划分的比率，主要有资产负债表比率、利润表比率、现金流量表比率以及资产负债表与利润表和现金流量表结合比率等。

（1）资产负债表比率

①流动比率；②速动比率或酸性试验比率；③流动负债对所有者权益的比率；④全部负债对所有者权益的比率；⑤固定资产对资本的比率；⑥非流动负债对净营运资本的比率；⑦存货对净营运资本比率；⑧所有者权益对总资产比率；⑨资产负债率；⑩长期负债对资本总额比率。

（2）利润表比率

①销售利润率；②营业成本利润率；③成本费用利润率；④营业收入成本率；⑤利息保障倍数。

（3）现金流量表比率

①经营现金流入量与现金流入总量之比；②经营现金流出量与现金流量总量之比。

（4）资产负债表与利润表结合比率

①应收账款周转率；②存货周转率；③资产周转率；④营运资产周转率；⑤总资产报酬率；⑥资本收益率；⑦净资产利润率。

（5）资产负债表与现金流量表结合比率

①经营现金净流量与负债总额之比；②经营现金净流量与流动负债之比；③经营现金净流量与长期负债之比。

（6）利润表与现金流量表结合比率

①净利润与经营现金净流量之比；②经营现金净流量与利息支出之比；③经营现金净流量与销售收入之比。

（二）比率分析法的局限性

虽然比率分析法被认为是财务分析的最基本或最重要方法，但应用比率分析法时必须了解它的不足：第一，比率的变动可能仅仅被解释为两个相关因素之间的变动；第二，很难综合反映比率与计算它的会计报表的联系；第三，比率给人们不保险的最终印象；第四，比率不能给人们会计报表关系的综合观点。

三、结构分析法

结构分析法是将财务报表中的某一关键项目的数字作为基数（100%），计算该项目各组成部分占总体的比例。通过计算报表中各项目占总体的比重或结构，反映报表中的项目与总体关系情况及其变动情况。会计报表经过结构分析法处理后，通常称为同度量报表，或称总体结构报表、共同比报表等。如同度量资产负债表、同度量利润表、同度量成本表等，都是应用结构分析法得到的。有时，也可将结构分析与趋势分析结合应用，这两种分析方法是阅读财务报表时常用的基本数据处理方法。结构分析法的一般步骤是：

1. 确定报表中各项目占总额的比重或百分比，其计算公式是：

$$某项目的比重 = \frac{该项目金额}{各项目总金额} \times 100\%$$

2. 通过各项目的比重，分析各项目在企业经营中的重要性。一般项目比重越大，说明其重要程度越高，对总体的影响越大。

3. 将分析期各项目的比重与前期各项目比重进行对比，研究各项目的比重变动情况。也可将本企业报告期项目比重与同类企业的可比项目比重进行对比，研究本企业与同类企业的不同及存在的问题。

关于结构分析法的应用实例，参见第四章、第五章、第六章。

四、因素分析法

任何一项综合性经济指标都是由许多因素组成的，因素之间的排列和组合方式又是多种多样的。要在多种共同影响的综合指标中，测定各因素对变动的影响程度，就只能假定在其他因素不变的条件下，测出某一因素的影响程度。因素分析法是测定一项由多个因素组成的经济指标在变动中，各个因素相互作用关系以及每一因素对指标变动的影响方向和程度的分析方法。因素分析法是经济活动分析中最重要的方法之一，也是财务分析的方法之一。因素分析法根据其分析特点可分为连环替代法和差额计算法两种。

（一）连环替代法

连环替代法，就是根据某项经济指标各因素之间的内在联系，按顺序地测定各因素对经济指标的影响方向和影响程度的方法。它是因素分析法的基本形式，有人甚至将它与因素分析法看成同一概念。连环替代法的名称是由其分析程序的特点决定的。为正确理解连环替代法，首先应明确连环替代法的一般程序或步骤。

1. 确定分析指标与其影响因素之间的关系。确定分析指标与其影响因素之间的关系，通常用指标分解法，即将经济指标在计算公式的基础上进行分解或扩展，得出各影响因素与分析指标之间的关系式。如总资产报酬率指标，要确定它与影响因素之间的关系，可按下式进行分解：

$$总资产报酬率 = \frac{息税前利润}{平均资产总额} \times 100\%$$

$$= \frac{主营业务收入净额}{平均资产总额} \times \frac{息税前利润}{主营业务收入净额} \times 100\%$$

$$= \frac{总产值}{平均资产总额} \times \frac{主营业务收入净额}{总产值} \times \frac{息税前利润}{主营业务收入净额} \times 100\%$$

$$= 总资产产值率 \times 产品销售率 \times 销售（息税前）利润率$$

分析指标与影响因素之间的关系式，既说明哪些因素影响分析指标，又说明这些因素与分析指标之间的关系及顺序。如上式中影响总资产报酬率的有总资产产值率、产品销售率和销售（息税前）利润率三个因素；它们都与总资产报酬率成正比例关系；它们的排列顺序总是总资产产值率在先，其次是产品销售率，最后是销售（息税前）利润率。

2. 根据分析指标的报告期数值与基期数值列出两个关系式或指标体系，确定分析对象。如对于总资产报酬率而言，两个指标体系是：

$$基期总资产报酬率 = 基期总资产产值率 \times 基期产品销售率 \times 基期销售利润率$$

$$实际总资产报酬率 = 实际总资产产值率 \times 实际产品销售率 \times 实际销售利润率$$

分析对象 = 实际总资产报酬率 - 基期总资产报酬率

3. 连环顺序替代，计算替代结果。所谓连环顺序替代，就是以基期指标体系为计算基础，用实际指标体系中的每一因素的实际数顺序地替代其相应的基期数，每次替代一个因素，替代后的因素被保留下来。计算替代结果，就是在每次替代后，按关系式计算其结果。有几个因素就替代几次，并相应确定计算结果。

4. 比较各因素的替代结果，确定各因素对分析指标的影响程度。比较替代结果是连环进行的，即将每次替代所计算的结果与这一因素被替代前的结果进行对比，二者的差额就是替代因素对分析对象的影响程度。

5. 检验分析结果。检验分析结果将各因素对分析指标的影响额相加，其代数和应等于分析对象。如果二者相等，说明分析结果可能是正确；如果二者不相等，则说明分析结果一定是错误的。

连环替代法的程序或步骤是紧密相连、缺一不可，尤其是前四个步骤，任何一步出现错误，都会出现错误结果。下面举例说明连环替代法的步骤和应用。

例：某企业 2010 年和 2011 年有关总资产报酬率、总资产产值率、产品销售率和销售利润率见表 2 - 3。

表 2 - 3　　　　　　　　　　　财务指标表

指标	2011 年	2010 年
总资产产值率	80%	82%
产品销售率	98%	94%
销售利润率	30%	22%
总资产报酬率	23. 52%	16. 96%

要求：分析各因素变动对总资产报酬率的影响程度。

根据连环替代法的程序和上述对总资产报酬率的因素分解式，可得出：

实际指标体系：80% × 98% × 30% = 23. 52%

基期指标体系：82% × 94% × 22% = 16. 96%

分析对象是：23. 52% - 16. 96% = + 6. 56%

在此基础上，按照第三步的做法进行连环顺序替代，并计算每次替代后的结果：

基期指标体系：82% × 94% × 22% = 16. 96%

替代第一因素：80% × 94% × 22% = 16. 54%

替代第二因素：80% × 98% × 22% = 17. 25%

替代第三因素：80% × 98% × 30% = 23. 52%

根据第四步骤，确定各因素对总资产报酬率的影响程度：

总资产产值率的影响：16. 54% - 16. 96% = - 0. 42%

产品销售率的影响：17. 25% - 16. 54% = + 0. 71%

销售利润率的影响：23. 52% - 17. 25% = + 6. 27%

最后检验分析结果：- 0. 42% + 0. 71% + 6. 27% = + 6. 56%

（二）差额计算法

差额计算法是连环替代法的一种简化形式，当然也是因素分析法的一种形式。差额计算法作为连环替代法的简化形式，其因素分析的原理与连环替代法是相同的。区别只在于分析程序上，差额计算法比连环替代法简单，即它可直接利用因素的实际数与基期数的差额，在其他因素不变的假定条件下，计算各因素对分析指标的作用程度。或者说差额计算法是将连环替代法的第三步骤和第四步骤合并为一个步骤进行。

这个步骤的基本点就是：确定各因素实际数与基期数之间的差额，并在此基础上乘以排列在该因素前面各因素的实际数和排列在该因素后的基期数，所得出的结果就是该因素变动对分析指标的影响数。

下面根据表2-3提供的数据，运用差额计算法分析各因素变动对总资产报酬率的影响程度。

根据资料可知：

实际指标体系：$80\% \times 98\% \times 30\% = 23.52\%$

基期指标体系：$82\% \times 94\% \times 22\% = 16.96\%$

分析对象是：$23.52\% - 16.96\% = +6.56\%$

因素分析：

总资产产值率的影响：$(80\% - 82\%) \times 94\% \times 22\% = -0.42\%$

产品销售率的影响：$80\% \times (98\% - 94\%) \times 22\% = +0.71\%$

销售利润率的影响：$80\% \times 98\% \times (30\% - 22\%) = +6.27\%$

最后检验分析结果：$-0.42\% + 0.71\% + 6.27 = +6.56\%$

应该注意的是，并非所有连环替代法都可按上述差额计算法的方式进行简化，特别是在各影响因素之间不是连乘的情况下，运用差额计算法必须慎重，下面举例说明。

例：某企业有关产量及成本的资料见表2-4。

表2-4　　　　　　　　　　　　　　　产量及成本资料表

项目	单位	实际数	计划数
产品产量	件	1 200	1 000
单位变动成本	元/件	11	12
固定总成本	元	10 000	9 000
产品总成本	元	23 200	21 000

要求：确定各因素变动对产品总成本的影响程度。

产品总成本与其影响因素之间的关系式是：

产品总成本 = 产品产量 × 单位变动成本 + 固定总成本

运用连环替代法进行分析如下：

分析对象：$23\,200 - 21\,000 = +2\,200$

因素分析：

计划期：$1\,000 \times 12 + 9\,000 = 21\,000$

替代第一因素：1 200 × 12 + 9 000 = 23 400

替代第二因素：1 200 × 11 + 9 000 = 22 200

实际期：1 200 × 11 + 10 000 = 23 200

产品产量变动影响：23 400 − 21 000 = + 2 400

单位变动成本影响：22 200 − 23 400 = − 1 200

固定总成本影响：23 200 − 22 200 = + 1 000

各因素影响之和为：+ 2 400 − 1 200 + 1 000 = + 2 200，与分析对象相同。

如果直接运用差额计算法，则得到：

产品产量变动影响：（1 200 − 1 000）× 12 + 9 000 = + 11 400

单位变动成本的影响：1 200 ×（11 − 12）+ 9 000 = + 7 800

固定总成本变动影响：1 200 × 11 +（10 000 − 9 000）= + 14 200

各因素影响之和为：+ 11 400 + 7 800 + 14 200 = + 33 400

可见，运用差额计算法的各因素分析结果之和不等于 + 2200 的分析对象，在此例中运用差额计算法显然是错误的。错误的原因在于产品总成本的因素分解式中各因素之间不是纯粹相乘的关系，而是相加的关系。这时运用差额计算法对连环替代法进行简化应为：

产品产量变动影响：（1 200 − 1 000）× 12 = + 2 400

单位变动成本的影响：1 200 ×（11 − 12）= − 1 200

固定总成本变动影响：10 000 − 9 000 = + 1 000

各因素影响之和为 + 2 400 − 1 200 + 1 000 = 2 200，与分析对象相同。

在因素分解式中存在加、减、除法的情况下，一定要注意这个问题，否则将得出错误的结果。

五、趋势分析法

趋势分析法是指用若干个连续期间的财务数据进行比较分析，以说明企业经营活动和财务状况的变化过程及发展趋向的分析方法。趋势分析法既可用文字表述，也可用图解、表格或比较性财务报表来反映。其中，比较性财务报表是将两期以上的财务报表予以并列，依次比较而编制的一种财务报表。常见的比较性财务报表，主要有比较性资产负债表、比较性利润表和比较性现金流量表。趋势分析法的一般步骤是：

1. 计算趋势比率或指数。通常，人们很难从某一点或某一时期分析出企业经济发展的趋势和规律，因此必须把若干数据按时期或时点的先后整理为数列，并计算出发展速度、增长速度、平均发展速度和平均增长速度等指数，这样才能探索企业的发展潜力和发展趋势。趋势分析法一般分为定基发展速度、环比发展速度和平均发展速度三种指数计算方法。其具体计算公式如下：

$$定基发展速度 = \frac{分析期某项指标数值}{固定基期某项指标数值} × 100\%$$

$$环比发展速度 = \frac{分析期某项指标数值}{前期某项指标数值} × 100\%$$

$$平均发展速度 = \sqrt[基数]{定基发展速度} \times 100\%$$

2. 根据指数计算结果，评价与判断企业各项指标的变动趋势及其合理性。

3. 预测未来的发展趋势。根据企业以前各期的变动情况，研究其变动趋势或规律，从而可预测出企业未来发展变动情况。

在财务分析中，通常应对销售收入、总资产进行趋势分析以衡量企业规模发展状态，对净利润进行趋势分析以衡量企业长期获利能力。进行趋势分析时应注意剔除偶发性特殊项目的影响，尤其是定基发展速度的基期选择必须具有代表性，否则将影响分析结果的准确性。下面举例说明趋势分析法的应用。

例：某企业 2005—2009 年有关销售额、税后利润、每股收益及每股股息资料见表2-5。

表 2-5 财务指标表

项目	2009 年	2008 年	2007 年	2006 年	2005 年
销售额（万元）	17 034	13 305	11 550	10 631	10 600
税后利润（万元）	1 397	1 178	374	332	923
每股收益（元）	4.31	3.52	1.10	0.97	2.54
每股股息（元）	1.90	1.71	1.63	1.62	1.60

根据表2-5的资料，运用趋势分析法可以得出趋势分析表，见表2-6。

表 2-6 趋势分析表

项目	2009 年	2008 年	2007 年	2006 年	2005 年
销售额	160.7	125.5	109.0	100.3	100.0
税后利润	151.4	127.6	40.5	36.0	100.0
每股收益	169.7	138.6	43.3	38.2	100.0
每股股息	118.8	106.9	101.9	101.3	100.0

从表2-6可以看出，该企业的销售额和每股股息逐年增长，特别是2008年和2009年增长较快；税后利润和每股收益在2006年和2007年有所下降，2008年和2009年出现较大幅度增长。从总体状况看，企业自2005年以来，2006年和2007年的盈利状况有所下降，2008年和2009年的各项指标完成情况都较好；从各指标将关系看，每股收益的平均增长速度最快，高于销售、税后利润和每股股息的平均增长速度。企业几年的发展趋势说明，企业的经营状况和财务状况不断改善，如果这个趋势能保持下去，2010年的状况也会较好。

本章小结

财务分析的程序，是进行财务分析所应遵循的一般规程。它可以归纳为四个阶段：确定分析目标、信息收集整理阶段、财务分析实施阶段、财务分析总结阶段。

在财务分析信息收集整理阶段，财务分析的资料主要来源于以下几个方面：财务报表、财务报表附注和财务状况说明书、注册会计师查账验证报告。

在财务分析实施阶段，主要包括指标分析和因素分析两步：第一步，财务指标分析。对财务指标进行分析，特别是进行财务比率指标分析，是财务分析的一种重要方法。财务指标能准确反映某方面的财务状况。进行财务指标分析，应根据分析的目的和要求选择正确的分析指标。第二步，基本因素分析。财务分析不仅要解释现象，而且应分析原因。因素分析法就是在会计分析和财务指标分析的基础上，对一些主要指标的完成情况，从其影响因素角度，深入进行定量分析，确定各因素对其影响的方向和程度，为企业正确进行财务评价提供最基本的依据。

在财务分析总结阶段，其主要由财务分析综合评价、财务预测分析和价值评估、财务分析报告三步组成：（1）财务综合分析与评价。财务综合分析与评价是在应用各种财务分析方法进行分析的基础上，将定量分析结果、定性分析判断及实际调查情况结合起来，得出财务分析结论的过程。（2）财务预测分析和价值评估。财务分析既是一个财务管理循环的结束，又是另一个财务管理循环的开始。财务分析不能仅满足于事后分析原因，得出结论，而且要对企业未来发展及价值状况进行分析与评价。（3）财务分析报告。财务分析报告是财务分析的最后一步。它将财务分析的基本问题、财务分析结论，以及针对问题提出的措施、建议以书面的形式表示出来，为财务分析主体及财务分析报告的其他受益者提供依据。

财务分析的基本方法是指在发挥财务报表分析的评价、预测、判断功能时经常使用的具有普遍适用性的方法。常用的财务分析的基本方法有比较分析法、比率分析法、结构分析法、因素分析法、趋势分析法等。

思考与练习

1. 为什么将财务分析分为四个阶段？
2. 财务报表反映哪些经济内容？
3. 财务分析的基本方法有哪些？
4. 试述比率分析的作用与不足。
5. 简述财务分析报告的形式与内容。
6. 运用因素分析法应注意哪些问题？
7. 趋势分析法可以为企业提供什么样的决策依据？
8. 比较分析法和比率分析法的区别是什么？

第三章

财务分析信息基础

学习目标

本章的学习目标是掌握财务分析信息的主要种类、来源以及在财务分析中所发挥的作用。具体包括：了解财务分析信息的种类，能够根据财务分析的目标收集所需要的财务分析信息；能够区分不同来源信息间的差异及其在财务分析中作用的差别；理解会计分析报告的内涵与种类；掌握资产负债表、利润表、现金流量表和所有者权益变动表的结构、内容和作用；掌握财务分析标准及其作用，能够确定合理的财务分析标准，掌握不同类型标准的优缺点；理解并掌握会计报表附表与附注的内涵与作用，能够将会计报表数字和报表附注信息相结合，从中提取恰当的财务分析信息；理解会计报表信息的局限性；了解不同类型的审计意见和审计报告；了解内部控制信息的基本内容以及内部控制信息披露的基本要求；了解政策信息与市场信息的种类与作用。

第一节　财务分析信息的作用与种类

一、财务分析信息的作用

从财务分析的基本定义和财务分析的基本程序都可以看出财务分析信息是财务分析的基础和不可分割的组成部分。它对于保证财务分析工作的顺利进行，提高财务分析的质量与效果都有着重要的作用。

1. 财务分析信息是财务分析的根本依据。没有财务分析信息，财务分析如"无米之炊"，是不可能进行的。财务分析实际上就是对财务信息的分析，要了解企业的资产、负债和所有者权益状况，就必须有资产负债表的信息，而要分析企业的盈利情况，则需要有利润表的信息。

2. 收集和整理财务分析信息是财务分析的重要步骤和方法之一。可以说，财务分析信息的收集与整理过程，就是财务分析的过程。财务分析所用的信息并不是取之即来，来之即用的。不同的分析目的和分析要求，所需要的信息是不同的，包括信息来源不同、内容不同和形式不同等。因此可以说，财务分析信息的收集与整理是财务分析的基础环节。

3. 财务分析信息的数量和质量决定着财务分析的质量与效果。财务分析信息是财务分析的基本依据和基础环节，因此，财务分析信息的准确性、完整性、及时性对提高财务分析质量和效果是至关重要的。使用错误的、过时的或不规范的财务分析信息，要保证财务分析正确性是不可能的。

二、财务分析信息的种类

进行财务分析的信息是多种多样的，不同的分析目的、分析内容，所使用的财务信息是不同的。因此，从不同角度看，财务分析信息的种类是不同的。

（一）内部信息与外部信息

财务分析信息按信息来源可分为内部信息和外部信息两类。所谓内部信息，是指从企业内部取得的财务信息。外部信息则是指从企业外部取得的信息。

1. 企业的内部信息

（1）会计信息。会计信息又可分为财务会计信息和管理会计信息。财务会计信息主要指财务报告，包括资产负债表、利润表、所有者权益变动表及现金流量表等国家财务会计制度规定企业编制的各种报表及有关附表等。管理会计信息主要包括责任会计核算信息、决策会计信息等。

（2）统计与业务信息。统计信息主要指各种统计报表和企业内部统计信息。业务信息则指与各部门经营业务及技术状况有关的核算与报表信息。总之，统计与业务信息包括企业除会计信息之外其他反映企业实际财务状况或经营状况的信息。

（3）计划及预算信息。计划及预算信息是企业管理的目标或标准，包括企业的生产计划、经营计划、财务计划、财务预算，以及各种消耗定额、储备定额、资金定额等。

2. 企业的外部信息

（1）国家经济政策与法规信息。国家的宏观经济信息主要指与企业财务活动密切相关的信息，如通货膨胀率、银行利息率、各种税率等；有关法规包括会计法、税法、会计准则、审计准则、会计制度等。

（2）综合部门发布的信息。综合部门发布的信息包括国家统计局定期公布的统计报告和统计分析；国家发展改革委的经济形势分析及有关部门的经济形势预测；各证券市场和资金市场的有关股价、债券利息等方面的信息等。

（3）政府监管部门的信息。政府监管部门的信息指企业或公司的直接或者间接主管部门提供的信息。就来源而言，这些信息与"国家经济政策与法规信息"和"综合部门发布的信息"极为相似，都来自于政府部门或者准政府部门性质的机构。但是，政府监管部门的信息更能反映政府作为经济管理者所发挥的作用，披露的信息通常与具体的企业密切相关。

（4）中介机构的信息。中介机构的信息指会计师事务所、资产评估事务所等提供的审计报告和企业资产评估报告等。

（5）报纸杂志的信息。报纸杂志的信息指各种经济著作、报纸及杂志的科研成果、调查报告、经济分析中所提供的与企业财务分析有关的信息。

（6）企业间交换的信息。企业间交换的信息指企业与同行业其他企业或有业务往来的企业间相互交换的报表及业务信息等。

（7）国外有关信息。国外有关信息指从国外取得的各种经济信息。信息取得的渠道有出国考察访问、购买国外经济信息报纸杂志、国际会议交流等。

（二）定期信息与不定期信息

财务分析信息根据取得的时间的确定性程度可分为定期信息和不定期信息。定期信息是指企业经常需要，可定期取得的信息。不定期信息是因临时需要收集的信息。定期信息主要包括：

1. 会计信息，尤其是财务会计信息是以会计制度规定的时间，按月度和年度核算和编报的，是企业财务分析中可定期取得的信息。

2. 统计信息。企业的统计月报、季报和年报信息也是财务分析的定期信息之一。

3. 综合经济部门的信息。综合经济部门的信息是按月、按季或按年公布的，也有一些市场信息是按日或按旬公布的。

4. 中介机构信息。不定期信息主要有宏观经济政策信息、企业间不定期交换的信息、国外经济信息、主要报纸杂志信息等。企业在财务分析中应注重定期信息的收集与整理，同时也应及时搜集不定期信息。

（三）实际信息与标准信息

财务分析信息根据实际发生与否可分为实际信息和标准信息。实际信息是指反映各项经济指标实际完成情况的信息。标准信息是指用于作为评价标准而收集和整理的信息，如预算信息、行业信息等。

财务分析通常是以实际信息为基础进行的，但标准信息对分析企业财务状况也是不可缺少的。

（四）财务信息和非财务信息

财务分析信息根据是否直接反映企业的经营成果、财务状况可分为财务信息和非财务信息。通常而言，财务信息是指以数字方式反映企业的经营成果、财务状况和现金流量的信息，非财务信息是以非数字方式反映企业组织结构、内部治理、战略目标及未来发展计划等方面情况的信息。

企业的财务信息主要包括资产负债表信息、利润表信息、所有者权益变动表信息、现金流量表信息、报表附注信息。

企业的非财务信息主要包括股权结构信息、董事会构成信息、内部控制信息、战略目标信息、行业信息、生产技术信息等。

在财务分析过程中，财务信息和非财务信息都是非常重要的信息来源。财务信息提供量化的信息，反映企业财务活动的过程和结果，是财务分析主要的分析对象和信息来源；非财务信息提供企业的组织结构设置和行业背景情况等的信息，是财务信息必要和有益的补充。在财务分析过程中，需要将非财务信息和财务信息相结合。比如，在分析企业的经营业绩时，必然要先考虑企业所处行业的特点、企业所采用的生产技术以及企业发展战略目标等方面的非财务信息。在此基础上，对企业利润表的财务信息进行分析，才能得到企业经营情况的分析结论。

值得注意的是，各种不同的财务分析信息分类标准之间存在着交叉。某一特定的财务分析信息，参照不同的划分标准，可能归属于不同的类别。比如，企业的预算信息，既属于内部信息和标准信息，同时也是财务信息。

三、财务分析评价标准

不同的财务分析评价标准，会对同一分析对象得出不同的分析结论。通常，财务分析评价标准有经验标准、历史标准、行业标准、预算标准等。

1. 经验标准。经验标准是在财务比率分析中经常采用的一种标准。所谓经验标准，是指这个标准的形成依据了大量的实践经验的检验。例如，流动比率的经验标准为2:1。

2. 历史标准。历史标准是指以企业过去某一时间的实际业绩为标准。应用历史标准的优点，一是比较可靠，二是具有较高的可比性。但历史标准也有其不足，一是历史标准比较保守，二是历史标准适用范围较窄。

3. 行业标准。行业标准是财务分析中广泛采用的标准，它是按行业制定的，或反映行业财务状况和经营状况的基本水平。

运用行业标准有三个限制条件：第一，同行业内的两个公司并不一定是可比的。第二，一些大的公司现在往往跨行业经营，公司的不同经营业务可能有着不同的盈利水平和风险程度，这时用行业统一标准进行评价显然是不合适的。第三，应用行业标准还受采用的会计方法的限制。

4. 预算标准。预算标准是指企业根据自身经营条件或经营状况，结合企业目标等因素制定的目标标准。

各种财务分析评价标准都有其优点与不足。在财务分析中不应孤立地选用某一种标准，而应综合应用各种标准，从不同角度对企业经营状况和财务状况进行评价，这样才能得出正确结论。

第二节　企业财务报表信息

财务报表是会计核算、记录的交易和事项的客观反映，它是依据日常核算资料编制的全面反映企业在一定时期内经营成果、现金流量和截止时点的财务状况的报告文件。一套完整的财务报表至少应当包括资产负债表、利润表、现金流量表、所有者权益表、会计报表附注等。

一、资产负债表信息

（一）资产负债表的概念与作用

资产负债表是反映企业某一特定日期（如月末、季末、年末等）财务状况的会计报表。它是根据"资产＝负债＋所有者权益"这一会计等式，依照一定的分类标准和顺序，将企业在一定日期的全部资产、负债和所有者权益项目进行适当分类、汇总、排列后编制而成的，是一张静态报表。

资产负债表是企业基本会计报表之一，是所有独立核算的企业单位都必须对外报送的会计报表。资产负债表主要有三方面的作用：

第一，通过资产负债表能了解企业资产及其分布状况。资产负债表能够反映企业在特定时点拥有的资产及其分布状况的信息。它表明企业在特定时点所拥有的资产总量是多少，资产是什么。例如，流动资产有多少，固定资产有多少，长期股权投资有多少，应收账款有多少等。

第二，通过资产负债表可以掌握企业资本结构及其偿债能力。资本结构是指负债和所有者权益在企业资金来源中的组合结构。资产负债表的左边为资产项目，右边为负债和所有者权益项目。

资产负债表的负债项目能够表明企业在特定时点所承担的债务、偿还时间及偿还对象。如果是流动负债，就必须在一年内偿还；如果是非流动负债，偿还期限就可能超过一年。因此，从负债项目可以清楚地知道，在特定时点上该企业欠了谁多少钱，应什么时候偿还。资产负债表的所有者权益项目能够反映在特定时点，投资人所拥有的净资产及其净资产形成的原因。净资产其实是股东权益，或者是所有者权益的另外一种叫法。在某一个特定时点，资产应该等于负债加股东权益。因此，净资产就是资产减负债。

第三，资产负债表可以反映企业财务发展状况及趋势。当然，孤立地看一个时点数，也许反映的问题不够明显。但是，如果把几个时点数排列在一起，企业财务发展状况的趋势就很明显了。例如，拍电影时，摄影师只能一个一个镜头地拍摄，每个镜头仅仅是一幅静态的画面。但是，如果把每一个镜头有机地连接起来，就会构成一部生动形象的动态电影。从这个角度来说，如果企业管理者能够关注每一个时点的状况，就会对企业的财务状况有个比较全面的了解；反之，不注重捕捉时点数，将会造成企业管理上比较大的失误。

通过资产负债表可以分析企业的变现能力和财务实力。企业的变现能力是指企业的资产变为现金的能力。资产负债表的资产项目是按资产的流动性从强到弱排列的，通过资产项目的构成分析，可以评价企业资产的变现能力；财务实力是指企业筹集资金使用资金的能力，通过对企业资产结构和资本结构的分析，可以评价企业的财务实力。

(二) 资产负债表的格式

资产负债表由表头、表身和表尾等部分组成。

1. 表头。列明报表名称、编表单位名称、编制日期和金额计量单位。

2. 表身。反映资产、负债和所有者权益的内容。

3. 表尾。补充说明。

资产负债表的格式主要有账户式和报告式两种。根据我国企业会计准则的规定，我国企业的资产负债表采用账户式结构。

账户式资产负债表分左右两方，左方为资产项目，按资产的流动性大小排列；右方为负债及所有者权益项目，一般按求偿权先后顺序排列。

账户式资产负债表可以反映资产、负债、所有者权益之间的内在关系，即资产 = 负债 + 所有者权益。资产负债表的基本格式如表 3 – 1 所示。

表 3 – 1 建奇公司合并资产负债表

2014 年 12 月 31 日 单位：千元

项目	期末数	期初数	项目	期末数	期初数
流动资产			流动负债		
货币资金	11 480 406	6 483 170	短期借款	3 882 479	2 893 855
交易性金融资产	0	123 644	应收账款保理之银行拨备	1 658 941	153 668
应收票据	1 578 473	1 656 258	交易性金融负债	12 560	7 876
应收账款	9 972 495	7 098 949	应付票据	6 318 059	3 946 429
应收账款保理	1 658 941	153 668	应付账款	9 495 946	7 856 240
预付款项	355 887	311 362	应付工程合约款	2 965 582	1 597 314
其他应收款	757 847	689 889	预收款项	1 392 862	1 491 219
存货	8 978 036	7 429 503	应付职工薪酬	1 443 017	1 207 431
应收工程合约款	7 894 010	6 540 218	应交税费	-765 040	-1 342 330
			应付股利	22 750	41 180
			其他应付款	1 553 011	1 348 465
			递延收益	64 281	101 695
			预计负债	170 382	126 042
			一年内到期的非流动负债	1 782 006	1 509 569
流动资产总计	42 676 095	30 486 661	流动负债总计	29 996 836	20 938 653
非流动资产			非流动负债		
可供出售金融资产	251 148	43 464	长期借款	1 292 547	2 085 229
长期应收款	612 008	581 007	长期应收账款保理之银行拨款	753 568	3 142 709
长期应收款保理	753 568	3 142 709	应付债券	3 514 652	
长期股权投资	168 433	137 019	专项应付款	80 000	80 000
固定资产	4 103 076	3 038 063	递延所得税负债	5 019	56 460
在建工程	817 086	931 090	其他非流动负债	39 752	38 097
无形资产	589 084	224 848	非流动负债总计	5 685 538	5 402 495
开发支出	476 020	258 991	负债总计	35 682 374	26 341 148
递延所得税资产	400 265	352 210	股东权益		
长期递延资产	19 138	33 494	股本	1 343 330	959 522
			资本公积	6 298 172	5 807 332
			盈余公积	1431 820	1 364 758
			未分配利润	5 021 369	3 831 231
			拟派期末股利	402 999	239 880
			外币报表折算差额	-248 146	-65 562
			归属于母公司股东权益总计	14 249 544	12 137 161
			少数股东权益	934 003	751 247
非流动资产总计	8 189 826	8 742 895	股东权益总计	15 183 547	12 888 408
资产总计	50 865 921	39 229 556	负债和股东权益总计	50 865 921	39 229 556

（三）资产负债表的资料来源

通常，资产负债表的各项目均需填列"年初余额"和"期末余额"两栏。其中：资产负债表的"年初余额"栏内各项数字，应根据上年年末资产负债表的"期末余额"栏内所列数字填列。如果本年度资产负债表规定的各项目的名称和内容与上年不一致，则应对上年年末资产负债表各项目的名称和数字按照本年度的规定进行调整，填入本表"年初余额"栏内。

资产负债表的"期末余额"栏则根据会计报表编报时间，可为月末、季末或年末的数字。"期末余额"主要是通过对本会计期间的会计核算记录的数据加以归集、整理而成。其资料来源有以下几个方面：

1. 根据总账科目余额填列。直接根据总账科目余额填列，如"应收利息"科目等。根据几个总账科目的期末余额计算填列，如"货币资金"科目等。

2. 根据明细账科目余额计算填列，如"应付账款"科目、"应收账款"科目和"预付账款"科目等。

3. 根据总账科目和明细科目余额分析计算填列，如"长期借款"科目等。

4. 根据科目余额减去其备抵项目后的净额填列，如"存货"科目、"无形资产"科目等。

5. 根据备查登记簿记录编制。会计报表附注中的某些资料，需要根据备查登记簿中记录编制。

二、利润表信息

（一）利润表的概念与作用

利润表又称损益表或收益表，是反映企业在一定会计期间经营成果的报表。

利润表是根据会计核算的配比原则，以"收入－费用＝利润"会计等式作为编制的依据，从而计算出企业一定时期的各项利润指标的报表。利润表是会计报表中的一张基本报表。从财务分析的不同角度看，利润表可提供的信息及其作用主要有以下几点：

第一，提供了反映企业财务成果的信息。企业的财务成果，即企业的实现利润，是企业经营的根本目标所在，是企业经营者、投资者以及长期债权者都十分关心的信息。利润表系统明确地提供了企业不同业务的财务成果信息，对于分析评价各方面的经营业绩，以及与同类企业的同类业务对比，都是有益的。

第二，提供了反映企业盈利能力的信息。企业盈利能力是企业投资者和经营者都非常关心的问题。它不仅可用于评价企业的经营业绩，而且是投资者、经营者进行决策的重要依据。盈利能力通常体现了财务成果和与其相关的一些指标之间的比率关系，如财务成果与收入的比率关系，财务成果与成本费用的比率关系等。利润表不仅提供了财务成果的信息，也提供了盈利能力分析所需要的收入信息和成本费用信息，这对于评价企业盈利能力是十分重要的。另外，其他反映盈利能力的指标的计算，也离不开利润表提供的数据。

第三，提供了反映企业营业收入、成本费用状况的信息。企业营业收入和成本费用状况是企业生产经营状况的直接和具体体现，因此，对营业收入的分析往往成为经营分析中的重点。通过营业收入和成本费用分析，可找出企业生产经营过程中存在的问题和不足，这对于评价企业业绩、规划企业未来都是有重要作用的。

第四，提供了企业经营业绩结构的信息。在利润表中，经营业绩的来源被划分为经常性的营业利润和非经常性的营业外收支；营业利润中又分为营业收入、投资收益和公允价值变动三项。比较不同业绩之间的差异，能够提供经营业绩的结构，为分析企业经营业绩的质量和未来的持续性提供必要的信息。

（二）利润表的格式

利润表由表头、表身和表尾等部分组成。其中，表头列明报表名称、编表单位名称、编制期间和金额计量单位，表身反映利润的构成内容，表尾起补充说明作用。

利润表的格式主要有多步式利润表和单步式利润表两种。按照我国企业会计准则的规定，我国企业的利润表采用多步式。多步式利润表反映构成营业利润、利润总额、净利润、每股收益的各项要素的情况，有助于使用者从不同利润类别中了解企业经营成果的不同来源。

利润表的基本格式如表 3-2 所示。

表 3-2　　　　　　　　　　　　　　　利润表

编制单位：新华公司　　　　　　　　2014 年 12 月 31 日　　　　　　　　单位：万元

项目	行次	本年累计数
一、营业收入	1	7 350
减：营业成本	2	5 260
营业税金及附加	3	0
销售费用	4	150
管理费用	5	340
财务费用	6	240
资产减值损失	7	-15
加：公允价值变动收益	8	0
投资收益	9	0
其中：对联营企业和合营企业的投资收益	10	0
二、营业利润	11	1 375
加：营业外收入	12	60
减：营业外支出	13	13
其中：非流动资产处置损失	14	0
三、利润总额	15	1 422
减：所得税费用	16	227

项目	行次	本年累计数
四、净利润	17	1 195
归属于母公司所有者的净利润	18	1 195
少数股东损益	19	0
五、每股收益	20	0.01085
（一）基本每股收益	21	0.01085
（二）稀释每股收益	22	0.01085

三、现金流量表信息

（一）现金流量表的概念与作用

现金流量表是反映企业在会计期间内经营活动、投资活动和筹资活动产生的净现金情况的会计报表。现金流量包括现金及现金等价物。现金是指企业库存现金以及可以随时用于支付的银行存款和其他货币资金。现金等价物是指企业持有的期限短、流动性强、易于转换为现金、价值变动风险很小的投资。

现金流量表提供了反映企业财务变动情况的详细信息，为分析、研究企业的资金来源与资金运用情况提供了依据。它提供的信息及其作用主要表现在以下几个方面。

第一，提供了企业资金的来源与运用的信息。这对于分析企业资金来源与运用的合理性、判断企业的营运状况和效果、评价企业的经营业绩都是非常有益的。

第二，提供了企业现金增减变动原因的信息，特别是通过对经营现金流量、投资现金流量和筹资现金流量的揭示，有助于搞清企业现金增减变动的具体原因，可为改善企业资金管理指明方向。

第三，提供了资产负债表和利润表分析所需要的信息。分析资产负债表的资产、负债和所有者权益的状况与变动，以及分析利润表中的利润形成与分配的状况与变动，仅从两表自身分析有时是不够的，或者是难以说清的。其实，资产、负债、所有者权益、收入、成本、利润都是互相联系的，但将它们分列在两个表中反映，割裂了它们之间的联系。现金流量表提供的信息，将资产负债表与利润表衔接起来，说明了利润形成与分配同资金来源与运用的关系，这对于分析、研究企业总体经营与财务状况有着重要意义与作用。

（二）现金流量表的格式

现金流量表由表头、正表和补充资料三部分内容组成。

1. 表头。表头部分主要说明会计报表的名称、编制单位的名称和编制日期等信息。

2. 正表。正表是现金流量表的主体，企业一定期间的现金流入、现金流出和现金净流量信息主要由正表提供。正表采用报告式的结构，按性质将现金流量分为经营活动产生的现金流量、投资活动产生的现金流量和筹资活动产生的现金流量，并依次列示。最后反映现金及现金等价物净增加额。有外币现金流量及境外子公司的现金流量折算为人民币的企业，正表中还应单设"汇率变动对现金及现金等价物的影响"项目。

3. 补充资料。补充资料部分主要包括将净利润调节为经营活动现金流量、不涉及现金的投资和筹资活动、现金及现金等价物净增加情况三项内容。

现金流量表的基本格式如表 3-3 所示。

表 3-3　　　　　　　　　　　现金流量表

编制单位：新华公司　　　　　2014 年 12 月 31 日　　　　　　　单位：万元

项目	行次	本年累计数
一、经营活动产生的现金流量	1	
销售商品、提供劳务收到的现金	2	6 685
收到的税费返还	3	230
收到的其他与经营活动有关的现金	4	62
经营活动现金流入小计	5	6 977
购买商品、接受劳务支付的现金	6	4 824
支付给职工以及为职工支付的现金	7	389
支付的各项税费	8	288
支付的其他与经营活动有关的现金	9	283
经营活动现金流出小计	10	5 784
经营活动产生的现金流量净额	11	1 193
二、投资活动产生的现金流量	12	0
收回投资所收到的现金	13	0
取得投资收益所收到的现金	14	0
处置固定资产、无形资产和其他长期资产收回的现金净额	15	0
处置子公司及其他营业单位收到的现金净额	16	0
收到的其他与投资活动有关的现金	17	0
投资活动现金流入小计	18	0
购建固定资产、无形资产和其他长期资产所支付的现金	19	1 366
投资所支付的现金	20	0
取得子公司及其他营业单位支付的现金净额	21	0
支付的其他与投资活动有关的现金	22	0
投资活动现金流出小计	23	1 366
投资活动产生的现金流量净额	24	-1 366
三、筹资活动产生的现金流量	25	0
吸收投资收到的现金	26	0
取得借款收到的现金	27	2 039
收到其他与筹资活动有关的现金	28	0
筹资活动现金流入小计	29	2 039
偿还债务支付的现金	30	1 380
分配股利、利润或偿付利息所支付的现金	31	394
支付其他与筹资活动有关的现金	32	0
筹资活动现金流出小计	33	1 774
筹资活动产生的现金流量净额	34	265
四、汇率变动对现金及现金等价物的影响	35	-14
五、现金及现金等价物净增加额	36	68
加：期初现金及现金等价物余额	37	1 082
六、期末现金及现金等价物余额	38	1 150

四、所有者权益变动表信息

(一)所有者权益变动表的概念

所有者权益变动表是反映企业在一定期间（如年度、季度或月度）内，所有者权益各组成部分当期增减变动情况的报表。在所有者权益变动表中，净利润、其他综合收益，以及由所有者的资本交易导致的所有者权益的变动分别列示。

(二)所有者权益变动表的作用

从不同角度来看，所有者权益变动表提供的信息及其作用主要体现在以下几个方面：

1. 所有者权益变动的原因

在所有者权益变动表中，导致所有者权益变动的原因按照"当期损益""直接计入所有者权益的利得和损失"以及"与所有者的资本交易"等不同类别分别进行列示。这种列示方法，提供不同活动对所有者权益变动产生的影响，能够清晰明确地反映引发所有者权益变动的原因。

2. 所有者权益内部结构的变动

在所有者权益变动表中，除了提供不同原因对所有者权益产生的影响之外，还列示所有者权益内部结构变动。资本公积或盈余公积转增资本，盈余公积弥补亏损等造成所有者权益内部结构变动的因素都分别列示，从而为了解所有者权益的内部结构变动提供了信息。

3. 为利润表和资产负债表提供辅助信息

所有者权益变动表中的"直接计入所有者权益的利得或损失"以及"利润分配"与利润表之间存在较强的关联性。"直接计入所有者权益的利得和损失"与利润表中的"公允价值变动净收益"相辅相成，共同反映了公允价值变动对企业产生的影响。"利润分配"则提供了企业利润分配的去向和数量，为利润表提供辅助信息。所有者权益变动表中提供的所有者结构变动信息与资产负债表中所有者权益部分相辅相成，提供了所有者权益变动的详细信息。

4. 提供企业全面收益的信息

从企业所有者的角度来看，所有者权益的变动反映了其在公司中所拥有财务情况的变动。若不考虑增资、发放股利以及内部的结转，影响所在者权益变动的主要因素是经营活动的收益和直接计入股东权益的利得和损失，两者之和是企业全面收益。全面收益不但反映了企业的经营情况，还反映了公允价值变动对企业所有者财富状况产生的影响，能为所有者提供更为全面的投资决策信息。

五、会计报表附注信息

附注是财务报表不可或缺的组成部分。报表使用者要了解企业的财务状况、经营成果和现金流量，应当全面阅读附注，附注相对于报表而言，同样具有重要性。报表的附注提供会计报表信息生成的依据，并提供无法在报表上列示的定性信息和定量信息，从而使得报表中数据的信息更加完整，为财务分析奠定良好的信息基础。根据会计准则规定，附注应当按照一定的结构进行系统合理的排列和分类，有顺序地披露信息。

（一）会计报表附注的基本内容

会计报表附注主要包括企业的基本情况、财务报表的编制基础、遵循企业会计准则的声明、重要会计政策和会计估计、会计政策和会计估计变更以及差错更正的说明、合并财务报表的合并范围、重要报表项目的说明以及重要事项揭示等内容。

1. 企业的基本情况

企业的基本情况主要简述企业注册地、组织形式和总部地址，企业的业务性质和主要经营活动，母公司以及集团母公司的名称，财务报告的批准报出者和财务报告批准报出日。

2. 财务报表的编制基础

财务报表的编制基础简述企业会计核算和会计报表编制所依据的基本会计假设，对于未以公认的基本会计假设为前提的业务处理和报表编制，应予以披露，并说明其理由。

3. 遵循企业会计准则的声明

遵循企业会计准则的声明明确说明编制的财务报表符合企业会计准则体系的要求，真实、完整地反映了企业的财务状况、经营成果和现金流量。

4. 重要会计政策和会计估计

企业报表附注提供重要会计政策和会计估计的信息，不重要的会计政策和会计估计可以不披露。在披露重要会计政策和会计估计时，报表附注提供重要会计政策的确定依据和财务报表项目的计量基础，以及会计估计中所采用的关键假设和不确定因素。

报表附注提供的重要会计政策信息包括存货、长期股权投资、投资性房地产、固定资产、生物资产、无形资产、非货币性资产交换、资产减值、职工薪酬、企业年金基金、股份支付、债务重组、或有事项、收入、建造合同、政府补助、借款费用、所得税、外币折算、企业合并、租赁、金融工具确认和计量、金融资产转移、合并财务报表、每股收益、分部报告、金融工具列报等。

5. 会计政策和会计估计变更以及差错更正的说明

企业报表附注可以提供会计政策变更的信息。比如，会计政策变更的性质、内容和原因；当期和各个列报前期财务报表中受影响的项目名称和调整金额；无法进行追溯调整的，说明该事实和原因以及开始应用变更后的会计政策的时点、具体应用情况。

报表附注可以提供会计估计变更的信息。比如，会计估计变更的内容和原因；会计估计变更对当期和未来期间的影响数；会计估计变更的影响数不能确定的，披露这一事实和原因。

报表附注可以提供披露前期差错更正的信息。比如，前期差错的性质；各个列报前期财务报表中受影响的项目名称和更正金额；无法进行追溯重述的，说明该事实和原因以及对前期差错开始进行更正的时点、具体更正情况。

6. 合并财务报表的合并范围

合并财务报表的合并范围主要介绍纳入合并范围的重要子公司名称、注册地、业务性质、注册资本、本集团投资额、直接和间接持股比例和表决权比例。

7. 重要报表项目的说明

企业应当尽可能以列表形式披露重要报表项目的构成或当期增减变动情况。对重要报表项目的明细说明，应当按照资产负债表、利润表、现金流量表、所有者权益变动表的顺序和报表项目列示的顺序，采用文字和数字描述相结合的方式进行披露，并与报表项目相互参照。

8. 重要事项的揭示

重要事项的揭示，主要包括以下三种：

（1）或有事项。企业应当披露预计负债的种类、形成原因以及经济利益流出不确定性的说明；与预计负债有关的预期补偿金额和本期已确认的预期补偿金额；或有负债的种类、形成原因及经济利益流出不确定性的说明；或有负债预计产生的财务影响，以及获得补偿的可能性；无法预计的，应当说明原因；或有资产很可能会给企业带来经济利益的，其形成的原因、预计产生的财务影响等；在涉及未决诉讼、未决仲裁的情况下，批露全部或部分信息预期对企业造成重大不利影响的，披露该未决诉讼、未决仲裁的性质以及没有披露这些信息的事实和原因。

（2）资产负债表日后事项的说明。其包括每项重要的资产负债表日后非调整事项的性质、内容，及其对财务状况和经营成果的影响。无法作出估计的，应当说明原因。

（3）关联方关系及其交易的说明。企业应当披露母公司和子公司的名称。如果母公司不是该企业的最终控制方，说明最终控制方名称。母公司和最终控制方均不对外提供财务报表的，说明母公司之上与其最相近的对外提供财务报表的母公司名称。企业还应当披露母公司和子公司的业务性质、注册地、注册资本（或实收资本、股本）及其当期发生的变化；母公司对该企业或者该企业对子公司的持股比例和表决权比例；企业与关联方发生交易的，该关联方关系的性质、交易类型及交易要素。

（二）各主要会计报表附注

1. 资产负债表附注

资产负债表中列示的项目是高度浓缩后的信息。受制于资产负债表的格式要求，这些信息的来源和构成无法直接在资产负债表中加以披露。为此，资产负债表的编制者根据现有会计准则的要求，将这些信息在会计报表附注中加以详细的披露。由于在披露过程中，其通常会采用表格的形式，因此也可将其称为资产负债表的附表。

2. 利润表附注

为了明确利润表中的数据来源和构成，提供更多的相关信息，现行会计准则要求对部分利润表中的数字，以表格的形式在报表附注中加以披露。利润表的附表主要是分部报告。

分部报告，是利润表的附表之一，是反映企业各经营分部的收入、成本、费用、营业利润、资产总额和负债总额等情况的报表。企业应当以内部组织结构、管理要求、内部报告制度为依据确定经营分部，以经营分部为基础确定报告分部，并按规定披露分部信息。经营分部应当同时满足以下条件：该组成部分能够在日常活动中产生收入、发生费用；企业管理层能够定期评价该组成部分的经营成果，以决定向其配置资源、评价其业绩；企业能够获得该组成部分的财务状况、经营成果和现金流量等有关会计信息。如果未能满足上述规定条件，但企业认为披露该经营分部信息对财务报告使用者是有用的，也可将其确定为报告分部。

除上述附表外，主营业务收入明细表、管理费用明细表、销售费用明细表、财务费用明细表、公允价值变动收益明细表、投资收益明细表等也属于利润表的附表，在附注中加以披露。

除了提供利润表的附表之外，利润表附注还对利润表中重要项目及相关问题进行说明，以便于正确理解与分析利润表。利润表附注通常说明以下问题：有关收入与成本费用的会计政策变化，如收入的确认、存货计价、成本核算方法改变等；利润表中具体项目的补充说明，如营业外收支项目的说明、投资收益项目的说明等；利润表外有关项目的说明，如对其他业务收入与支出的说明等。

3. 现金流量表附注

现金流量表附注包括以下内容：

（1）当期取得或处置子公司及其他营业单位的有关信息。

（2）将净利润调节为经营活动现金流量。

（3）现金及现金等价物净增加情况。

（三）会计报表和报表附注的关系

在财务报告中，会计报表以确认和计量的方式，采用量化的方法对企业的经营成果、财务状况和现金流量情况加以反映；而报表附注以披露的方式，为会计报表中高度概括的数字提供进一步的解释，从而增加财务报告使用者能够获取的信息。

会计报表附注基本内容及各主要会计报表附注的构成如图3－1所示。

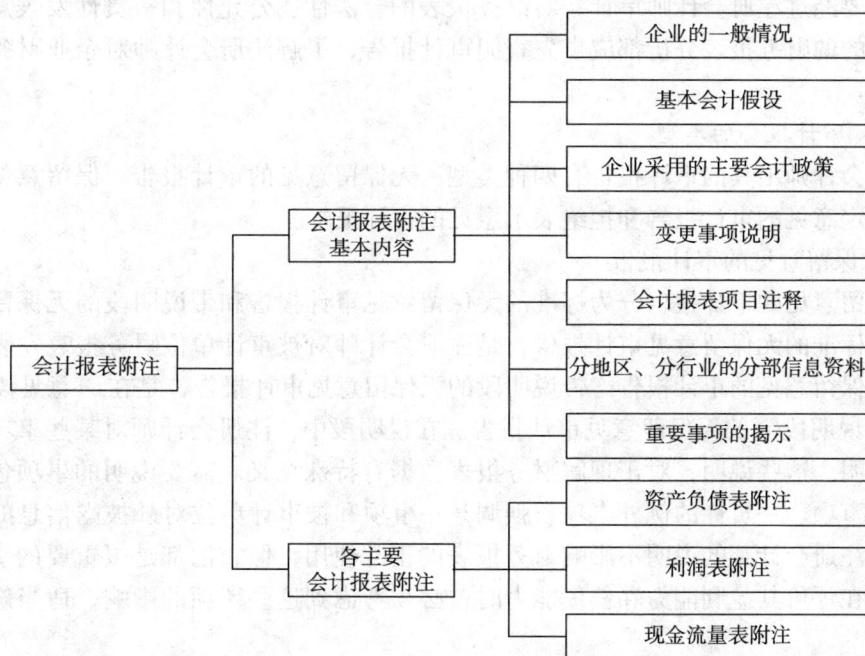

图3－1 会计报表附注内容及构成

六、财务情况说明书

财务情况说明书是我国企业会计准则中规定企业财务报告的重要组成部分。它是对一定会计期间内财务、成本情况进行分析总结的书面文字报告，也可以说是企业简要的财务分析报告。财务情况说明书主要包括以下内容：（1）企业的生产经营情况；（2）利润实现和分配情况；（3）资金增减和周转情况；（4）财务收支情况；（5）税金缴纳情况；（6）企业各项财产物资变动情况；（7）重大财务事项的情况；（8）财务报表日后事项的情况。

第三节 企业财务分析其他信息

一、审计报告信息

（一）审计报告的内涵

审计报告是注册会计师根据独立审计准则的要求，在完成必要的审计程序后出具的对被审计单位财务报表表示意见的具有法定证明效力的书面文件。

财务报表向企业内部和外部的利益相关者提供了企业财务状况、经营成果和现金流量方面的信息，这些报表信息是由企业管理当局编制和提供的。如果没有注册会计师对其进行审计鉴证，财务报表的可靠性和公允性就值得怀疑。注册会计师按照独立审计准则提供的审计报告，是对财务报表的质量作出的专业判断和评价。审计报告与财务报表的可信性有密切关系，财务分析人员必须注意注册会计师出具的有关审计报告。

按照我国相关规定，上市企业、国有企业、国有控股或占主导地位的企业的年度财务报表都要经过注册会计师审计，对财务报表的合法性、公允性和一贯性发表意见。进行任何目的的财务报表分析都应事先查阅审计报告，了解注册会计师对企业财务报表的审计意见。

（二）审计报告的类型

注册会计师出具的审计报告有四种类型：无保留意见的审计报告、保留意见的审计报告、否定意见的审计报告和拒绝表示意见的审计报告。

1. 无保留意见的审计报告

无保留意见的审计报告分为标准的无保留意见审计报告和带说明段的无保留意见审计报告。标准的无保留意见审计报告，是注册会计师对被审计单位财务报表发表不带说明段的无保留意见的审计报告。带说明段的无保留意见审计报告，是在"意见段"之后增加了"说明段"的无保留意见审计报告。在说明段中，注册会计师对某些事项进行了必要的说明。这些说明，对于理解财务报表数据有特殊意义。需要说明的事项包括：重大不确定事项、一贯性的例外事项、强调某一事项和被审计单位对外披露信息的重大差异。上述注册会计师的说明不影响财务报表的正常使用，但它们都是很重要的事项。报表分析者在评价其盈利能力和偿债能力时，必须考虑到这些事项的影响，适当修正有关的结论。

在注册会计师对被审计单位的报表有异议，或审计范围受到限制时，不会签发无保留意见的审计报告，而会签发保留意见、否定意见或拒绝表示意见的报告。不带说明段的无保留意见的审计报告又称为标准审计意见的审计报告，而带说明段的无保留意见审计报告及保留意见、否定意见和拒绝表示意见的审计报告又称为非标准审计意见的审计报告。

2. 保留意见的审计报告

保留意见的审计报告是指注册会计师认为被审计单位的报告总体上恰当，但对某些事项有保留意见而发表的审计报告。这些事项包括：个别重要的会计事项或报表项目不符合会计准则或国家有关的规定，被审计单位拒绝调整；审计报告受到重要的局部限制；个别重要会计处理方法的选用不符合一贯性原则。保留意见不妨碍财务报表的总体使用价值，但是某个重要局部的数据不具有可信性。有时，这种报告可以通过数据调整来克服。

3. 否定意见的审计报告

否定意见的审计报告是与无保留意见审计报告相反的审计报告。注册会计师出具否定意见的审计报告出于两种原因：一种是会计处理方法的选用严重违反了《企业会计准则》及国家其他有关财务会计的规定，而且被审计单位拒绝调整。另一种是财务报表严重歪曲了被审计单位的财务状况、经营成果和现金流量，被审计单位拒绝调整。出具否定意见的审计报告，意味着注册会计师认为被审计单位的财务报表不具有使用价值。这种财务报表不能作为财务分析的依据。

4. 拒绝表示意见的审计报告

拒绝表示意见是指注册会计师对被审计单位的财务报表不能发表意见，包括无保留、保留或否定的审计意见。拒绝表示意见，不是注册会计师不愿意表示意见，而是由于某些限制而未对某些重要事项取得证据，没有办法完成取证工作，使得注册会计师无法判断问题的归属，无法对财务报表整体发表审计意见。注册会计师拒绝表示意见的财务报表，不能作为财务分析的依据。

二、企业内部非财务信息

（一）预算资料

财务预算是企业在预测和决策的基础上，围绕企业的战略目标，对企业一定时期内的资金取得和投放、各项收入和支出、企业经营成果及其分配等资金运动所作的具体安排。财务预算与业务预算、资本预算和筹资预算等共同构成企业的全面预算体系。财务预算的主要内容包括现金预算、预计资产负债表和预计利润表等。其中，现金预算是按照现金流量表主要项目内容编制的反映企业预算期内一切现金收支及其结果的预算。预计资产负债表是按照资产负债表的内容和格式编制的综合反映预算期期末财务状况的预算报表。预计利润表是按照利润表的内容和格式编制的反映预算期内利润目标及其结构情况的预算报表。

实行全面预算制度的企业，除财务预算资料外，业务预算、资本预算和筹资预算等也是报表分析必不可少的重要依据。其中，业务预算是反映企业预算期内可能形成现金收付的生产经营活动的预算，一般包括销售预算或营业预算、生产预算、制造费用预算、产品成本预算、营业成本预算、采购预算、销售费用预算等；资本预算是企业在预算期内进行资本投资活动的预算，主要包括固定资产投资预算、权益性资本投资预算和债券投资预算等；筹资预算是企业在预算期内需要新借入的长短期借款、经批准发行的债券以及对原有借款和债券还本付息的预算，股票发行计划，配股计划和增发股票计划等。这些预算资料可作为财务报表分析的比较基础或作为对报表数据发生变化进行因素分析的背景资料或其他用途。

（二）非货币性信息

财务报表披露的信息都是用货币计量的价值类信息。根据商品二因素的原理，价值是依托于使用价值而存在的。因此，当我们需要对价值类指标进行分析时，也不能忽视使用价值类的实物指标。比如，分析利润增减的变化，就需要对生产经营的产销量结构进行分析，通过实物结构的分析，来透视企业生产经营结构调整对利润变化的影响。再如，分析企业存货资产的质量，也需要联系存货实物的结构及质量变化情况进行。

（三）管理类信息

企业生产经营和财务状况的好与坏，总是与企业内部的管理状况联系在一起的。从实践看，许多企业的效益偏低，也主要是由于内部的经营管理出了问题。经营管理不善是导致企业效益偏低的主要原因，因此在进行报表分析时有必要对企业内部的管理状况进行把握。具体包括法人治理结构的完善情况、管理的组织构架、管理制度的完善情况、经营者的经营管理水平，特别是企业家的素质、内部经营管理的模式、各项基础管理制度、激励与约束机制、管理信息系统的建设、管理观念的创新、企业文化建设、经营和财务发展战略规划等。

（四）技术类信息

技术状况是导致企业成本变化和效益波动的重要原因。在进行财务分析时，需要把握的技术方面的信息很多，诸如研究与开发投入情况，新产品、新工艺和新材料的开发及应用情况，技术定额，主要生产设备的先进程度和生产适用性、技术水平、开工及闲置情况，更新改造情况，采用环境保护技术措施等。一个企业的技术投入水平，可以用技术投入比率这一指标来反映，即技术投入率。

（五）人力资源类信息

包括在岗员工的文化水平、道德水准、专业技能、组织纪律性、团队精神、参与企业管理的积极性等方面。在现代市场经济条件下，人力资源的质量是影响企业财务和经营管理的重要因素，有时甚至是决定性的因素。

三、企业外部信息

（一）政策法规信息

政策法规信息主要指国家为加强宏观管理所制定的各项与企业有关的政策、法规、文件等。主要包括：一是经济体制方面的政策，是指涉及国家经济体制方面变化的政策，在财务分析中能明确企业所处的体制环境，尤其是能预测到体制的变动，势必对企业之组织和经营产生积极的影响。二是宏观经济政策，主要指财政政策、金融政策、货币政策等。这些政策对于企业财务分析是至关重要的，不掌握宏观经济政策的变动也必将导致失误的决策。三是产业政策与技术政策。产业政策是指导国家产业发展的政策性文件。它规定了哪些产业是基础产业，哪些产业是支柱产业，并相应地对产业组织、产业布局作出规划。技术政策则规定了国家鼓励创新和推广的技术，以及相应的政策措施。投资者和经营者掌握产业政策和技术政策，对于企业持续、健康发展有着重要作用，这些都直接或间接地影响着企业的财务状况与经营成果。

（二）市场信息

市场信息包括国内和国际的同类产品或相似产品、替代产品或相关产品的市场供求情况及变化趋势、市场价格的变化情况和变化趋势、市场容量及其变化、物价指数及其变化等，这些都是进行财务分析时必不可少的依据。

本章小结

财务分析信息为财务分析提供根本依据，其数量和质量决定着财务分析的质量和效果。收集和整理财务分析信息的过程，也是财务分析的重要步骤。按照不同标准，财务分析信息可以划分为内部信息和外部信息、定期信息和不定期信息、实际信息和标准信息、财务信息和非财务信息。常用的财务分析评价标准有经验标准、历史标准、行业标准、预算标准等。

会计报表主要包括资产负债表、利润表、现金流量表和所有者权益变动表。各会计报表的组成项目及其结构，分别为财务分析提供不同的相关信息。资产负债表中的资产项目提供了企业变现能力的信息、资产结构的信息、资产管理水平的信息和公司价值的信息，负债项目提供了总体债务水平的信息、债务结构的信息，所有者权益项目提供了所有者权益内部结构的信息、企业收益分配的信息。资产、负债和所有者权益结合起来，提供了偿债能力和权益结构的信息。利润表提供了企业财务成果的信息、盈利能力的信息、营业收入和成本费用的信息、经营业绩结构的信息。所有者权益变动表提供了所有者权益变动的原因、所有者权益内部结构的变动、资产负债表和利润表的辅助信息、企业全面收益的信息。现金流量表提供了企业资金来源与运用的信息、现金增减变动的原因、资产负债表和利润表分析所需的信息。

会计报表附注是对会计报表内容的进一步解释，既包括对报表项目进行详细解释的附表，也包括对报表项目进行定性的非财务性信息。

审计报告也是财务分析的重要信息来源。从审计意见类型来看，审计报告可以分为无保留意见的审计报告、保留意见的审计报告、否定意见的审计报告和拒绝表示意见的审计报告。

企业内部非财务信息包括预算资料、非货币性信息、管理类信息、技术类信息和人力资源类信息等。企业外部信息包括政策法规信息和市场信息。

思考与练习

1. 财务分析信息在企业决策中有什么重要作用？
2. 企业财务分析的信息来源主要有哪些？

3. 简述财务活动过程及其与财务目标的关系。

4. 简述会计报表在财务分析中的作用。

5. 财务报表为什么需要注册会计师审计?

6. 不同类型的审计报告各有什么特点?

7. 从审计报告中可以得到什么分析线索?

第四章
资产负债表分析

学习目标

本章的学习目标是使学生掌握资产负债表分析的基本方法与基本内容。具体包括：了解资产负债表分析的目的；掌握资产负债表的分析方法，能够熟练运用水平分析法、垂直分析法编制资产负债表；能够在编制共同比资产负债表的基础上，对资产负债表的变动情况作出合理的评价，并对资产变动的合理性、变动原因进行评价；能够在编制资产负债表垂直分析表的基础上，对资产结构、负债结构和股东权益结构的变动情况作出分析，并对资产配置的合理性、负债结构和股东权益结构的合理性作出评价；能够运用趋势分析法对资产负债表进行趋势分析；掌握资产负债表分析评价的思路；明确资产的不同分类和影响负债结构与股东权益结构的因素；理解资产负债表主要项目的内涵；在以上分析的基础上，能够对企业的整体财务状况、资产质量、资产结构和财务结构作出综合评价。

第一节　资产负债表分析概述

资产负债表分析，也称财务状况变化分析。财务状况是指企业在某一时点上的经营资金来源和分布状况，它既是企业经营活动结果在资金方面的反映，又是企业未来经营活动能力的表示。通过对财务状况的分析，既可以从整体上查明企业经营活动中存在的问题，为进一步的分析指明了方向，又可以大致评价企业未来经营的潜力，为投资者和债权人提供有用的投资和信贷决策的信息。根据资产负债表的构成形式，该种分析可先从资产、负债和所有者权益三个方面分析入手，然后可在分类分析的基础上进行总括分析，最后得出评价结论，指出经营活动中存在的问题。

一、资产负债表分析的目的

资本是企业产生、生存与发展的原动力，企业的资本运动是通过资本筹集、资本运用和资本收益分配等一系列资本活动来实现的。筹资活动是企业根据生产经营对资本的需求，通过各种筹资渠道，采用适当筹资方式取得经营所需资本的行为。筹资活动是企业生存和发展的基本条件，是资本运用的起点。企业的资本来源，一是由所有者提供的永久性资本，二是债权人提供的信贷资金，从而形成了一个企业所拥有资产的两种不同要求权。企业取得资本后，必须有目的地投放使用，使其转化为相应的资产，以谋取最大的资本收益。资本运用是企业资本运动的中心环节，它不仅对资本筹集提出要求，而且对资本收益分配产生影响。资本收益分配既是企业前期资本运动的终点，也是下期资本运动的起点，它作为资本运动的结果而出现，是对资本运用成果的分配。企业的所有

43

资本活动及结果，必然会直接通过资产负债表全面、系统、综合地反映出来，但是，仅通过阅读资产负债表，只能了解企业在某一特定时日所拥有或控制的资产、所承担的经济义务以及所有者对净资产的要求权。尽管这些信息是必要的，但却满足不了报表使用者进行决策的需要，借助于资产负债表的分析，才有可能最大限度满足报表使用者的这种要求。

资产负债表分析的目的，在于了解企业会计对企业财务状况的反映程度，以及所提供会计信息的质量，据此对企业资产和权益的变动情况以及企业财务状况作出恰当的评价，具体来说就是：

1. 通过资产负债表分析，揭示资产负债表及相关项目的内涵。从根本上讲，资产负债表上的数据是企业经营活动的直接结果，但这种结果是通过企业会计依据某种会计政策，按照某种具体会计处理方法进行会计处理后编制出来的。因此，企业采用何种会计政策，使用何种会计处理方法，必然会对资产负债表上的数据产生影响。例如，某一经营期间耗用的材料一定时，采用不同存货计价方法进行会计处理，期末资产负债表上的存货金额就会有很大差异。如果不能通过分析搞清资产负债表及相关项目的内涵，就会把由企业会计处理产生的差异看做生产经营活动导致的结果，从而得出错误的分析结论。

2. 通过资产负债表分析，了解企业财务状况的变动情况及变动原因。在企业经营过程中，企业资产规模和各项资产会不断发生变动，与之相适应的是资金来源也会发生相应的变动，资产负债表只是静态地反映出变动后的结果。企业的资产、负债及股东权益在经过一段时期的经营后，发生了什么样的变化，变动的原因是什么，只有通过对资产负债表进行分析才能知道，并在此基础上，对企业财务状况的变动情况及变动原因作出合理的解释和评价。

3. 通过资产负债表分析，评价企业会计对企业经营状况的反映程度。资产负债表是否充分反映了企业的经营状况，其真实性如何，资产负债表本身不能说明这个问题。企业管理者出于某种需要，既可能客观地、全面地通过资产负债表反映企业的经营状况，也可能隐瞒企业经营中的某些重大事项。根据一张不能充分真实反映企业经营状况的资产负债表，是不能对企业财务状况的变动及其原因作出合理解释的。虽然这种评价具有相当的难度，特别是对那些不了解企业真实经营状况的外部分析者来说，其难度更大，但却是资产负债表分析的重要目标之一。

4. 通过资产负债表分析，评价企业的会计政策。企业的会计核算必须在企业会计准则指导下进行，但企业会计在会计政策选择和会计处理方法选择上也有相当的灵活性，如存货计价方法、折旧政策等。不同的会计政策和会计处理方法，体现在资产负债表上的结果往往不同，某种会计处理的背后，总是代表着企业的会计政策和会计目的。企业所选择的会计政策和会计处理方法是否合适，企业是否利用会计政策选择达到某种会计目的，深入分析资产负债表及相关项目的不正常变动，了解企业会计政策选择的动机，可以揭示出企业的倾向，评价企业的会计政策，消除会计报表外部使用者对企业会计信息的疑惑。

5. 通过资产负债表分析，修正资产负债表的数据。资产负债表是进行财务分析的重要基础资料，即使企业不是出于某种目的进行调整，资产负债表数据的变化也不完全是企业经营影响的结果。会计政策变更、会计估计变更等企业经营以外的因素对资产负债表数据也有相当的影响，通过资产负债表分析，要揭示出资产负债表数据所体现的财务状况与真实财务状况的差异，通过差异调整，修正资产负债表数据，尽可能消除会计信息失真，为进一步利用资产负债表进行财务分析奠定资料基础，以保证财务分析结论的可靠性。

二、资产负债表分析的内容

资产负债表分析主要包括以下内容：

（一）资产负债表水平分析

资产负债表水平分析，就是指通过对企业各项资产、负债和股东权益的对比分析，揭示企业筹资与投资过程的差异，从而分析与揭示企业生产经营活动、经营管理水平、会计政策及会计变更对筹资与投资的影响。

（二）资产负债表结构分析

资产负债表结构分析，就是指通过资产负债表中各项目与总资产或权益总额的对比，分析企业的资产构成、负债构成和股东权益构成，揭示了企业资产，结构和资本结构的合理程度，探索企业资产结构优化、资本结构优化及资产结构与资本结构适应程度优化的思路。

（三）资产负债表趋势分析

资产负债表趋势分析，就是指通过对企业总资产及主要资产项目、负债及主要负债项目、股东权益及主要股东权益项目变化的分析，揭示筹资活动和投资活动的状况、规律及特征，推断企业发展的前景。

（四）资产负债表项目分析

资产负债表项目分析就是指在资产负债表的基础上，对资产负债表中资产、负债和股东权益的主要项目进行深入分析，包括会计政策等变动对相关项目影响的分析。

第二节　资产负债表质量分析

一、资产质量分析

企业资产代表了企业规模，资产越多表明企业可以用来赚取收益的资源越多，可以用来偿还债务的资源越多。但是这并不意味着资产总是越多越好，还要看资产质量状况。所以具体分析时，要结合各资产项目（只对重点项目）进行深入分析，了解资产质量；要从总体把握住企业资产的分布，横向要看各类资产的变化趋势。

（一）流动资产状况分析

对流动资产质量状况进行分析主要是指对货币资金、交易性金融资产、应收账款、其他应收款和存货等重要项目作深入分析。

1. 货币资金

货币资金是指企业在生产经营过程中处于货币形态的那部分资产。它包括库存现金、银行存款和其他货币资金。货币资金是企业资产中最活跃的因素，可以变成各种形态的资产（如存货、固定资产、无形资产等）。货币资金本身就是现金，无须变现，可以用它直接偿还到期债务或支付投资者利润。企业持有货币资金一般是为了满足结算需要、预防性需要和投机需要。货币资金具有偿债能力最强和盈利能力最弱的双重特点。如果货币资金占总资产的比例较大，通常表明企业流动资金比较充裕，偿债能力较强，但同时也可能意味着企业的资金闲置，盈利能力较弱。为此，应结合企业的生产经营特点、经营周期和资金周转速度，在资产的流动性和盈利性之间作出正确的选择，合理地确定企业货币资金的持有量，使其保持一个合适的比例。

在对货币资金进行分析时，应结合下列因素判断企业货币资金持有量是否合理。

（1）资产规模和业务量。一般说来，企业资产规模越大，相应的货币资金的规模也就越大；业务量越大，处于货币资金形态的资产也就越多。

（2）筹资能力。如果企业有良好的信誉，筹资渠道通畅，就没有必要持有大量的货币资金，影响企业盈利。

（3）运用货币能力。如果企业经营者运用货币资金的能力较强，则可将必要的货币资金维持在较低水平，将其余的货币资金从事其他经营活动。

（4）行业特点。处于不同行业的企业，货币资金的合理规模存在差异，有的甚至差别很大。在相同的总资产规模下，金融企业、工业企业和商业企业的货币资金不可能相同。

另外，对货币资金质量的分析还应关注其发生变动的原因。企业货币资金变动的主要原因可能是：第一，销售规模的变动。企业销售商品或提供劳务是取得货币资金的重要途径，当销售规模发生变动时，货币资金存量规模必然会发生相应的变动，并且二者具有一定的相关性。第二，信用政策的变动。销售规模的扩大是货币资金增加的先决条件，如果企业改变信用政策，则货币资金存量规模就会因此而变化。例如，在销售时，企业提高现销比例，货币资金存量规模就会变大些；反之，货币资金存量规模就会小些。如果企业奉行较严格的收账政策，收账力度较大，货币资金存量规模就会大些。第三，为大笔现金支出做准备。在企业生产经营过程中，可能会发生大笔的现金支出，如准备派发现金股利，偿还将要到期的巨额银行贷款，或集中购货等，企业为此必须提前做好准备，积累大量的货币资金以备需要，这样就会使货币资金存量规模变大。第四，资金调度。一般来说，企业货币资金存量规模过小，会降低企业的支付能力，影响到企业的信誉，因此而负担不必要的罚金支出等，或因此而丧失优惠进货的机会及最佳投资机会等；反之，如果货币资金存量规模过大，则会使企业丧失这部分资金的获利机会，影响企业资金的利用效果。企业管理人员对资金的调度会影响货币资金存量规模，如在货币资金存量规模过小时通过筹资活动提高其存量规模，而在其存量规模较大时，通过短期证券投资的方法加以充分利用，就会降低其存量规模。第五，所筹资金尚未使用。企业通过发行新股、债券和银行借款而取得大量现金，但由于时间关系而没来得及运用或暂时没有合适的投资机会进行投资，就会形成较大的货币资金余额。

2. 交易性金融资产

交易性金融资产是企业购入的随时能够变现并且持有时间不准备超过一年的资产，

一般包括各种股票、债券和基金等。该资产的变现能力非常强，流动性仅次于现金。

交易性金融资产是现金的后备资源，因此该资产越多，企业的支付能力和财务适应能力就越强。但它与货币资金又有不同，主要是该资产的风险要大于货币资金，尤其是在证券市场尚不完善时期。因此，分析交易性金融资产的质量状况时，应注意交易性金融资产的构成，及时发现风险，予以防范，同时还要结合投资效益进行分析。

3. 应收账款

应收账款是企业因销售商品和提供劳务等活动而形成的债权，主要包括应收账款（应收票据）和其他应收款，两者产生的原因不同，所以分析时也应分别进行。对应收账款的分析，应从以下几方面进行：

（1）关注企业应收账款的规模及变动情况。企业销售产品是应收账款形成的直接原因，在其他条件不变时，应收账款会随销售规模的增加而同步增加。如果企业的应收账款增长率超过销售收入、流动资产和速动资产等项目的增长率，就可以初步判断其应收账款存在不合理增长的倾向，对此，应分析应收账款增加的具体原因是否正常。从经营角度讲，应收账款变动可能出于以下原因：①企业销售规模变动导致应收账款变动。②企业信用政策改变，当企业实行比较严格的信用政策时，应收账款的规模就会小些；反之，则会大些。③企业收账政策不当或收账工作执行不力。当企业采取较严格的收账政策或收账工作得力时，应收账款的规模就会小些；反之，则会大些。④应收账款质量不高，存在长期挂账且难以收回的账款，或因客户发生财务困难，暂时难以偿还所欠货款。

（2）分析会计政策变更的影响。会计政策变更是指企业对相同的交易或事项由原来采用的会计政策改用另一会计政策的行为。一般情况下，企业每期应采用相同的会计政策，但在某些制度允许的情况下，也可以变更会计政策。涉及应收账款方面的会计政策如果变更，应收账款就会发生变化。例如，在应收账款入账金额的确认上由总价法改为净值法，应收账款余额就会低于按总价法计算的金额，但这不是由应收账款本身减少形成的。又如，在坏账损失的核算上，由直接转销法改为备抵法，应收账款余额就可能因此而降低。

（3）分析企业是否利用应收账款进行利润调节。企业利用应收账款进行利润调节的案例屡见不鲜，因此，分析时要特别关注两个方面：第一，不正常的应收账款增长，特别是会计期末突发性产生的与营业收入相对应的应收账款。如果一个企业平时的营业收入和应收账款都很均衡，而唯独第四季度特别是12月份营业收入猛增，并且与此相联系的应收账款也直线上升，就有理由怀疑企业可能通过虚增营业收入或提前确认收入进行利润操纵。第二，应收账款中关联方应收账款的金额与比例。利用关联方交易进行盈余管理，是一些企业常用的手法。如果一个企业应收账款中关联方应收账款的金额增长异常或所占比例过大，应视为企业利用关联交易进行利润调节的信号。

（4）要特别关注企业是否有应收账款巨额冲销行为。一个企业巨额冲销应收账款，特别是其中的关联方应收账款，通常是不正常的，或者是在还历史旧账，或者是为今后进行盈余管理扫清障碍。

4. 其他应收款

其他应收款是指企业发生非购销活动而产生的应收债权，包括企业应收的各种赔偿款、保证金、备用金以及应向职工收取的各种垫付款项等，有人称之为资产负债表中的"垃圾桶"。一些上市公司为了某种目的，常常把其他应收款作为企业调整成本费用和利润的手段，分析时对其他应收款项目应予以充分的注意。其他应收款分析应关注以下几方面：

（1）其他应收款的规模及变动情况。分析时应注意观察其他应收款增减变动趋势，如果其他应收款规模过大，或有异常增长现象，如其他应收款余额远远超过应收账款余额，其他应收款增长率大大超过应收账款增长率，就应注意分析企业是否有利用其他应收款进行利润操纵的行为。

（2）其他应收款包括的内容。一些企业常常把其他应收款项目当成蓄水池，任意调整成本费用，进而达到调节利润的目的。分析时要注意发现：一是是否将应计入当期成本费用的支出计入其他应收款；二是是否将本应计入其他项目的内容计入其他应收款。

（3）关联方其他应收款余额及账龄。近年来，大股东占用巨额上市公司资金的事例频繁曝光，已严重威胁到上市公司的正常经营。分析时应结合会计报表附注，观察是否存在大股东或关联方长期、大量占用上市公司资金，造成其他应收款余额长期居高不下的现象。

（4）是否存在违规拆借资金。上市公司以委托理财等名义违规拆借资金往往借助其他应收款来实现。

（5）分析会计政策变更对其他应收款的影响。

5. 存货

存货是企业最重要的流动资产之一，通常占流动资产的一半以上，它包括的内容多、占用的资金大，存货核算的准确性对资产负债表和利润表有较大的影响，存货分析应关注以下几方面：

（1）报表分析者应注意了解企业经营者是否从生产经营的需要出发，采用科学的方法确定合理的存货经济批量，并以此作为企业存货控制的标准。如果企业实际存货金额大于这一标准，则应分析原因，采取必要的措施，降低存货的库存。

（2）存货数量结构是否合理。存货有些是为生产准备的，有些是为销售准备的，应合理确定其结构，保证企业再生产过程的顺利进行。

（3）存货的追加成本。资产负债表中，该项目的数字只是存货本身占用的资金。存货保存过程中，还有许多追加支出，影响企业的盈利水平。

（二）非流动资产质量分析

对非流动资产质量状况进行分析主要是对长期股权投资、投资性房地产、固定资产和无形资产等重要项目作深入分析。

1. 长期股权投资

长期股权投资期限长，金额通常很大，涉及企业的经营发展战略，因而对企业的财务状况影响较大。另外，长期股权投资难以预料的因素很多，风险也会很大，因此在进行报表分析时，应对长期股权投资给予足够的重视。

长期股权投资构成分析主要从投资对象、投资规模和持股比例等方面进行分析。通过对其组成的分析，可以了解企业投资对象的经营状况及投资对象的收益等方面的情况，判断企业长期股权投资的质量；另外还要作投资收益分析和长期股权投资减值准备的分析。

2. 投资性房地产

投资性房地产是指为了赚取租金或使资本升值，或两者兼而有之而持有的房地产。它主要分为三类：出租的土地使用权、长期持有并准备增值后转让的土地使用权和企业拥有并已出租的建筑物。

投资性房地产属于企业实物投资。该投资金额大，受国家宏观政策、经济发展规划及地方发展水平等多种因素的影响，资金回笼较慢，投资风险大。

3. 固定资产

固定资产占用资金数额大，资金周转的时间长，是资产管理的重点。分析该项目时应注意以下几个方面：

（1）固定资产的构成。固定资产按使用情况和经济用途可以分为生产用固定资产、非生产用固定资产、租出固定资产、未使用和不需用固定资产、融资租入固定资产等。固定资产结构反映固定资产的配置情况，合理配置固定资产，既可以在不增加固定资金占用量的同时提高企业生产能力，又可以使固定资产得到充分利用。在各类固定资产中，生产用固定资产，特别是其中的机器设备，与企业生产经营直接相关，在固定资产中占较大比重。非生产用固定资产主要指职工宿舍、食堂等非生产单位使用的房屋和设备。企业应在发展生产的基础上，根据实际需要适当增加这方面的固定资产，但增加速度一般应低于生产用固定资产的增加速度，其比重的降低应属正常现象。未使用和不需用固定资产对固定资金的有效使用是不利的，应该查明原因，采取措施，积极处理，将其压缩到最低限度。如因购入未来得及安装，或正在进行检修，虽属正常现象，也应加强管理，尽可能缩短安装和检修时间，使固定资产尽早投入到生产运营中去。

根据现行会计制度，企业无需对外披露固定资产的使用情况，企业外部分析人员通常无法获得这方面的相关信息。但是企业内部分析人员仍有必要分析固定资产的结构与变动趋势，考察固定资产分布和利用的合理性，为企业合理配置固定资产、挖掘固定资产利用潜力提供依据。固定资产结构分析应特别注意从以下三个方面进行：一是特别注意分析生产用固定资产与非生产用固定资产之间的比例变化情况；二是特别注意考察未使用和不需用固定资产比率的变化情况，查明企业在处置闲置固定资产方面的工作是否得力；三是考察生产用固定资产内部结构是否合理。

（2）固定资产占总资产的比例。固定资产的规模和结构，与企业所处的行业性质直接相关。一般来说，制造企业的固定资产比重较大。传统的资金管理理论认为，企业固定资产所占的比例越大，企业的营运能力越强。固定资产在使用中逐渐被消耗，周期较长，因此企业拥有的固定资产越多，在总资产中所占的比重越大，资产的流动性和变现能力就越差。但经营者在分析这个问题时，应注意在"船大压风浪，船小好掉头"之间作出合理选择。

（3）在分析时，还应关注不同类别的固定资产折旧方法、折旧年限对当期利润和固定资产净值的影响。会计准则和制度允许企业使用的折旧方法有平均年限法、工作量法、双倍余额递减法、年限总和法，后两种方法属于加速折旧法。不同的折旧方法由于各期所提折旧不同，会引起固定资产价值发生不同的变化。固定资产折旧方法的选择对固定资产的影响还隐含着会计估计对固定资产的影响，如对折旧年限的估计、对固定资产残值的估计等。固定资产折旧分析应注重以下几方面：

①分析固定资产折旧方法的合理性。企业应根据科技发展、环境及其他因素，合理选择固定资产折旧方法，对于利用固定资产折旧方法的选择及折旧方法的变更，达到调整固定资产净值和利润的目的的做法要通过分析比较揭示出来。

②分析企业固定资产折旧政策的连续性。固定资产折旧方法一经确定，一般不得随意变更。企业变更固定资产折旧方法，可能隐藏着一些不可告人的目的，因此，应分析其变更理由是否充分，同时确定折旧政策变更的影响。

③分析固定资产预计使用年限和预计净残值确定的合理性。分析时，应注意固定资产使用年限和固定资产预计净残值的估计是否符合国家有关规定，是否符合企业实际情况。有些企业在固定资产没有减少的情况下，往往通过延长固定资产使用年限，使折旧费用大幅减少以达到扭亏增盈的目的。对于这种会计信息失真现象，分析人员应予以揭示，并加以修正。

（4）固定资产减值准备。固定资产减值准备分析主要从以下几方面进行：①固定资产减值准备变动对固定资产的影响。②固定资产可回收金额的确定。这是确定固定资产减值准备提取数的关键。③固定资产发生减值对生产经营的影响。固定资产发生减值使固定资产价值发生变化，既不同于折旧引起的固定资产价值变化，也不同于其他资产因减值而发生的价值变化。固定资产减值是由有形损耗或无形损耗造成的，如因技术进步，已不可使用或已遭毁损不再具有使用价值和转让价值等，虽然固定资产的实物数量并没有减少，但其价值量和企业的实际生产能力都会相应变动。如果固定资产实际上已发生了减值，企业不提或少提固定资产减值准备，不仅虚夸了固定资产价值，同时也虚夸了企业的生产能力。

4. 在建工程和工程物资

资产负债表的在建工程项目反映了企业期末各项未完工工程的全部支出，工程物资项目则反映了企业各项工程尚未使用的工程物资的实际成本。在建工程占据的金额是十分巨大的，是企业主要的投资行为之一，合理的工程建设将是企业新的利润增长点。因此，可结合工程项目的用途、资金来源、工程的进度以及转入固定资产的情况进行分析，这样有助于了解企业的发展动态，预计企业未来的盈利能力。

5. 无形资产

无形资产风险比较大，而且它为企业带来的未来经济利益具有很大的不确定性。因此，分析无形资产的质量时应注意以下两个问题：

（1）企业是否正确反映无形资产的价值，是否有虚增资产的情况。

（2）企业是否严格遵守国家关于无形资产入账比例的有关规定，其规模是否合理。

6. 长期待摊费用

长期待摊费用本质上是一种费用，没有"变现性"，其数额越大，说明企业的资产质量越低。因此对企业而言，这类资产数额应当越少越好，占资产总额的比例应当越低越好。

在分析长期待摊费用时，应注意企业是否存在根据自身需要将长期待摊费用当做利润的调节器。例如，在不能完成利润目标或在相差很远的情况下，企业将一些影响利润但不属于长期待摊费用核算范围的费用转入，以达到提高利润的目的。

二、负债质量分析

负债是企业资产的重要资金来源。按其流动性分为流动负债和非流动负债。负债类项目全面、系统地反映了企业长短期负债情况，通过对负债类重点项目分析，并与资产主要项目进行对照，可以清楚地了解企业的偿债能力。

（一）流动负债

1. 短期借款

在企业自由流动资金不足的情况下，企业可以向金融机构举借一定金额的短期借款，以保证企业生产经营对资金的需要。短期借款对企业的影响表现在两个方面：一是短期借款要在一年内（含一年）偿还，企业的偿债压力较大；二是短期借款的利率较长期借款的利率低，企业的利息负担较轻。分析企业是否根据资金的实际需要，科学地确定短期借款与长期借款的比例。一定数量的短期借款是企业经营所必需的，但如果数量太大，超过企业的偿债能力，就会给企业的未来发展带来不利影响，应使其偿债能力和利息负担都处于合理的状态。短期借款合理与否，可以根据流动负债的总量、目前的现金流量情况和对未来一年内的现金流量的预期来确定。在一个现金流量差的企业里，过多的短期借款将会增加财务负担。

短期借款发生变化，其原因不外乎两大方面：生产经营需要和企业负债筹资政策变化。其具体变动的原因可归纳为：

（1）流动资产资金需要，特别是临时性占用流动资产需要发生变化。当季节性或临时性需要产生时，企业就可能通过举借短期借款来满足其资金需要，当这种季节性或临时性需要消除时，企业就会偿还这部分短期借款，从而造成短期借款的变化。

（2）节约利息支出。一般来讲，短期借款的利率低于长期借款和长期债券的利率，举借短期借款相对于长期借款来说，可以减少利息支出。

（3）调整负债结构和财务风险。企业增加短期借款，就可以相对减少对长期负债的需求，使企业负债结构发生变化。相对于长期负债而言，短期借款具有风险大、利率低的特点，负债结构变化将会引起负债成本和财务风险发生相应的变化。

（4）增加企业资金弹性。短期借款可以随借随还，有利于企业对资金存量进行调整。

2. 应付账款和应付票据

对企业来说，应付账款属于企业的一种短期资金，是企业最常见、最普遍的流动负债，一般都在 30～60 天，而且一般不用支付利息，有时供货单位为刺激客户及时付款而提供了现金折扣。在对应付账款分析时，应注意观察有无异常情况，测定未来的现金流量，以保证及时偿付各种应付款。

应付票据和应付账款在本质上是一样的，都是企业对外的欠款。但应付票据是由企业或银行签发的，在付款时间上更有保证。应付票据的流动性高于应付账款，因此，应付票据的压力和风险更大。

应付账款及应付票据因商品交易而产生，其变动原因有：

（1）企业销售规模的变动。当企业销售规模扩大时，会增加存货需求，使应付账款及应付票据等债务规模扩大；反之，会使其降低。

（2）为充分利用无成本资金。应付账款及应付票据是因商业信用产生的一种无资金成本或资金成本极低的资金来源，企业在遵守财务制度、维护企业信誉的条件下对其充分加以利用，可以减少其他筹资方式筹资数额，节约利息支出。

（3）提供商业信用企业的信用政策发生变化。如果其他企业放宽信用政策和收账政策，企业应付账款和应付票据的规模就会大些；反之，就会小些。

（4）企业资金的充裕程度。企业资金相对充裕，应付账款和应付票据规模就小些，当企业资金比较紧张时，就会影响到应付账款和应付票据的清偿。

3. 预收账款

预收账款是指企业实际销售商品或提供劳务之前，按协议预先收取的货款，体现的是一种商业信用和资金的无偿占用，在卖方市场上多有发生。对企业来说，它可解决资金临时短缺带来的困难。但在企业中一般数量不大。分析预收账款的规模应注意以下问题：

（1）良性债务。一般而言，预收账款是一种主动债务，它表明收款企业的产品销路较好，产品供不应求，也意味着该企业未来具有较好的盈利能力和偿债能力。

（2）实物偿债。预收账款是一种特殊债务，其在偿付时不是以现金支付，而是以实物支付。

（3）违规挂账。在实际工作中，一些企业违反财务制度，往往利用预收账款项目调整企业的当期损益，抽逃流转税等。对此，要加以防范。

4. 应付职工薪酬

应付职工薪酬是企业对个人的一种负债。分析时应注意：应付职工薪酬是否为企业的真正负债，企业有无通过它来调节利润；应付职工薪酬包括工资、福利费、工会经费、职工教育经费等，分析是否有其他内容。

5. 应交税费和应付股利

应交税费反映企业应交未交的各种税金和附加费，包括流转税、所得税和各种附加费。交纳税金是每个企业应尽的法定义务，企业应按有关规定及时、足额交纳。应交税费的变动与企业营业收入、利润的变动相关。分析时应注意查明企业是否有拖欠国家税款的现象。

应付股利反映企业应向投资者支付而未付的现金股利，是因企业宣告分派现金股利而形成的一项负债。支付股利需要大量现金，企业应在股利支付日之前做好支付准备。

6. 其他应付款

其他应付款分析的重点是：（1）其他应付款规模与变动是否正常；（2）是否存在企业长期占用关联方企业资金的现象。分析时应结合财务报表附注提供的资料进行。

（二）非流动负债

1. 长期借款

由于多数企业不能通过证券市场融资，资金来源的渠道多是向银行借款。在对企业长期举债经营进行分析时应注意：首先应避免利用长期借款来充做短期流转使用，否则会使资金成本得不偿失；其次，在资产报酬率高于负债利率的前提下，适当增加长期借款可以增加企业的获利能力，提高投资者的投资报酬率，同时负债具有减税作用，从而使投资者得到更多的回报。但在资产报酬率下降时，甚至低于负债利率的情况下，举借长期借款将增加企业还本付息的负担，在企业盈利不多时，还会导致亏损，因而使企业的财务风险加大。影响长期借款变动的原因有：（1）银行信贷政策及资金市场的资金供求状况；（2）为了满足企业对资金的长期需要；（3）保持企业权益结构的稳定性；（4）调整企业负债结构和财务风险。

2. 长期应付款

长期应付款是指企业对其他单位发生的付款期限在一年以上的结算债务。包括采用补偿贸易方式引进的设备价款和应付融资租入的固定资产租赁费等。因为融资租赁要求企业自有资金的保证相对于长期借款要低，而租赁公司所承担的风险需要从企业支付的较高的租赁费中进行补偿。所以在分析该项目时，要特别关注企业运用融资租赁资金时的风险性和稳定性。

三、所有者权益质量分析

（一）实收资本（股本）和资本公积

实收资本（股本）和资本公积反映投资者对企业的初始投入资金以及增值或非经营性原因引起的企业净资产的变化。

所有者向企业投入的资本一般不需偿还，可长期周转使用，实收资本相对固定不变，不得随意变动。如有增减变动，必须符合一定的条件并且办理一定的手续。引起实收资本变化的一般有下列事项：一是投资者追加投资或减少投资，二是资本公积或盈余公积转增资本以及分配股票股利。这些方式虽然引起实收资本变化，但所有者权益总额并不因此改变。

（二）盈余公积和未分配利润

盈余公积和未分配利润的性质相同，其形成与投资者的投资行为无关，是由企业生产经营活动取得的利润形成的。企业只有实现利润，才能形成盈余公积和未分配利润。

在分析时，应注意二者是否按规定用途使用。未分配利润是企业留存以后年度向投资者分配的，但未分配前属于企业尚未确定用途的留存收益，企业在使用上有较大的自主权。

第三节　资产负债表结构分析

一、共同比资产负债表

通常情况下，资产负债表中以资产总额为基数，将资产负债表各项目与总额相比，计算出各项目占总额的比重，这样处理后的资产负债表叫做共同比资产负债表。有时也将各项目构成与历年数据及同行业水平进行比较，分析其变动的合理性及其原因，借以进一步判断企业财务状况的发展趋势。

（一）流动资产构成分析

在固定资产和其他资产不变的情况下，流动资产比重提高使生产经营额大幅度增加，说明流动资产在资产总额中所占比重较为合理。但如果流动资产比重速度提高快于增长的速度，使单位增加值占用的资产额比上期增加，说明资产利用效益下降，流动资产在资产总额中所占比重不合理。如果流动资产在资产总额中比重提高了，企业的营业利润也相应地增加了，说明流动资产在资产总额中所占比重较为合理。如果流动资产增加了，生产额增长了，利润却不增长，说明企业生产的产品销售可能不畅，经营状况趋势不好。

（二）长期投资构成分析

判断长期投资比重是否合理，首先要看有没有影响企业生产资金周转，能不能获得较高收益。长期投资占资金总额比重提高，有可能是企业资金来源充足，在不影响生产的情况下，对外长期投资以取得更多收益，但也有可能是企业内部发展受到了限制，目前产业或产品利润率较低，需要寻求新的发展目标。因为被投资项目利润是不确定数，所以长期投资比重高，风险也高。企业管理者应根据投资项目作具体分析研究，慎重行事，以便回避风险，提高投资的安全性。企业长期投资比重不易过高。

（三）固定资产构成分析

固定资产比重决定着企业的生产规模和发展方向。固定资产构成分析可以从以下三个方面进行：一是分析固定资产构成的变化情况；二是考察未使用和不需用的固定资产构成的变化情况，检验企业在处置闲置固定资产方面的工作是否具有效率；三是分析生产用固定资产内部使用是否合理。

（四）无形资产构成分析

一般情况下，企业拥有较多的无形资产，表明其开发创新能力强。如果企业敢于冒险，就可能采取较高的固定资产比例；反之，则采用较高的流动资产构成比例。从行业特点上看，创造附加值较低的企业，如商业企业，需要保持较高的资产流动性；而创造附加值较高的企业如制造业企业，需要保持较高的固定资产比重。从经营规模上看，规模较大的企业，因其筹资能力强，固定资产比例相对高些；规模较小的企业，流动资产比例相对高些。另外，同一行业内部，生产组织、生产特点、生产方式的差异，对固定资产与流动资产之间的结构比例也会产生影响。

（五）流动负债构成分析

流动负债构成反映企业依赖债权人的程度。流动负债所占的比重越高，说明企业对短期资金的依赖越大，企业偿债的压力也就越大，要求企业资金周转的速度越快；反之，说明企业对短期资金的依赖程度越小，企业面临的偿债压力也就越小。

（六）长期负债构成分析

长期负债构成反映企业依赖长期债权人的程度。长期负债所占的比重较高，说明企业借助于长期资金的程度较高；反之，说明企业借助于长期资金的程度较低，企业面临的偿债压力也就较小。长期负债占负债总额的比重，成长型企业较高，成熟型企业较低。

（七）所有者权益构成分析

所有者权益的构成可以反映企业承担风险能力的大小。所有者权益构成比重越大，企业财务状况越稳定，发生债务危机的可能性越小。

根据表3-1提供的资料，编制建奇公司共同比资产负债表，见表4-1。

表4-1　　　　　　　　　建奇公司共同比资产负债表　　　　　　　　单位：千元

项目	2014年	2013年	2014年（%）	2013年（%）	变动情况（%）
流动资产：					
货币资金	11 480 406	6 483 170	22.57	16.53	6.04
交易性金融资产	0	123 644	0	0.32	-0.32
应收票据	1 578 473	1 656 258	3.10	4.22	-1.12
应收账款	9 972 495	7 098 949	19.61	18.10	1.51
应收账款保理	1 658 941	153 668	3.26	0.39	2.87
预付款项	355 887	311 362	0.70	0.79	-0.09
其他应收款	757 847	689 889	1.49	1.76	-0.27
存货	8 978 036	7 429 503	17.65	18.94	-1.29
应收工程合约款	7 894 010	6 540 218	15.52	16.67	-1.15
流动资产总计	42 676 095	30 486 661	83.90	77.71	6.19
非流动资产：					
可供出售金融资产	251 148	43 464	0.49	0.11	0.38
长期应收款	612 008	581 007	1.20	1.48	-0.28
长期应收款保理	753 568	3 142 709	1.48	8.01	-6.53
长期股权投资	168 433	137 019	0.33	0.35	-0.02
固定资产	4 103 076	3 038 063	8.07	7.74	0.33
在建工程	817 086	931 090	1.61	2.37	-0.76
无形资产	589 084	224 848	1.16	0.57	0.59
开发支出	476 020	258 991	0.94	0.66	0.28
递延所得税资产	400 265	352 210	0.78	0.90	-0.12
长期递延资产	19 138	33 494	0.04	0.09	-0.05
非流动资产总计	8 189 826	8 742 895	16.10	22.29	-6.19
资产总计	50 865 921	39 229 556	100	100	0

续表

项目	2014 年	2013 年	2014 年（%）	2013 年（%）	变动情况（%）
流动负债：					
短期借款	3 882 479	2 893 855	7.63	7.38	0.25
应收账款保理之银行拨备	1 658 941	153 668	3.26	0.39	2.87
交易性金融负债	12 560	7 876	0.02	0.02	0
应付票据	6 318 059	3 946 429	12.42	10.06	2.36
应付账款	9 495 946	7 856 240	18.67	20.03	−1.36
应付工程合约款	2 965 582	1 597 314	5.83	4.07	1.76
预收账款	1 392 862	1 491 219	2.72	3.75	−1.06
应付职工薪酬	1 443 017	1 207 431	2.84	3.08	−0.24
应交税费	−765 040	−1 342 330	1.48	0.14	1.92
应付股利	22 750	41 180	0.04	0.10	−0.06
其他应付款	1 553 011	1 348 465	3.05	3.44	−0.39
递延收益	64 281	101 695	0.13	0.26	−0.13
预计负债	170 382	126 042	0.33	0.32	0.01
一年内到期非流动负债	1 728 006	1 509 569	3.50	3.85	−0.34
流动负债总计	29 996 836	20 938 653	58.97	53.38	5.59
非流动负债：					
长期借款	1 292 547	2 085 229	2.54	5.32	−2.78
长期应收账款保理之银行拨款	753 568	3 142 709	1.48	8.01	−6.53
应付债券	3 514 652	0	6.91	0	6.91
专项应付款	80 000	80 000	0.16	0.20	−0.04
递延所得税负债	5 019	56 460	0.01	0.14	−0.13
其他非流动负债	39 752	38 097	0.08	0.10	−0.02
非流动负债总计	5 685 538	5 402 495	11.18	13.77	−2.59
负债总计	35 682 374	26 341148	70.15	67.15	3.00
股东权益：					
股本	1 343 330	959 522	2.64	2.45	0.19
资本公积	6 298 172	5 807 332	12.38	14.80	−2.42
盈余公积	1 431 820	1 364 758	2.81	3.48	−0.67
未分配利润	5 021 369	3 831 231	9.87	9.77	0.10
拟派期末股利	402 999	239 880	0.79	0.61	0.18
外币报表折算差额	−248 146	−65 562	−0.49	−0.17	−0.32
归属于母公司股东权益总计	14 249 544	12 137 161	28.01	30.94	−2.93
少数股东权益	934 003	751 247	1.84	1.91	−0.07
股东权益总计	15 183 547	12 888 408	29.85	32.85	18.10
负债和股东权益总计	50 865 921	39 229 556	100	100	0

二、资产结构分析

资产结构是指公司资产的具体构成及其组成部分的相互关系。公司的资产按其流动性可以分为流动资产、长期投资、固定资产和无形资产等几大类。企业资产结构的分析应特别关注以下几方面：

（一）经营资产与非经营资产的比例关系

企业所占有的资产是企业进行经营活动的物质基础，但并不是所有的资产都用于企业自身经营，其中有些资产被其他企业所运用，如一些债权类资产和投资类资产；有些资产已转化为今后的费用，如待摊费用、长期待摊费用、开发支出和递延所得税资产等。这些资产尽管是企业的资产，但已无助于企业自身经营。如果这些非经营资产所占比重过大，企业的经营能力就会远远小于企业总资产所表现出来的经营能力。当企业资产规模增长时，从表面上看，似乎是企业经营能力增加了，但如果仅仅是非经营资产比重增加，经营资产比重反而下降，是不能真正提高企业的经营能力的。

根据资料，可编制建奇公司经营资产与非经营资产结构分析表，见表4-2。

表4-2　　　　　　　　　经营资产与非经营资产结构分析表　　　　　　单位：千元

项目	2014 年	2013 年	2014 年（%）	2013 年（%）	变动情况（%）
经营资产：					
货币资金	11 480 406	6 483 170	22.57	16.53	6.04
预付款项	355 887	311 362	0.70	0.79	0.09
存货	8 978 036	7 429 503	17.65	18.94	-1.29
应收工程合约款	7 894 010	6 540 218	15.52	16.67	-1.15
固定资产	4 103 076	3 038 063	8.07	7.74	0.33
在建工程	817 086	931 090	1.61	2.37	-0.76
无形资产	589 084	224 848	1.16	0.57	0.59
经营资产总计	34 217 585	24 958 254	67.27	63.62	3.65
非经营资产：					
交易性金融资产	0	123 644	0	0.32	-0.32
应收票据	1 578 473	1 656 258	3.10	4.22	1.12
应收账款	9 972 495	7 098 949	19.61	18.10	1.51
应收账款保理	1 658 941	153 668	3.26	0.39	2.87
其他应收款	757 847	689 889	1.49	1.76	-0.27
可供出售金融资产	251 148	43 464	0.49	0.11	0.38
长期应收款	612 008	581 007	1.20	1.48	-0.28
长期应收款保理	753 568	3 142 709	1.48	8.01	-6.53
长期股权投资	168 433	137 019	0.33	0.35	-0.02
开发支出	476 020	258 991	0.94	0.66	0.28
递延所得税资产	400 265	352 210	0.78	0.90	-0.12
长期递延资产	19 138	33 494	0.04	0.09	-0.05
非经营资产总计	16 648 336	14 271 302	32.73	36.38	-3.65
资产总计	50 865 921	39 229 556	100	100	0

根据表 4 - 2 可以看出，虽然建奇公司的经营资产与非经营资产都有所增长，但由于经营资产的增长速度高于非经营资产的增长速度，经营资产的比重还是增加了 3.65%，表明该公司的实际经营能力有所增长。

（二）固定资产与流动资产的比例关系

一般而言，企业固定资产与流动资产之间只有保持合理的比例结构，才能形成现实的生产能力，否则，就有可能造成部分生产能力闲置或加工能力不足。以下三种固定资产与流动资产的结构政策可供企业选择：（1）适中的固定资产与流动资产结构政策。采取这种策略，就是将固定资产存量与流动资产存量的比例保持在平均水平。在这种情况下，企业的盈利水平一般，风险程度一般。（2）保守的固定资产与流动资产结构政策。采取这种策略，流动资产的比例较高。在这种情况下，由于增加了流动资产，企业资产的流动性提高，资产风险会因此降低，但可能导致盈利水平的下降。（3）激进的固定资产与流动资产结构政策。采取这种策略，固定资产的比例较高。在这种情况下，由于增加了固定资产，会相应提高企业的盈利水平，同时可能导致企业资产的流动性降低，资产风险会因此提高。

根据表 4 - 1 的分析可以知道，建奇公司本年度流动资产比重为 83.90%，固定资产比重为 8.07%，固定资产与流动资产的比例大致为 1:10.4，上年度流动资产比重为 77.71%，固定资产比重为 7.74%，固定资产与流动资产的比例大致为 1:10，固定资产与流动资产的比例比较稳定。

（三）流动资产的内部结构

流动资产内部结构指组成流动资产的各个项目占流动资产总额的比重。分析流动资产结构，可以了解流动资产的分布情况、配置情况、资产的流动性及支付能力。

根据资产负债表提供的资料，编制流动资产结构分析表，见表 4 - 3。

表 4 - 3　　　　　　　　　　　　流动资产结构分析表

项目	金额（千元）		结构（%）		
	2014 年	2013 年	2014 年	2013 年	差异
货币资产	11 480 406	6 483 170	26.90	21.27	5.63
债权资产	13 967 756	9 598 764	32.73	31.48	1.25
存货资产	8 978 036	7 429 503	21.04	24.37	-3.33
应收工程合约款	7 894 010	6 540 218	18.50	21.45	-2.95
其他	355 887	435 006	0.83	1.43	-0.60
合计	42 676 095	30 486 661	100	100	0

从表 4 - 3 可以看出，货币资产比重上升，有助于提高该公司的即期支付能力；债权资产比重虽然变化不大，但其比重较高，应当引起注意，存货资产比重虽有下降，但总固定资产的比例基本稳定。企业流动资产结构是否合理没有一个统一的绝对判断标准，仅仅通过前后两期的对比，只能说明流动资产结构变动情况，而不能说明这种变动是否合理。如本例，货币资产比重上升 5.63%，存货资产比重下降 3.33%，只能说明企

业的即期支付能力增强了，但这种变化是使流动资产结构更加趋于合理还是变得更不合理，以上分析不能说明这一点。为此，企业应首先选择一个标准，然后将流动资产结构的变动情况与选定的标准进行比较，以反映流动资产变动的合理性。一般来说，选择同行业的平均水平或财务计划中确定的目标为标准还是比较合适的。同行业的平均水平是该产业部门目前已达到的平均水平，具有代表性，应当认为是合理的。企业财务计划中确定的目标是根据企业整体经营目标并结合企业的具体情况制定的，因此也可以作为评价标准。

三、负债结构分析

负债是指过去的交易、事项形成的现时义务，履行该义务预期会导致经济利益流出企业。根据债务偿还期限，负债可以分为流动负债和非流动负债，需要在一年或超过一年的一个营业周期内偿还的债务称为流动负债，其余则为非流动负债。

（一）负债结构的影响因素

负债结构是因为企业采用不同负债筹资方式所形成的，是负债筹资的结果，因此，负债结构分析必须结合其他有关因素进行。负债结构分析应考虑的因素有以下几方面。

1. 负债结构与负债规模。负债结构反映的是各种负债在全部负债中的组成情况，虽然与负债规模相关，却不能说明负债规模的大小。负债结构变化既可能是负债规模变化引起的，也可能是负债各项目变化引起。换言之，负债规模不变，不等于说负债结构不变，而负债结构不变，不等于说负债规模不变。分析时，只有联系负债规模，才能真正揭示出负债结构变动的原因与趋势。

2. 负债结构与负债成本。企业举债，不仅要按期归还本金，而且还要支付利息，这是企业使用他人资金必须付出的代价，通常称之为资金成本。企业在筹集资金时，总是希望付出最低的代价，对资金成本的权衡，会影响到企业筹资方式的选择，进而对负债结构产生影响；反过来，负债结构的变化也会对负债成本产生影响。这是因为不同的负债筹资方式所取得的资金，其资金成本是不一样的，任何一个企业都很难只用一种负债筹资方式来获取资金，当企业用多种负债筹资方式筹资时，其负债成本的高低除与各种负债筹资方式的资金成本相关外，还取决于企业的负债结构。

3. 负债结构与债务偿还期限。这是负债结构分析要考虑的两个极其重要的因素。负债是必须要偿付的，而且要按期偿付，企业在举债时，就应当根据债务的偿还期限来安排负债结构。企业负债结构是否合理的一个重要标志就是使债务的偿还期与企业现金流入的时间相吻合，债务的偿还金额与现金流入量相适应。如果企业能够根据其现金流入的时间和流入量妥善安排举债的时间、偿债的时间和债务金额，使各种长、短期债务相配合，各种长、短期债务的偿还时间分布合理，企业就能及时偿付各种到期债务，维护企业信誉。否则，如果债务结构不合理，各种债务偿还期相对集中，就可能产生偿付困难，造成现金周转紧张的局面，影响到企业的形象，也会增加企业今后通过负债筹资的难度。

4. 负债结构与财务风险。企业的财务风险源于企业采用的负债经营方式。不同类型的负债，其风险是不同的，在安排企业负债结构时，必须考虑到这种风险。任何企业，只要采取负债经营方式，就不可能完全回避风险，但通过合理安排负债结构降低风险是完全可以做到的。一般说来，短期负债的风险要高于长期负债，这是因为：（1）企业使用长期负债筹资，在既定的负债期内，因利率不会发生变动，其利息费用是固定的。如果在相同期限内使用短期负债来衔接，一方面会产生难以保证及时取得资金的风险，另一方面可能因利率调整而使利息费用发生变动，尤其是在通货膨胀条件下，可能因当前的短期借款利率超过以往的长期借款利率而使企业利息费用增加。（2）长期负债的偿还期较长，使企业有充裕的时间为偿还债务积累资金，虽有风险，但相对较小。如果企业以多期的短期负债相衔接来满足长期资金的需要，可能因频繁的债务周转而发生无法偿还的情况，从而落入财务困境，甚至导致企业破产。

5. 负债结构与经济环境。企业生产经营所处的经济环境也是影响企业负债结构的因素之一，其中，资本市场的资金供求情况尤为重要。当国家紧缩银根时，企业取得短期借款就可能比较困难，其长期债务的比重就会高些；反之，企业较容易取得贷款时，其流动负债的比重就会大些。在这种情况下，经济环境对企业负债结构的影响是主要方面，企业自身的努力也会发挥一定的作用。

6. 负债结构与筹资政策。企业负债结构的安排和变动受到许多主、客观因素的影响和制约，企业筹资政策完全可以说是一个纯粹的主观因素。企业根据自身的经营实际和资产配置情况确定的筹资政策直接决定企业的负债结构。从这个意义上说，负债结构分析也是筹资政策分析。

（二）负债结构分析

负债的不同分类方式，可以形成不同的负债结构，因此，对负债结构的分析，可以从以下几个方面来进行。

1. 负债期限结构分析评价。负债按期限长短分为流动负债和长期负债，负债的期限结构可以用流动负债比率和长期负债比率来表示。根据表4-1，经整理编制负债期限结构分析表，见表4-4。

表 4-4 负债期限结构分析表

项目	金额（千元）		结构（%）		
	2014 年	2013 年	2014 年	2013 年	差异
流动负债	29 996 836	20 938 653	84.07	79.49	4.58
长期负债	5 685 538	5 402 495	15.93	20.51	-4.58
负债总计	35 682 374	26 341 148	100	100	0

负债期限结构更能说明企业的负债筹资政策。从表4-4可以看出，建奇公司本年流动负债比重高达84.07%，比上年提高了4.58%，表明该公司在使用负债资金时，以短期资金为主。由于流动负债对企业资产流动性要求较高，因此，该公司奉行的负债筹资政策虽然会增加公司的偿债压力，承担较大的财务风险，但同时也会降低公司的负债成本。

2. 负债方式结构分析评价。负债按其取得方式的不同可以分为银行信用、商业信用、应交款项、内部结算款项、外部结算款项、债券、应付股利和其他负债等。根据表3-1，将负债按取得来源和方式汇总整理后，编制负债方式结构分析表，见表4-5。

表4-5　　　　　　　　　　　　　负债方式结构分析表

项目	金额（千元）		结构（%）		
	2014年	2013年	2014年	2013年	差异
银行信用	9 369 541	9 785 030	26.27	37.15	-10.88
应付债券	3 514 652	0	9.85	0	9.85
商业信用	15 814 005	11 802 669	44.32	44.81	-0.49
应交款项	-760 021	-1 285 870	-2.13	-4.88	2.75
内部结算款项	1 443 017	1 207 431	4.04	4.58	-0.54
外部结算款项	4 358 444	3 088 533	12.21	11.73	0.48
应付股利	22 750	41 180	0.06	0.16	0.10
其他负债	1 919 986	1 702 175	5.38	6.46	1.08
负债总计	35 682 374	26 341 148	100	100	0

表4-5说明，由于该公司本期通过发行可转换债券筹资，使其他融资渠道所筹资金的比重有所降低，但银行信用和商业信用仍然是该公司负债资金的最主要来源。银行信贷资金的风险要高于其他负债方式所筹资金的风险，因此，随着银行信贷资金比重的下降，其风险也会相应地有所降低。而商业信用的比重虽略有降低，但仍维持较高比重，应注意该项目可能对公司信誉产生的影响。负债方式结构的这种变化还将对该公司的负债成本产生影响。

3. 负债成本结构分析评价。各种负债，由于其来源渠道和取得方式不同，成本也有较大差异。有些负债，如应付账款等，基本属于无成本负债。有些负债，如短期借款，则属于低成本负债。长期借款、应付债券等则属于高成本负债。根据对各种负债成本的划分，然后进行归类整理，就会形成负债成本结构。根据表4-1，经整理后编制负债成本结构分析表，见表4-6。

表4-6　　　　　　　　　　　　　负债成本结构分析表

项目	金额（千元）		结构（%）		
	2014年	2013年	2014年	2013年	差异
无成本负债	22 798 181	16 556 118	63.89	62.85	1.04
低成本负债	5 541 420	3 047 523	15.53	11.57	3.96
高成本负债	7 342 773	6 737 507	20.58	25.58	-5.00
负债总计	35 682 374	26 341 148	100	100	0

从表4-6可以看出，尽管建奇公司本年发行可转换债券使高成本负债金额有所增加，但在全部负债中，无成本负债比重高达63.89%，比上年提高1.04%，加上低成本负债比重提高3.96%，导致高成本负债的比重下降5%，其结果必然使企业负债平均成本下降。

由此可见，合理地利用无成本负债，是降低企业负债资金成本的重要途径之一。

四、股东权益结构分析

股东权益是指所有者在企业资产中享有的经济利益，其金额为资产减去负债后的余额。股东权益是由企业投资人投资和企业生产经营所得净收益的积累而形成的，具体包括四部分：（1）投资人直接投资所形成的投入资本；（2）资本公积；（3）从生产经营所得净收益中提取的盈余公积；（4）保留的未分配利润的积累。

股东权益又称为自有资本、主权资金、权益资金，是企业资金来源中最重要的组成部分，是其他资金来源的前提和基础。权益资金在企业生产经营期间不需返还，是可供企业长期使用的永久性资金，而且没有固定的利息负担。所以，权益资金越多，企业的财务实力越雄厚，财务风险越小，如果企业的资金全部是权益资金，则无财务风险可言。

股东权益结构是因为企业采用产权筹资方式形成的，是产权筹资的结果。对股东权益结构进行分析，必须考虑以下因素：

1. 股东权益结构与股东权益总量。股东权益结构变动既可能是因为股东权益总量变动引起的，也可能是因为股东权益内部各项目本身变动引起的，两者的变化可分为：（1）总量变动，结构变动。例如，当各具体项目发生不同程度变动时，其总量会因此变动，但由于各项目变动幅度不同，其结构会随之变动。（2）总量不变，结构变动。这是由股东权益内部各项目之间相互转化造成的。例如，以盈余公积转增股本。（3）总量变动，结构不变。当股东权益内部各项目按相同比例呈同方向变动时，会出现这种情况。在实际中，第三种情况几乎没有，而第一种、第二种情况却是普遍存在的。

2. 股东权益结构与企业利润分配政策。股东权益虽然由四个部分组成，实质上却可以分为两类：投资人投资和生产经营活动形成的积累。一般说来，投资人投资不是经常变动的，因此，由企业生产经营获得的利润积累而形成的股东权益数量的多少，就会直接影响股东权益结构，而这完全取决于企业的生产经营业绩和利润分配政策。如果企业奉行高利润分配政策，就会把大部分利润分配给投资者，留存收益的数额就较小，股东权益结构变动就不太明显，生产经营活动形成的股东权益所占比重就较低；反之，其比重就会提高。

3. 股东权益结构与企业控制权。企业的真正控制权掌握在投资人手里，特别是投资比例较大的投资人。如果企业吸收投资人追加投资来扩大企业规模，就会增加股东权益中投入资本比重，使股东权益结构发生变化，同时也会分散企业的控制权。如果投资人不想自己对企业的控制权被分散，就会在企业需要资金时，采取负债筹资方式，在其他条件不变时，既不会引起企业股东权益结构发生变动，也不会分散企业控制权。

4. 股东权益结构与股东权益资金成本。股东权益结构影响股东权益资金成本的一个基本前提是，股东权益各项目的资金成本不同。事实上，在股东权益各项目中，只有投资人投入的资本，才会发生实际资金成本支出，其余各项目是一种无实际筹资成本的资金来源，其资金成本只不过是机会成本，即它们无须像投入资本那样，分配企业的利润。在实务中，即使把这种成本考虑进去，因为筹措这类资金既不花费时间，也无须支付筹资费用，因而这类资金的成本要低于投入资本的资金成本。基于此类资金的这一特点，在股东权益中，这类资金比重越大，股东权益资金成本就越低。

5. 股东权益结构与经济环境。企业筹资渠道有多条，筹资方式也有多种，企业可以根据需要进行选择。企业在选择筹资渠道和筹资方式时，不仅取决于企业的主观意愿，而且受外界经济环境影响。例如，当资金市场比较宽松时，企业可能更愿意通过举债来筹集资金，这样既可以降低整个企业的资金成本，又可以获得财务利益，而资金市场紧张时，企业则会利用产权筹资方式来筹集资金，更注意企业自身的积累，其结果就会影响到股东权益结构。

股东权益结构变动情况分析应依据资产负债表提供的资料，采用结构分析法进行。据表4-1提供的资料，编制股东权益结构变动情况分析表，见表4-7。

表4-7　　　　　　　　　　　　股东权益结构变动情况分析表

项目	金额（千元）		结构（%）		
	2014 年	2013 年	2014 年	2013 年	差异
股本	1 343 330	959 522	9.43	7.90	1.53
资本公积	6 298 172	5 807 332	44.20	47.85	-3.65
投入资本总计	7 641 502	6 766 854	53.63	55.75	-2.12
盈余公积	1 431 820	1 364 758	10.05	11.24	-1.19
未分配利润	5 021 369	3 831 231	35.24	31.57	3.67
拟派期末股利	402 999	239 880	2.82	1.98	0.84
外币报表折算差额	-248 146	-65 562	-1.74	-0.54	-1.20
内部形成权益资金总计	6 608 042	5 370 307	46.37	44.25	2.12
归属于母公司股东权益总计	14 249 544	12 137 161	100	100	0

从表4-7可以看出，如果从静态方面分析，投入资本仍然是该公司股东权益的最主要来源。从动态方面分析，虽然投入资本有所增加，但因为本年度留存收益的增加幅度大，使投入资本的比重下降了2.12%，内部形成的权益资金比重相应上升2.12%，说明该公司股东权益结构的这种变化主要是生产经营上的原因引起的。

五、资产结构与资本结构的适应度分析

企业的资产结构受制于企业的行业性质，不同的行业性质，其资金融通的方式也有差异。因此，尽管总资产与总资本在总额上一定相等，但由不同投资方式产生的资产结构与不同筹资方式产生的资本结构却不完全相同。虽然资产结构与资本结构的适应形式千差万别，但归纳起来可以分为保守结构、稳健结构、平衡结构和风险结构四种类型。

1. 保守结构

在这一结构形式中，无论资产负债表左方的资产结构如何，资产负债表右方的资金全部是长期资金，非流动负债与所有者权益的比例高低不影响这种结构形式。其形式见表4-8。

表 4 - 8 　　　　　　　　　　　　　保守结构的资产负债表

流动资产	临时性占用的流动资产	非流动资产
	永久性占用的流动资产	
非流动负债		所有者权益

从表 4 - 8 可以看出，保守结构的主要标志是企业全部资产的资金依靠长期资金来源满足。

其结果是：（1）企业风险极低。从前面的风险分析可以知道，筹资风险是建立在经营风险的基础上的，只要企业资产经营不存在风险，其偿债风险就会消除。由于这一形式中的偿债风险极低，因此，即使提高长期资产比例，资产风险加大，两方综合起来，也会形成一方较大的风险被另一方极小的风险中和，而使企业风险降低，不至于导致企业通过清算资产以偿还到期债务。（2）导致较高的资金成本。相对于其他结构形式，这一形式的资金成本最高，但前提是短期债务成本低于长期债务成本。（3）筹资结构弹性弱。一旦企业进入用资淡季，对资金存量不易作出调整，尽管企业可以通过将闲置资金投资于短期证券来调节，但必须以存在完善的证券市场为前提，而且这种投资的收益也不一定能消除这种高成本的差异。

2. 稳健结构

在这一结构形式中，长期资产的资金需要依靠长期资金来解决，短期资产的资金需要则使用长期资金和短期资金共同解决，长期资金和短期资金在满足短期资产的资金需要方面的比例不影响这一形式。其形式见表 4 - 9。

表 4 - 9 　　　　　　　　　　　　　稳健结构的资产负债表

流动资产	临时性占用的流动资产	流动负债
	永久性占用的流动资产	非流动负债
非流动资产		
		所有者权益

从表 4 - 9 可以看出，稳健结构的主要标志是企业流动资产的一部分资金需要使用流动负债来满足，另一部分资金需要则由非流动负债来满足。其结果是：（1）足以使企业保持相当优异的财务信誉，通过流动资产的变现足以满足偿还短期债务的需要，企业风险较小。（2）企业可以通过调整流动负债与非流动负债的比例，使负债成本达到企业目标标准，相对于保守结构形式而言，这一形式的负债成本相对较低，并具有可调性。（3）无论是资产结构还是资本结构，都具有一定的弹性，特别是当临时性资产需要降低或消失时，可通过偿还短期债务或进行短期证券投资来调整，一旦临时性资产需要再产生时，又可以重新举借短期债务或出售短期证券来满足其所需。这是一种能为所有企业普遍采用的资产与权益对称结构。

3. 平衡结构

在这一结构形式中，以流动负债满足流动资产的资金需要，以非流动负债及所有者权益满足长期资产的资金需要，非流动负债与所有者权益之间的比例如何不是判断这一结构形式的标志。其形式见表 4 – 10。

表 4 – 10　　　　　　　　　　　平衡结构的资产负债表

流动资产	流动负债
非流动资产	非流动负债
	所有者权益

这一结构形式的主要标志是流动资产的资金需要全部依靠流动负债来满足。其结果是：(1) 同样高的资产风险与筹资风险中和后，使企业风险均衡。(2) 负债政策要依据资产结构变化进行调整，与其说负债结构制约负债成本，不如说资产结构制约负债成本。(3) 存在潜在的风险。这一形式以资金变现时间和数量与偿债时间和数量相一致为前提，一旦两者出现时间上的差异和数量上的差异，如销售收入未能按期取得现金，应收账款没能足额收回，短期证券以低于购入成本出售等，就会使企业产生资金周转困难，并有可能陷入财务危机。

这一结构形式只适用于经营状况良好、具有较好成长性的企业，但要特别注意这一结构形式的非稳定性特点。

4. 风险结构

在这一结构形式中，流动负债不仅用于满足流动资产的资金需要，而且用于满足部分长期资产的资金需要。这一结构形式不因流动负债在多大程度上满足长期资产的资金需要而改变。其形式见表 4 – 11。

表 4 – 11　　　　　　　　　　　风险结构的资产负债表

流动资产	流动负债
非流动资产	非流动负债
	所有者权益

这一结构形式的主要标志是以短期资金来满足部分长期资产的资金需要。其结果是：(1) 财务风险较大，较高的资产风险与较高的筹资风险不能匹配。流动负债和长期资产在流动性上并不对称，如果通过长期资产的变现来偿还短期内到期的债务，必然给企业带来沉重的偿债压力，从而需要企业大大提高资产的流动性。(2) 相对于其他结构形式，其负债成本最低。(3) 企业存在"黑字破产"的潜在危险，由于企业时刻面临偿债的压力，一旦市场发生变动，或意外事件发生就可能引发企业资产经营风险，使企业资金周转不灵而陷入财务困境，造成企业因不能偿还到期债务而"黑字破产"。

这一结构形式只适用于企业处于发展壮大时期，而且只能在短期内采用。

根据建奇公司的资产负债表结构分析表 4 – 1 可以发现，该公司本年流动资产的比重为 83.90%，流动负债的比重为 58.97%，属于稳健型结构。该公司上年流动资产的比重为 77.71%，流动负债的比重为 53.38%。从动态方面看，相对于上年，虽然该公司的资产结构和资本结构都有所改变，但该公司资产结构与资本结构适应程度的性质并未改变。

本章小结

资产负债表分析的目的，在于了解企业会计对企业财务状况的反映程度，以及所提供会计信息的质量。通过资产负债表分析，揭示资产负债表及相关项目的内涵；了解企业财务状况的变动情况及变动原因；评价企业会计对企业经营状况的反映程度；评价企业的会计政策和修正资产负债表的数据。

货币资金、应收账款、其他应收款、存货、固定资产、银行借款、应付账款、其他应付款是资产负债表最重要的项目，不仅需要清楚影响这些项目变动的原因及变动情况，更应注意分析评价会计政策和会计估计变更的影响。

资产负债表结构分析是在运用结构分析法编制共同比资产负债表的基础上，首先从静态角度对资产结构和权益结构进行分析评价，然后从动态角度对资产结构和权益结构的变动情况进行分析评价。资产结构的具体分析评价应重点抓住经营资产与非经营资产的比例关系、固定资产与流动资产的比例关系、流动资产的内部结构三个主要方面。在理解负债结构影响因素的基础上，应从负债的期限结构、负债的方式结构和负债的成本结构三方面进行分析评价。对股东权益结构的分析评价应区分投入资本和内部形成的权益资金两个方面。在分别分析资产结构、负债结构和股东权益结构的基础上，根据资产结构与资本结构的适应情况，将其概括为保守结构、稳健结构、平衡结构和风险结构四种适应类型。

思考与练习

1. 资产负债表分析的目的是什么？
2. 如何对资产负债表的变动情况进行分析？
3. 企业的资产质量分析的意义是什么？
4. 资产负债表结构分析主要包括哪些内容？
5. 资产与资本结构对应关系的表现形式有哪几种？
6. 正常经营企业资产与资本对称结构有几种类型？各有什么特点？

第五章
利润表分析

学习目标

通过本章学习，了解企业利润表的含义、利润表分析的目的；理解并掌握利润表重要项目的内容及其质量分析；重点掌握并能运用利润表结构分析。

第一节　利润表分析概述

利润表又称损益表、收益表，是反映企业在一定会计期间经营成果的财务报表。它是一张动态的财务报表，是以"收入－费用＋得利－损失＝利润"为理论依据而编制的。利润表不仅反映了企业在一定时期内运用其资源进行经营所产生的经济成果，而且部分解释了资产负债表中所有者权益发生变化的原因。透过利润表，我们可以从总体上了解企业的收入、成本和费用构成，以及净利润（或亏损）的形成情况，借此可以分析评价企业的获利能力，考核企业管理层的经营业绩，以及预测企业净利润的持续性。

一、利润表分析的目的

（一）正确评价企业各方面的经营业绩

利润表中的利润受各环节和各因素的影响，因此，通过不同环节的利润分析，可准确说明各环节的业绩。如通过产品销售利润分析，不仅可以说明产品销售利润受哪些因素影响以及影响程度，而且还可以说明是主观影响还是客观影响，是有利影响还是不利影响等，这对于准确评价各部门和各环节的业绩是十分必要的。

（二）及时、准确地发现企业经营管理中存在的问题

分析不仅能明确业绩，而且还能发现问题，因此，通过对利润的分析，可发现企业在各环节存在的问题和不足，为进一步改进企业经营管理工作指明方向。这有利于促进企业全面改进经营管理，使利润不断增长。

（三）为投资者、债权人的投资与信贷决策提供正确信息

由于企业产权关系及管理体制的变动，越来越多的人关心企业的利润。企业经营者是这样，投资者、债权人也是如此，他们通过对企业利润的分析，揭示出企业的经营潜力及发展前景，从而作出正确的投资与信贷决策。另外，利润表分析对于国家宏观管理者研究企业对国家的贡献也有重要意义。

二、利润表的格式

利润表由表首和表尾两部分构成。表首主要列示报表名称、编制单位、编报日期、货币计量单位和报表编号等。正表是利润表的主体部分，列示公司利润构成的具体项目、主要反映收入、费用和利润各项目的具体内容和相互关系。

根据计算利润的方法不同,利润表结构分为两种,即单步式利润表和多步式利润表。

(一)单步式利润表

单步式利润表是先将本期所有的收入及利得按顺序排列汇总,然后将所有的费用和损失按顺序排列汇总,两者相减得出本期利润。其基本格式如表 5 - 1 所示。

表 5 - 1　　　　　　　　　　单步式利润表

编制单位:　　　　　　　　年　　月　　　　　　　　　单位:元

项目	本月数	本年累计数
一、收入		
营业收入		
公允价值变动收益(损失以"-"号填列)		
投资收益(损失以"-"号填列)		
营业外收入		
收入合计		
二、支出		
营业成本		
营业税金及附加		
销售费用		
管理费用		
财务费用		
资产减值损失		
营业外支出		
所得税费用		
支出合计		
三、净利润		

由于只有一个相减的步骤,故称之为"单步式利润表"。单步式利润表的优点是表式简单,易于编制和理解,对一切收入和费用同等对待,避免了项目分类上的困难。但单步式利润表不能提供较为详细的分类利润信息,不利于前后期相应项目的比较,不便于对经营成果进行深入分析。

(二)多步式利润表

多步式利润表是将当期收入和费用按性质加以分类,通过营业利润、利润总额和净利润三个层次来分步计算,披露企业利润形成过程。其格式如表 5 - 2。

表 5-2　　　　　　　　　　　　多步式利润表

编制单位：　　　　　　　　　　　年　　月　　　　　　　　　　单位：元

项目	本月数	本年累计数
一、营业收入		
减：营业成本		
营业税金及附加		
销售费用		
管理费用		
财务费用		
资产减值损失		
加：公允价值变动损益（损失以"-"号填列）		
投资收益（损失以"-"号填列）		
其中：对联营企业和合营企业的投资收益		
二、营业利润		
加：营业外收入		
减：营业外支出		
其中：非流动资产处置损失		
三、利润总额		
减：所得税费用		
四、净利润（净亏损以"-"号填列）		
五、每股收益		
（一）基本每股收益		
（二）稀释每股收益		

从表 5-2 中可以看出：

利润总额 = 营业利润 + 营业外收入 - 营业外支出

净利润 = 利润总额 - 所得税费用

综合收益总额 = 净利润 + 其他综合收益

多步式利润表分步骤反映了利润总额的形成情况，层次清晰，便于对企业生产经营情况进行分析，有利于不同企业之间的比较，以正确评价企业的经营业绩和盈利能力，评估企业的管理绩效，并据以找出利润变动的原因，预测企业今后的经营趋势和能力。多步式利润表比单步式利润表更能提供有用的信息，其结构更为科学合理。因此，中国现行企业利润表都采用多步式。

三、利润表分析的内容

利润表分析的内容包括利润表质量分析和利润表结构分析。

（一）利润表质量分析

利润表质量分析包括营业收入分析、营业成本分析、营业税金及附加分析、期间费用分析、资产减值损失分析、公允价值变动损益分析、投资收益分析、营业利润分析、营业外收入分析、营业外支出分析、利润总额分析、所得税费用分析、每股收益分析。

（二）利润表结构分析

利润表结构分析包括共同比利润表结构分析、收入结构分析、成本费用结构分析、非经常性损益分析。

第二节　利润表质量分析

企业利润质量可以从两个方面进行分析：第一，从利润结果来看，根据权责发生制，企业利润与现金流量并不同步，没有现金支撑的利润质量较差；第二，从利润形成的过程来看，企业利润的来源有多种，包括主营业务、其他业务、投资收益、营业外收支和资产价值变动损益等，不同来源的利润的可持续性不同，只有当企业利润主要来自于持续性较强的经济业务时，利润的质量才较高。下面对利润表每个项目进行具体的质量分析。

一、营业收入

营业收入是指企业在从事销售商品，提供劳务和让渡资产使用权等日常经营业务过程中所形成的经济利益的总流入，分为主营业务收入和其他业务收入。主营业务收入在会计核算中经常发生，一般占企业营业收入的比重较大，对企业的经济效益产生较大的影响。其他业务收入主要包括固定资产出租取得的收入、技术转让取得的收入、销售材料取得的收入、包装物出租取得的收入等。其他业务收入在会计核算中一般不经常发生，占企业营业收入的比重较小。收入业务核算复杂，因此，在对营业收入进行分析时，要注意以下几个问题。

（一）营业收入的确认是否符合条件

确认销售商品收入，一般应具备以下五个条件：

（1）企业已将商品所有权上的主要风险和报酬转移给买方；

（2）企业既没有保留通常与所有权相联系的继续管理权，也没有对已售出的商品实施控制；

（3）收入的金额能够可靠地计量；

（4）与交易相关的经济利益能够流入企业；

（5）相关的成本能够可靠地计量。

目前，我国企业普遍采用的收入确认时点为开具销售发票时，而有些企业为了在当期增加利润，确认收入时实际上并不满足以上几个条件。比如，企业刚刚签订销售合同，并未发出商品，就开出销售发票，确认收入。

【例5-1】　绿园公司2013年年报附注显示，电子产品销售占主营业务收入的95.1%，绿园公司在2013年度只有5家客户。与主营业务收入相对应的应收账款期末余额中欠款金额前五名单位也占应收账款期末余额的100%。其中第一大欠款单位为北京合信，占应收账款期末余额的93.20%。绿园公司年报显示，该笔欠款账龄为1年以内，属于 2013 年度实现收入。然而，北京合信与绿园公司确实在 2013 年度签订长期购销协议，但合同规定，北京合信将于 2014 年分批购入产品并支付货款。

（二）营业收入的品种构成及变动情况

在从事多种经营的情况下，企业不同种类商品或劳务的收入构成对信息使用者有十分重要的意义：占总收入比重大的商品或劳务是企业过去业绩的主要增长点。如果企业的利润主要来源于主营业务收入，那就说明企业的经营成果是稳定的；如果企业的利润主要来源于非主营业务收入，即使当年利润再高，企业的经营都可能是不稳定的。分析营业收入的构成，一般是计算各经营项目的收入占全部营业收入的比重，再通过分析比重的变化了解企业各经营项目的变化幅度，由此考核企业提供的产品和服务是否与市场的需求一致。同时，企业提供的产品或劳务种类的变化也反映了企业发展战略的变化。

（三）营业收入的区域构成

对收入的区域构成进行分析，有助于预计企业未来期间的收入状况。分析方面包括：

（1）企业主要的收入是来源于国外还是国内；

（2）国内销售的部分主要集中于哪个区域；

（3）对企业尚未占领的区域是否有相应的推进计划；

（4）企业产品的配置是否适应了消费者的不同偏好。

（四）关联方交易收入占营业收入的比重

在对资产负债表进行分析时，我们提到过，为了实现企业所在集团的整体利益，关联方交易的交易价格很可能是非公允的。因此，这种收入并不一定真实，报表使用者应当关注以关联方交易为主体形成的营业收入在交易价格、交易的实现时间等方面的非市场化因素。

（五）行政手段造成的收入占企业收入的比重

很多地方政府利用手中的行政权力干涉企业经营，最为明显的手段就是歧视外地企业，限制外地产品流入本地，从而为本地企业减少竞争和增加收益。通过这种手段增加的收入与企业自身的竞争力无关，质量不高，应当在财务分析中予以剔除。

二、营业成本

营业成本是指企业所销售商品或者提供劳务的成本，包括主营业务成本和其他业务成本。营业成本应当与所销售商品或者所提供劳务而取得的收入进行配比。由于营业成本可以税前抵扣，在对营业成本进行分析时，应注意以下几方面：

（1）随意改变结转产品销售成本的方法；

（2）随意调节成本差异率；

（3）不按比例结转成本；

（4）少结转在产品完工程度，增加营业成本。

影响企业营业成本高低的因素，既有企业不可控的因素（如受市场因素的影响而引起的价格波动），也有企业可以控制的因素（如在一定的市场价格水平条件下，企业可以通过选择供货渠道、采购批量等来控制成本水平），还有企业通过成本会计系统的会计核算对企业制造成本的处理。因此，对营业成本降低和提高的质量评价，应结合多种因素来进行。

【例 5 - 2】 如某企业年初销售一批产品价款 800 万元，成本 640 万元，在 1 年内分 4 次收款，每次收款比率为 25%，按季度收款，在 4 月份本应收取款项 200 万元，结转成本 160 万元，但该企业为了体现上半年的利润，采用人为少转成本的方法，只结转成本 140 万元，来达到虚增利润的目的。

三、营业税金及附加

营业税金及附加是指企业进行日常经营活动应负担的各种税金及附加，包括营业税、消费税、城市维护建设税、资源税和教育费附加等。政府在向企业征税时，通常以企业的营业额为计算依据，而不考虑企业是否盈利。因此，营业税金及附加是企业为了取得营业收入必须发生的代价。按照现行税制规定，企业增值税的缴纳采用"抵扣"的方法，增值税是价外税，营业收入中不含增值税，所以，增值税不包括在营业税金及附加中。企业的房产税、车船使用税、土地使用税、印花税包括在管理费用中，不在本项目归集。

因此，影响营业税金及附加变化的因素为本期的营业收入额。营业收入增加，营业税金及附加会相应增加；营业收入减少，营业税金及附加会相应减少。

四、期间费用

（一）销售费用

销售费用是指企业在销售产品、自制半成品和工业性劳务等过程中发生的各项费用，包括由企业负担的包装费、运输费、装卸费、展览费、广告费、租赁费（不包括融资租赁费），以及为销售本企业产品而专设的销售机构的费用，包括职工工资、福利费、差旅费、办公费、折旧费、修理费、物料消耗和其他经费。销售费用属于期间费用，在发生的当期就计入当期的损益。对于销售费用的质量分析，主要注意以下几个方面：

1. 查看销售费用的划归是否正确合理

设有独立销售机构（如门市部、经理部）的工业企业，其独立销售机构所发生的一切费用均列入销售费用。未设立独立销售机构且销售费用很小的工业企业，按规定，可将销售费用并入管理费用。商业企业在商品销售过程中所发生的各项费用属于商品流通费，一般不计入商品的销售成本，而是通过商品的售价来直接补偿。在安全投资的经济分析中，销售费用是计算经济效益的基础数据。

2. 应当注意其支出数额与本期收入之间是否匹配

从销售费用的作用看，一味地降低企业销售费用，减少相关开支，从长远来看不一定有利，所以在对销售费用的分析上，不应简单看其数额的增减。比如，企业在新地域和新产品上投入较多的销售费用，在新地域设立销售机构和销售人员的支出，这些新的支出不一定能够在本期增加销售收入，但也许能给企业未来的发展带去新的活力。因此，对销售费用进行分析时应当慎重，应结合今后销售收入增长的可能性。

【例 5 - 3】 2008 年，伊利股份的营业收入同比增加了 11.87%，销售费用同比增加了 41.45%。公司的营销费用增幅巨大，一方面由于"三聚氰胺事件"以后，企业为了重新树立消费者对国内乳制品的消费信心，加大了广告费用投入以及进行巨额促销；另一方面伊利在2008年加强了奥运营销，提升伊利品牌形象、体现伊利责任，最终经过努力成为北京奥运会赞助商。2008年，伊利的销售费用比重较大，减少了当年的利润，但从此后的影响来看，2008年巨额的广告投入也给伊利带去了强大的广告效应，树立了良好的品牌形象，为伊利后续的发展打下了较好的基础。

（二）管理费用

管理费用是指企业的行政管理部门为管理和组织经营而发生的各项费用，包括管理人员工资和福利费、公司一级折旧费、修理费、技术转让费、无形资产和递延资产摊销费及其他管理费用（办公费、差旅费、劳保费、土地使用税等）。对管理费用进行分析时应注意以下几个方面：

1. 管理费用与主营业务收入的配比

通过与同行业的比较，以及对本企业历史水平的分析，考察管理费用与主营业务收入的配比是否合理。一般认为，费用越低，收益越高，但事实并非一直如此。正如以上对销售费用的分析一样，还要结合以前各期支出水平、企业当前的经营状况以及企业未来的发展方向来对管理费用进行合理性分析。

2. 管理费用与财务预算比较

从成本特性角度来看，企业的管理费用基本属于固定性费用，在企业业务量一定、收入量一定的情况下，有效地控制、压缩那些固定性行政管理费用，将会给企业带来更多的收益。管理费用既然是一种与企业的成本不直接相关的间接费用，它也在一定程度上代表企业生产一线与管理二线的比重。其数额的大小代表该企业的经营管理理念和水平。管理费用具有种类繁杂、数额较大、管理不便的特点。对此，可将其与财务预算的数额比较，分析管理费用的合理性。

3. 查看是否存在任意扩大开支范围，提高费用标准的现象

按照财务会计制度的规定，各项开支均有标准，但在实际工作中，却存在着许多乱花、乱摊、乱计费用的问题。有些企业为了自身的经济利益，违反财务会计制度的规定，任意扩大开支范围和提高开支标准，从而提高企业费用水平，减少当期利润。另外，需要注意的是，企业是否存在将管理费用转作待摊处理的现象。有些企业为了实现既定利润目标，就采用从本期发生的期间费用总额中转出一部分数额列作待摊费用的作假手法来达到目的。

【例5-4】 某企业年计划利润1 000万元，1月~11月已实现利润900万元，尚需实现100万元的利润才可达到计划，但该企业根据实际情况预计12月份至多能实现利润80万元。为了完成1 000万元的利润目标，该企业财务人员从管理费用中转出20万元记入"预付账款"账户，并结转下年度挂账，从而使当期利润达到既定目标。

（三）财务费用

财务费用是指企业为筹集生产经营所需资金等而发生的费用，包括企业生产经营期间发生的利息支出（减利息收入）、汇兑净损失（有的企业如商品流通企业、保险企业进行单独核算，不包括在财务费用中）、金融机构手续费，以及筹资发生的其他财务费

用，如债券印刷费、国外借款担保费等。对财务费用的分析主要从以下几方面进行：

1. 利息支出的审查

（1）是否存在混淆资本性支出与收益性支出界限的现象。企业当年列支的利息支出是否确实属于当年损益应负担的利息支出，有无将应由上年度或基建项目承担的利息支出列入当年损益。

（2）利息支出列支范围是否合理规范，注意审查各种不同性质的利息支出的处理是否正确。一般而言，企业流动负债的利息支出应计入财务费用，企业长期负债的利息支出、筹建期间产生的利息支出应计入开办费，生产经营期间产生的利息支出应计入财务费用，清算期间产生的利息支出应计入清算损益；与购建固定资产或无形资产有关的在其竣工之前发生的利息支出应计入购建资产价值；企业的罚款违约金应列入营业外支出。

（3）审查存款利息收入是否抵减了利息支出，计算是否正确，特别应注意升降幅度较大的月份，分析其原因。有些企业在实务操作中，违反财务会计制度的规定，将利息收入转作"小金库"，不冲销财务费用，而虚增期末利润。

2. 汇兑损失的审查

（1）审查企业列支的汇兑损益是否确已发生，即计算汇兑损益的外币债权债务是否确实收回或偿还，调剂出售的外汇是否确已实现。

（2）审查汇兑损益计算的正确性，以及计算方法的前后一致性。

（3）审查有无将不同数量的外币之间的记账本位币差额当成汇兑损益的现象。

（4）审查企业经营初期发生的汇兑损益，尤其是对汇兑损失应查明发生的具体时间，有无为了延续减免税期，而人为地将筹建期间发生的汇兑损失计入生产经营期间汇兑损失的行为。

3. 各种手续费的审查

主要审查各种手续费的真实性、合法性、合理性及计算正确与否，有无将应列入其他费用项目的或者应在前期、下期列支的手续费计入当期财务费用。总之，财务费用由企业筹资活动而发生，因此在进行财务费用分析时，应当将财务费用的增减变动和企业的筹资活动联系起来，分析财务费用的增减变动的合理性和有效性，发现其中存在的问题，查明原因，采取对策，以期控制和降低费用，提高企业利润水平。

【例 5 - 5】 某制造企业于 2014 年年初向银行借款用于厂房扩建，2015 年年底竣工。但企业在 2016 年 1 月的账务处理中依然将这笔费用记入"在建工程"账户，少计财务费用，虚增了利润。

五、资产减值损失

资产减值损失是指企业根据资产减值准则等计提各项资产减值准备时，所形成的或有损失。根据企业会计准则的规定，企业应当在会计期末对各项资产进行全面检查，并根据谨慎性原则的要求，合理地预计各项资产可能发生的损失，对可能发生的各项资产减值损失计提相应的减值准备。计提资产减值准备，一方面减少资产的价值，另一方面也形成了一项费用，减少企业的利润。

资产减值准备的计提对提高会计信息质量起着十分重要的作用。

对资产减值损失的分析应从以下几方面入手：

（1）结合会计报表附注，了解资产减值损失的具体构成情况，即企业当年主要是哪些项目发生了减值。

（2）结合资产负债表中有关资产项目，考察有关资产减值的幅度，从而对合理预测企业未来财务状况提供帮助。

（3）将当期各项资产减值情况与企业以往情况、市场情况及行业水平配比，以评价过去、现在，分析其变动趋势，预测未来。

（4）查看企业是否存在滥用资产减值准备转回的情况。

六、公允价值变动损益

公允价值变动损益是指企业交易性金融资产、交易性金融负债以及采用公允价值模式计量的投资性房地产、衍生工具、套期保值业务等公允价值变动形成的应计入当期损益的利得或损失，即公允价值与其账面价值之间的差额。公允价值可能发生"正向变动"也可能发生"负向变动"，即公允价值有可能升高也有可能降低，因此其对企业利润可能产生"损"，也可能产生"益"，故名"公允价值变动损益"。

公允价值变动损益属于企业的非经常性损益。通过列报公允价值变动损益，利润表全面反映了企业的收益情况，将传统的历史成本模式下受实现原则限制而不能确认的相关信息，如物价变动或投资行为导致企业资产或盈利能力实质上的变化，反映成为收益的一个组成部分。这体现了全面收益观，极大地增加了企业资产和负债的"真实性"和"动态性"，提高了会计信息的质量，并有利于会计信息使用者的决策。但是估计公允价值时存在复杂性、不确定性，虽然确认了收益，但是企业未必能真正拿到手，即所谓的"账面利润"或"浮盈"，并不会为企业带来相应的现金流入与流出，因此，在利润表中要与真正实现的投资收益分开列示，从而让报表使用者对企业利润构成全面的认识和把握。

七、投资收益

投资收益是对外投资所取得的利润、股利和债券利息等收入减去投资损失后的受益。投资收益包括对外投资所分得的股利投资收益和收到的债券利息，以及投资到期收回的或到期前转让债权取得款项高于账面价值的差额等。投资活动也可能遭受损失，如投资到期收回的或到期前转让所得款低于账面价值的差额，即为投资损失。投资收益减去投资损失则为投资净收益。

随着企业握有的管理和运用资金权力的日益增大，资本市场的逐步完善，投资活动中所获取的收益或发生的亏损，虽不是企业通过自身的生产或劳务供应活动所得，却是企业营业利润的重要组成部分，并且其比重发展呈越来越大的趋势。因此，对投资收益这一项目的重视程度也必须加以提高。投资收益的分析主要从以下几个方面进行：

（一）投资收益的确认和计量过程分析

企业的投资收益是企业投资活动带来的收益，从投资收益的确认和计量过程来看，债权投资收益将对应企业的货币资金、交易性金融资产、持有至到期投资等项目；股权投资收益将对应企业的货币资金、交易性金融资产、持有至到期投资等项目。在投资收益对应企业的货币资金、交易性金融资产的条件下，投资收益的确认不会导致企业现金流转的困难；在投资收益对应企业的长期投资而企业还要将此部分投资收益用于利润分配的条件下，这种利润分配将导致企业现金流转的困难。也就是说，对应长期投资增加的投资收益，其质量较差。

（二）投资收益的构成分析

投资收益明细表如表 5-3 所示。

表 5-3 投资收益明细表

项目	上年数	本年数	差异数
一、投资收入			
1. 债券投资收益			
2. 其他股权投资收益（成本法）			
3. 在按权益法核算的被投资公司的净损益中所占的份额			
4. 股权投资转让损益			
投资收入合计			
二、投资损失			
1. 债券投资损失			
2. 股票投资损失			
3. 其他投资损失			
投资损失合计			
投资净收入			

通过投资明细表可以了解企业对外进行股票、债券等各种投资所取得的利润、利息、股利等投资收入减去投资损失后的余额，了解企业投资效益的状况，企业可总结经验，争取能取得更多投资收益。

（三）投资收益比重分析

对多数企业来说，对外投资的主要目的是为了获取利润。投资收益增加，自然增加了企业利润和利润分配能力。但是，如果这部分收益占收入总额比重过大的话，说明企业的盈利结构是不稳定的，风险较大。

一个公司的营业利润应该远远高于其他利润。除了专业投资公司以外，一般企业对外投资的主要目的不是取得投资收益，而是为了控制被投资公司，以取得销售、供应等方面的协同效应。如果企业对外投资是为了赚取投资收益，依靠非经营收益来维持较高的利润是不正常的，也是没有发展前景的。如果一个公司的投资收益占了大部分，则可能意味着公司在自己的经营领域里处于下滑趋势，市场份额减少，只好在其他地方寻求收入以维持收益，这无疑是危险的。

八、营业利润

营业利润反映企业全部业务盈利能力，既包括主营业务利润和其他业务利润，又包括企业公允价值变动净收益和对外投资的净收益。对营业利润质量的分析主要是分析其增减变动的原因。我们以 RH 公司为例，RH 母公司在 2013 年实现营业利润 1 010 956 千元，比 2012 年的 702 168 千元增加了 308 788 千元，增幅为 43.98%。从表 5 - 4 看，营业利润增长幅度高于核心利润①的主要原因是资产减值损失大幅减少和投资收益较大幅度的增加。2013 年资产减值损失较 2012 年减少了 51 759 千元，减幅高达 757.15%，减少的原因是应收账款坏账会计估计变更；投资收益较 2012 年增加了 4 063 千元，增幅为 105.18%。在资产减值损失和投资收益的相互作用下，2013 年营业利润增长幅度高于核心利润。

表 5 - 4 　　　　　　　　　　RH 母公司利润水平分析表　　　　　　　　单位：千元

项目	2012 年	2013 年	增减额	增减（%）
一、营业收入	3 337 861	4 577 453	1 239 592	37.14
减：营业成本	864 122	884 501	20 379	2.36
营业税金及附加	45 071	74 811	29 740	65.98
销售费用	1 088 808	1 874 935	786 127	72.2
管理费用	641 386	793 391	151 555	23.61
财务费用	- 14 843	- 16 016	- 1 173	7.90
资产减值损失	6 836	- 44 923	- 51 759	- 757.15
加：公允价值变动损益（损失以"-"号填列）				
投资收益（损失以"-"号填列）	- 3 863	200	4 063	- 105.18
二、营业利润	702 168	1 010 956	308 788	43.98
加：营业外收入	25 049	20 890	- 4 159	- 16.60
减：营业外支出	482	1 136	654	135.68
三、利润总额	726 735	1 030 710	303 975	41.83
减：所得税费用	80 532	149 752	69 220	85.95
四、净利润	646 203	880 958	234 755	36.33

九、营业外收入

营业外收入是指企业发生的与其生产经营无直接关系的各项收入，其核算内容主要

---

① 核心利润是指企业利用经营资产从事自身经营活动所产生的直接利润，在数量上等于毛利减掉销售费用、管理费用、财务费用三项费用，再减掉营业税金及附加。

包括非流动资产处置利得、非货币性资产交换利得、债务重组利得、政府补助、盘盈利得、捐赠利得、罚没利得、教育附加费返还款和确实无法支付而按规定报批后转作营业外收入的应付款项（相当于债务重组利得）。

虽然营业外收入与企业生产经营活动没有直接关系，但与税收有着密不可分的内在联系。

对营业外收入进行分析时应注意以下几个方面：应属营业外收入的项目，有无不及时转账，长期挂在"其他应付款""应付账款"账户的情况；应属营业外收入的项目，有无将营业外收入直接转入企业税后利润，甚至做账外处理或直接抵付非法支出的情况。

需要指出的是，营业外收入基本为非持续性利润，属偶然利润，此项利润没有保障，不能期望它经常或定期地发生，偶然交易利润比例较高的企业，其收益质量低，不代表企业的盈利能力。

【例5-6】 京东方A在2015年发布修正公告称，公司2015年净利润预计为0.2亿~1.2亿元，基本每股收益0.0032~0.0194元。而在2015年三季报中，京东方A预计2015年全年净利润约亏损10亿元，基本每股收益0.16元。对于业绩巨变的原因，公司表示，主要是公司坚持技术创新，采取了优化产品结构、降低成本、降低费用等一系列经营改善措施。而分析人士指出，公司罗列的众多扭亏原因中，最关键的实际是各种政府贷款贴息和科研补贴，以及对增发股份的财务处理。因此，公司该年业绩扭亏的因素并不能长久维持，未来的业绩增长还是要看其最新产品的研发和销售情况。

十、营业外支出

营业外支出是指企业发生的与企业日常生产经营活动无直接关系的各项支出，包括非流动资产处置损失、非货币性资产交换损失、债务重组损失、公益性捐赠支出、非常损失、盘亏损失等。营业外支出是偶发性的支出，不具有经常性的特点，一般情况下发生的金额较小，对企业利润的影响也较弱，如果某个期间企业该项损失的金额较大，就得关注发生的原因，因为它对企业业绩的影响也不容小觑。

在对营业外支出项目进行分析时，可从以下方面着手：

（1）结合考察企业的盈利能力对营业外支出项目的异常进行分析。与营业活动的收入和费用不同，营业外收入和营业外支出不存在对应或配比关系，某种事项的发生可能有收入而不需要为此付出什么；同样，有些事项的发生仅仅有"付出"而不会得到什么"回报"。因此，这类事项如果出现异常，则需要财务报告使用者作一些特殊处理，如考察企业的盈利能力。

（2）结合公司大事对营业外支出中的大额支出项目进行分析。基于营业外支出偶发性和在未来没有持续性的特性，一些重大的营业外支出项目会在公司的公告中予以披露，因此，结合公司大事来分析该项目支出的合理性也是一种方法。

【例5-7】 深圳A股上市公司农产品（000061）发布公告，公司为深圳市民润农产品配送连锁商业有限公司提供贷款担保，但民润公司却未能如期履行还款义务，导致农产品被扣划1.36亿元，预计此事件对上市公司2010年度损益的影响约为-7107万元。预计负债损失成为农产品亏损的一个重要影响因素。

十一、利润总额

利润总额是企业税前财务成果，反映企业投入产出的效率与管理水平的高低，即反映综合获利能力。例如，RH母公司在2012年实现利润总额1 030 710千元，比2012年的726 735千元增加了303 975千元，增幅为41.83%。从表5－4来看，利润总额增长的主要原因是公司的营业利润较2012年增加了308 788千元，增长率为43.98%。母公司营业外收入虽有所下降，但合并报表附注显示，政府补贴收入却在增长。2013年营业外支出大幅增长，增长幅度高达135.68%，主要支出是用于对外捐赠，说明该公司正在积极履行自己的社会责任。几个因素综合作用，导致2013年利润总额增长了303 975千元。

十二、所得税费用

所得税费用是指企业为取得会计税前利润应交纳的所得税。由于会计和税法之间的分离，会计上核算的所得税费用与按照税法计算应交纳的所得税并不相同，它并非简单地根据利润总额的数字乘以相应的所得税率计算而得。在很多情况下，利润总额并不等于应纳税所得额，造成两者差异的根本原因在于存在许多纳税调整因素。因此，所得税费用包括两个部分：一部分是当期应当交纳的部分，即按照税法计算的应交所得税；另一部分是在当期发生但是在以后期间交纳的部分，即递延所得税。所得税费用的计算公式为：

所得税费用＝当期应交所得税＋递延所得税负债－递延所得税资产

所得税费用的分析主要也是从当期所得税和递延所得税两方面进行。

（一）当期所得税

当期所得税存在问题的可能性不大。因为企业在当期所得税方面的节约，属于企业税收筹划的范畴，与企业常规的费用控制具有明显的不同，因此，企业对当期所得税不存在常规意义上的降低或控制问题。

（二）递延所得税

分析所得税费用，应结合资产负债表的递延所得税资产、递延所得税负债和应交税费项目来分析本项目的质量。应关注企业对于资产负债的计税基础确定是否公允，同时应注意如果存在非同一条件下的合并，则递延所得税应调整商誉，以及对于可供出售金融资产公允价值变动导致的递延所得税应计入所有者权益，对于这两项资产负债账面价值与计税基础导致的递延所得税不能计入所得税。同时，还需关注企业确认的递延所得税资产是否以未来期间可能取得的用来抵扣可抵扣暂时性差异的应纳税所得额为限，超出的部分因在后期不能转回，所以在本期不能确认为递延所得税资产。

【例5－8】　ST平能公司与平煤集团进行了资产置换。在置换前，公司截至2006年末累计亏损1 363 754 813.04元，在资产置换后，以当时公司盈利能力来计算，公司有能力在5年内弥补以前年度亏损。2007年8月9日，经该地方税务局批复同意允许ST平能公司在税法允许的年限内对2002年至2006年的亏损额用以后不超过5年的应纳税所得额弥补亏损，累计可弥补亏损额1 318 050 919.89元。因此，本期根据内蒙古自治区赤峰市元宝山区地方税务局确认的可弥补亏损额，分别追溯调整增加2006年期末的公司递延所得税资产以及调整增加2006年期末未分配利润434 956 803.56元，会计报表相关项目期初数已按调整后金额列示。

十三、净利润

净利润是企业最终的财务成果，综合反映企业的经营业绩，归属于企业所有者，也是利润分配的主要来源。净利润的增长是企业成长性的基本表现。净利润多说明企业经营效益好；反之，则说明企业的经营效益差。如 RH 母公司在 2013 年实现净利润 880 958 千元，比上年增加了 234 755 千元，增长率为 36.33%，增长幅度较高。从表 5-4 来看，净利润增长的主要原因是 2013 年利润总额比 2012 年增加了 303 975 千元，但所得税费用比上年增加了 69 220 千元，所以净利润的增加幅度小于利润总额的增加幅度。

十四、每股收益

每股收益即每股盈利（EPS），又称每股税后利润、每股盈余，指税后利润与股本总数的比率，是普通股股东每持有一股所能享有的企业净利润或需承担的企业净亏损。每股收益通常被用来反映企业的经营成果，衡量普通股的获利水平及投资风险，是投资者等信息使用者据以评价企业盈利能力、预测企业成长潜力，进而作出相关经济决策的重要的财务指标之一。

该比率反映了每股创造的税后利润。比率越高，表明所创造的利润越多。若公司只有普通股时，净收益是税后净利，股份数是指流通在外的普通股股数。如果公司还有优先股，应从税后净利中扣除分派给优先股东的股利。在分析时，可以进行公司间的比较，以评价公司相对的盈利能力；可以进行不同时期的比较，了解公司盈利能力的变化趋势；可以进行经营实绩和盈利预测的比较，掌握公司的管理能力。

使用每股收益分析盈利性要注意以下问题：

（1）每股收益不反映股票所含有的风险。例如，假设某公司原来经营日用品的产销，最近转向房地产投资，公司的经营风险增大了许多，但每股收益可能不变或提高，并没有反映风险增加的不利变化。

（2）股票是一个"份额"概念，不同股票的每一股在经济上不等量，它们所含有的净资产和市价不同即换取每股收益的投入量不相同，限制了每股收益的公司间比较。

（3）每股收益多，不一定意味着多分红，还要看公司股利分配政策。

第三节　利润表结构分析

利润表结构分析实质上是要求报表分析者关注利润的组成结构，以及收入、费用、成本的组成结构。利润的来源有很多，不同来源的收益会影响到企业的盈利质量。

一、共同比利润表

进行利润表结构分析，主要的方法是构建共同比报表，将利润表中的每个项目与一个共同项目（一般是主营业务收入）相比，计算比率，以此分析企业利润的产生过程和结构。进而还可以通过每年的共同比报表中的比率数据，形成比较共同比利润表，从而分析利润表结构随时间的变动情况及变动原因。下面我们以 DQ 公司为例，选取其 2010 年度至 2012 年度的利润表进行分析整理，计算得到共同比利润表，见表5－5。

表5－5　　　　　　　　　　DQ 公司共同比利润表
（2014 年度至 2016 年度）　　　　　　　　单位：%

项目	2014 年	2015 年	2016 年
一、营业收入	100	100	100
减：营业成本	80.41	87.47	94.12
营业税金及附加	0.61	0.92	0.29
销售费用	0	0	0
管理费用	12.80	8.77	4.18
财务费用	0.38	0.42	－ 0.74
资产减值损失	0.21	0.01	0
加：公允价值变动损益	0	0	0
投资收益	29.67	21.84	8.00
二、营业利润	23.42	24.25	10.15
加：营业外收入	0.52	0.27	0.14
减：营业外支出	0.29	0.34	0.09
三、利润总额	24.64	24.19	10.2
减：所得税费用	0.45	0.29	0.89
四、净利润	24.19	23.89	9.31
五、其他综合收益	0.00	0.04	0.13
六、综合收益总额	24.19	23.93	9.44

经过分析，可以得到以下结论：

（1）2014—2016 年，营业成本不断提高，说明公司的主营业务能够给它带来的利润空间越来越小。

（2）2016 年，管理费用的绝对值有所提升，但是该数额仅占营业收入的 4.18%，且与前两年相比降低的幅度大，说明企业在进行扩张的同时，管理水平也在不断提高。

（3）2016 年，投资收益占营业收入的比重仅为 8%，且逐年下降，可见，投资收益对该公司的利润贡献率越来越低。

（4）企业的营业利润和利润总额比重都有大幅降低，2016 年两者均占营业收入的10% 左右。可见，2014—2016 年，行业竞争日益激烈，该行业的利润空间越来越小，企业如何提升自己的实力，提高利润质量是其目前急需解决的问题。

二、收入结构分析

企业收入分析不仅要研究其总量，而且应分析其结构及其变动情况，以了解企业的经营方向和会计政策选择。收入构成分析可从主营收入与其他收入、现销收入与赊销收入的结构进行。

（一）主营收入与其他收入分析

企业收入包括主营业务收入与其他业务收入。通过主营业务收入与其他业务收入的构成情况的分析，可以了解与判断企业的经营方针、方向及效果，进而可分析、预测企业的持续发展能力。如果一个企业的主营业务收入结构较低或不断下降，其发展潜力和前景显然是值得怀疑的。

（二）现销收入与赊销收入分析

企业收入中的现销收入与赊销收入构成受企业的产品适销程度、企业竞争战略、会计政策选择等多个因素影响。通过对二者结构及其变动情况的分析，可了解与掌握企业产品销售情况及其战略选择，分析判断其合理性。当然，在市场经济条件下，赊销作为商业秘密并不要求企业披露其赊销收入情况，所以，这种分析方法更适用于企业内部分析。

三、成本费用结构分析

成本费用是销售成本、销售费用、管理费用、财务费用的统称。

成本费用结构分析是通过计算当期销售成本、销售费用、管理费用、财务费用分别占成本费用总额的比重，来了解成本费用的发生情况。

四、非经常性损益

非经常性损益是指公司发生的与生产经营无直接关系，以及虽与生产经营相关，但由于其性质、金额或发生频率，影响了真实、公允地评价公司当期经营成果和获利能力的各项收入、支出。

在非经常项目中，营业外收入是主要的非经常收益项目，而营业外支出是主要的非经常性损失项目。报告期内，非经常收益与非经常性损失二者相抵后的净额称为非经常性损益。1999年中国证监会首次在损益项目的披露上引入"非经常性损益项目"概念，要求上市公司年报中披露非经常性损益项目和扣除非经常性损益项目后的净利润。非经常性损益是信息披露指标而非财务会计指标。

非经常性损益通常包括以下项目：

（1）非流动性资产处置损益，包括已计提资产减值准备的冲销部分；

（2）越权审批，或无正式批准文件，或偶发性的税收返还、减免；

（3）计入当期损益的政府补助，但与公司正常经营业务密切相关，符合国家政策规定、按照一定标准定额或定量持续享受的政府补助除外；

（4）计入当期损益的对非金融企业收取的资金占用费；

（5）企业取得子公司、联营企业及合营企业的投资成本小于取得投资时应享有被投资单位可辨认净资产公允价值产生的收益；

（6）非货币性资产交换损益；

（7）委托他人投资或管理资产的损益；

（8）因不可抗力因素，如遭受自然灾害而计提的各项资产减值准备；

（9）债务重组损益；

（10）企业重组费用，如安置职工的支出、整合费用等；

（11）交易价格显失公允的交易产生的超过公允价值部分的损益；

（12）同一主体控制下企业合并产生的子公司期初至合并日的当期净损益；

（13）与公司正常经营业务无关的或有事项产生的损益；

（14）除同公司正常经营业务相关的有效套期保值业务外，持有交易性金融资产、交易性金融负债产生的公允价值变动损益，以及处置交易性金融资产、交易性金融负债和可供出售金融资产取得的投资收益；

（15）单独进行减值测试的应收款项减值准备转回；

（16）对外委托贷款取得的损益；

（17）采用公允价值模式进行后续计量的投资性房地产公允价值变动产生的损益；

（18）根据税收、会计等法律、法规的要求对当期损益进行一次性调整对当期损益的影响；

（19）受托经营取得的托管费收入；

（20）除上述各项之外的其他营业外收入和支出；

（21）其他符合非经常性损益定义的损益项目。

本章小结

本章主要介绍了利润表分析的相关知识。利润表不仅反映了企业在一定时期内运用其资源进行经营所产生的经济成果，而且部分解释了资产负债表中所有者权益发生变化的原因。利润表分析的目的在于：通过利润表分析，正确评价企业各方面的经营业绩；及时、准确发现企业经营管理中存在的问题；为投资者、债权人的投资与信贷决策提供正确信息。我国利润表的格式分为单步式利润表和多步式利润表。

利润表分析的内容包括利润表质量分析和利润表结构分析。利润质量恶化的表现形式多种多样，影响利润质量的因素主要有会计政策、财务状况、利润构成、利润的稳定性、现金流量、信用政策及存货管理水平等。利润表的结构分析可以通过共同比利润表来完成。

思考与练习

1. 快速解读利润表应从哪些方面入手？

2. 影响主营业务利润增减的因素有哪些？

3. 怎样进行利润表的趋势分析？

4. 怎样进行利润表的结构分析？

5. 试以某上市公司的年报为例，对该公司的利润表进行趋势分析？

第六章

现金流量表分析

学习目标

通过本章学习，了解现金流量表的概念、作用、分类、编制方法及结构；理解并掌握现金流量三大项目的内容及其质量分析；重点掌握现金流量表趋势分析、现金流量表结构分析；理解并掌握现金流量表分析时应注意的问题。

第一节　现金流量表分析概述

一、现金流量表分析的目的

（一）现金与现金流量表

现金流量表是以收付实现制为基础编制的，反映企业一定会计期间内现金和现金等价物流入和流出信息的一张动态报表。现金流量表中的信息是一个广义的概念，它包括现金和现金等价物。现金，是指企业库存现金以及可以随时用于支付的存款。不能随时用于支付的存款不属于现金。现金等价物，是指企业持有的期限短、流动性强、易于转换为已知金额现金、价值变动风险很小的投资。期限短，一般是指从购买日起三个月内到期。现金等价物通常包括三个月内到期的短期债券投资。权益性投资变现的金额通常不确定，因而不属于现金等价物。企业可以根据具体情况，确定现金等价物的范围，一经确定不得随意变更。

现金流量，是指企业现金和现金等价物的流入和流出。企业从银行提取现金、用现金购买短期的国库券等现金和现金等价物之间的转换不属于现金流量。

现金流量根据企业经济活动的性质，通常可分为经营活动现金流量、投资活动现金流量和筹资活动现金流量。现金流量根据现金的流程，又可分为现金流入量、现金流出量和净现金流量。我国会计准则规定现金流量表主表的编制格式为按经营活动、投资活动现金流量和筹资活动的现金流量分别归集其流入量、流出量和净流量，最后得出企业净现金流量。现金流量表补充资料的编制格式为以净利润为基础调整相关项目，得出经营活动净现金流量。

（二）现金流量表分析的目的

现金流量表反映了企业在一定时期内创造的现金数额，揭示了在一定时期内现金流动的状况，通过现金流量表分析，可以达到以下目的。

1. 从动态上了解企业现金变动情况和变动原因

资产负债表中货币资金项目反映了企业一定时期内现金变动的结果，是静态上的现金存量，企业从哪里取得现金，又将现金用于哪些方面，只有通过现金流量表的分析，才能从动态上说明现金的变动情况，并揭示现金变动的原因。

2. 判断企业获取现金的能力

现金余额是企业现金流动的结果，并不表明现金流量的大小，通过对现金流量表进行现金流量分析，能够对企业获取现金的能力做出判断。

3. 评价企业盈利的质量

利润是按权责发生制计算的，用于反映当期的财务报表，它不代表真正实现的收益，账面上的利润满足不了企业资金的需要，因此，盈利企业有可能发生财务危机，高质量盈利必须有相应的现金注入作保证，这就是人们更重视现金流量的原因之一。

二、现金流量表分析的内容

现金流量表分析的内容包括现金流量表质量分析和现金流量表结构与趋势分析。

（一）现金流量表质量分析

现金流量表质量分析包括经营活动现金流量质量分析、投资活动现金流量质量分析、筹资活动现金流量质量分析、现金流量表附注中的现金流量质量分析。

（二）现金流量表结构与趋势分析

现金流量表结构分析包括现金流入结构分析、现金流出结构分析、现金流入流出比分析。

现金流量表趋势分析包括现金流量变动的差异分析和现金流量增减变动的趋势分析。

第二节 现金流量表质量分析

对现金流量表无论是整体分析还是相关比率分析，其基本意图都是考量现金流量表的信息质量。但是，为了深入把握企业现金流量的质量，我们有必要专门从质量分析的角度对现金流量做深入分析。为此，本节在阐述现金流量质量与现金流量的质量特征的基础上，重点对分类现金流量进行质量分析，即对经营活动产生现金流量的质量、投资活动产生现金流量的质量和筹资活动产生现金流量的质量进行分析讲解。

所谓现金流量的质量，是指企业的现金流量能够按照企业的预期目标进行顺畅运转的质量。由于现金流量结构和状态的复杂性，通常不能使用某个特定的指标或标准，直接界定其质量的好坏。具有良好质量的现金流量应当具备三个特征：第一，企业现金流量的结构与状态体现企业的发展战略的要求；第二，在成熟发展阶段，企业经营活动的现金流量应当与核心利润有一定的对应关系，并能为企业的扩张提供现金流量的支持；第三，筹资活动现金流量能够适应不同发展阶段经营活动、投资活动对现金流量的需求，且无不当融资行为。

根据现金流量的分类，现金流量质量分析包括经营活动现金流量质量分析、投资活动现金流量质量分析、筹资活动现金流量质量分析。考虑到从净利润出发的现金流量表附表中的经营活动现金流量的信息含量的重要性，本教材还包括现金流量表附注的质量分析内容。

一、经营活动现金流量质量分析

经营活动是企业经济活动的主体，经营活动产生的现金流量体现了企业"自我造血"的功能。因此，在企业各类现金流量中，经营活动现金流量显得尤为重要。对经营活动现金流量的质量分析同样如此，下面，我们从真实性、充足性、合理性、稳定性和成长性五个方面对其质量进行分析。

（一）真实性分析

判断企业经营活动现金流量的真实性比较困难。但我们仍然可以通过对比上市公司中报和年报的经营活动现金流量，考察经营活动现金流量的均衡性，初步判断经营活动现金流量的真实性。其基本原理是，在考虑一些行业本身销售特点导致现金回笼特点的前提下，感性地判断企业经营活动现金流量的回笼形态是否与行业自身现金回笼特点相符合，从而判断企业是否存在异常现金流的现象。另外如果企业出现大额预收账款，分析者也应该保持一份警惕，警惕企业通过虚构预收账款交易，粉饰主营业务现金流量。当企业有大量关联交易时，应注意分析企业可能存在借助关联方归还借款、占用关联方资金、现金流量项目类别归属错误等事项来粉饰经营活动现金流量的情形。

（二）充足性分析

经营活动现金流量的充足性，是指企业是否具有足够的经营活动现金流量满足其正常运转和规模扩张的需要。在企业的初创期或扩张转型期，企业暂时出现经营活动现金流量为负，是企业在发展过程中不可避免的正常状态。在其他时期，如果企业经营活动产生的现金流量仍然十分有限，其质量自然不会太高，而且影响企业的未来发展。对于企业经营活动现金流量的充足性分析，既可以从绝对值的角度也可以从相对值的角度进行分析判断：

1. 从绝对量的角度衡量充足性

以绝对量的角度衡量经营活动现金流量的充足性，主要是通过分析经营活动现金流量能否延续现有的经营规模，来判断经营活动现金净流量是否正常，也就是判断企业能否维持简单再生产。主要从以下两个方面来分析判断：

（1）通过计算经营现金净流量的多少来分析判断。如果企业仅靠内部积累维持当前的生产经营能力，其经营活动现金流入量就必须能够抵补当期经营活动的现金流出量（即付现成本）、以"固定资产折旧、无形资产和其他长期资产摊销额"为表现形式的前期支付的需要在当期和以后各期收回的长期资产支出，以及前期支付需要当期损益的摊销（主要是待摊费用）或已计入当期损益但尚未支付的费用（主要是预提费用）等支出。因此，用绝对值衡量经营活动现金流量是否充足，可用下面的公式来计算衡量：

经营活动现金净流量≥本期折旧额＋无形资产及其他长期资产摊销额＋待摊费用＋预提费用提取额

公式的左边是已经扣除了付现成本后的经营活动现金净流量，公式的右边是企业的非付现成本。如果上式成立，我们基本可以判断该企业的经营活动现金流量是比较充足的。

根据企业的实践经验，处于正常发展状态和运行状态的企业，一般在年度存货周转速度达到两次以上时，经营活动产生的现金流量净额应当大于核心利润的 1.2 倍。因此，只有当企业年存货周转率超过两次且经营现金流量净额大于核心利润的 1.2 倍时，经营活动现金流量才属正常且具有充足性，现有规模下的简单再生产才能得以持续。值得注意的是，在企业经营周期超过一年的情况下，企业各个会计年度的现金流量的分布可能会出现与核心利润的分布有较大差异的情况。

（2）用自由现金流量来衡量。经营活动现金净流量虽然能够揭示企业"造血功能"的强弱，但即使是正值的经营活动现金净流量也未必能够说明企业有足够的现金用于还本付息或支付股利。因此，衡量企业还本付息和支付现金股利能力在现实生活中更加广为人知的指标是"自由现金流量"。一般认为，自由现金流量有广义和狭义之分。广义的自由现金流量等于经营活动产生的现金净流量减去维持经营规模的资本性支出，可用于衡量企业还本付息和支付现金股利的能力。狭义的自由现金流量等于经营活动产生的现金净流量减去维持现有经营规模的资本性支出和现金股利，可用于衡量企业利用内部现金资源进行扩张，把握市场机遇或应对市场逆境的能力。狭义的自由现金流量不考虑偿还长期债务的因素，而是假设长期债务最终将由长期资产或偿债基金偿还。为了在反映充足性的同时更好地反映企业财务弹性，本章使用狭义的自由现金流量，其计算公式如下：

狭义自由现金流量 = 经营活动产生的现金净流量 −（资本性支出 + 现金股利）

狭义的自由现金流量，可以用来评估企业的财务弹性（即评估企业利用内部现金资源把握市场新出现的机遇和应对市场突发逆境的能力）和利用内部资源进行扩展的能力。

2. 从相对量的角度衡量充足性

以相对量的角度衡量经营活动现金流量的充足性，主要是通过了解经营活动现金流量能否满足扩大再生产的资金需要，来分析判断其充足性。具体是分析经营活动现金流量对企业投资活动的支持力度，以及对筹资活动的风险规避水平。可以通过计算现金流量充裕（足）率、经营现金流量对资本支出比率、经营现金流量对借款偿还比率、经营现金流量对股利支付比率，以及折旧摊销影响比率等典型指标来分析判断。

值得注意的是，反映企业经营活动现金流量充足性的指标中，最重要、信息量最大的是现金流量充足率，其他比率提供的基本都是单方面信息，分析者可以根据需要选择使用。

（1）经营现金流量对资本支出比率。经营现金流量对资本支出比率是指企业经营活动现金流量净额相对于企业购建固定资产现金支出的比率，其计算公式是

经营现金流量对资本支出比率 = 经营活动现金净流量/购建固定资产现金支出

该比率用来衡量企业利用经营活动产生的现金流量进行固定资产更新改造的能力。该比率越大，表明企业更新改造固定资产的能力越强。这个比率其实就是广义自由现金流量的另一个表现形式。

（2）经营现金流量对借款偿还比率。经营现金流量对借款偿还比率是指企业经营活动现金流量净额相对于企业偿还借款本息的比率，其计算公式是

经营现金流量对借款偿还比率＝经营活动现金净流量/偿还借款现金流出

该比率用于衡量企业利用当年经营活动产生的现金流量偿还银行借款的能力。比率越高，表明企业偿还银行借款的能力越强。

（3）经营现金流量对股利支付比率。经营现金流量对股利支付比率是指企业经营活动现金流量净额相对于企业支付现金股利的比率，其计算公式是

经营现金流量对股利支付比率＝经营活动现金净流量/支付股利的现金流量

该比率用于衡量企业利用当年经营活动产生的现金流量发放现金股利的能力。比率越高，表明企业发放现金股利的能力越强。

（4）折旧摊销影响比率。折旧摊销影响比率是指企业经营活动现金流量净额中长期资产的定期折旧和摊销的比例，其计算公式是

折旧摊销影响比率＝（折旧费用＋摊销费用）/经营活动产生的现金净流量

从财务的角度看，企业长期资产的定期折旧和摊销是企业现金的来源之一，显然，该种性质的现金与企业通过销售创造的现金具有不同的经济意义。因此，分析者有必要知道企业在剔除折旧、摊销后创造现金的能力。折旧摊销影响比率从反向衡量了企业经营活动产生的现金净流量有多大比例来自于长期资产的定期折旧和摊销。该比率越小，表明企业的现金流量质量越高，净利润与经营性现金流量的差异越小。

（三）合理性分析

对经营活动现金流量的合理性分析，主要包括对企业经营活动现金流入是否顺畅、经营活动现金流出是否恰当、经营活动现金流入量与流出量结构是否合理，以及经营活动现金流入量与流出量之间是否规模匹配与协调四个方面的分析。

1. 经营活动现金流入的顺畅性分析

判断企业经营活动现金流入是否顺畅，应当重点分析考察经营活动现金流入的"销售商品、提供劳务收到的现金"这一主要的关键的项目的规模。一般来说，该项目规模较大且稳定或稳定增长，则说明其流入顺畅。该项目的规模大小与企业营业收入的规模、所采取的信用政策和企业实际的回款状况等因素直接相关。此外，分析者还应当考虑企业所处行业的结算特点、企业与经销商和消费者之间的议价能力以及市场竞争状况等因素对其造成的不同影响，并结合利润表中的营业收入、资产负债表中的商业债权（应收账款和应收票据）以及预收款项等项目的期初、期末余额的变化情况加以分析和判断。

2. 经营活动现金流出的恰当性分析

判断企业经营活动现金流出量是否合理、恰当，应当重点分析考察经营活动现金流出中"购买商品、接受劳务支付的现金"这一主要的关键的项目规模。该项目的规模主要取决于企业营业成本的规模、采购规模、相应的采购政策和企业的实际付款状况等因素，并同时考虑企业所处行业的结算特点、企业与供应商之间的议价能力以及市场竞争状况等因素对其造成的不同影响，看其流出是否合理、有无过度支付行为。分析人员可以借助利润表中的营业成本、资产负债表中的商业债务（应付账款和应付票据）、存货以及预付款项等项目的期初、期末余额的变化情况加以分析和判断。

3. 经营活动现金流量结构的合理性分析

特定企业在年度之间以及不同企业之间，由于经营特点与管理方式的差异，无论经营活动的现金流入量还是现金流出量，其各自的内部结构会有显著不同。我们可以从现金流入和现金流出的两个方面来考察其结构的合理性。第一，就经营活动现金流入量结构的合理性来看，以对外投资管理为主的企业，其"购买商品、提供劳务收到的现金"，一般不会有太大的规模；而以产品经营为主，且主营业务的市场能力较强的企业，其"购买商品、提供劳务收到的现金"理应成为经营活动现金流入量的主体。第二，就经营活动现金流出量结构的合理性来看，人工成本较高、外购原材料和燃料需求不高的企业，其"购买商品、接受劳务支付的现金"会显著低于为职工支付的现金；人工成本不高、外购原材料和燃料占生产成本比重较高的企业，其"购买商品、接受劳务支付的现金"会显著高于为职工支付的现金；对于主要从事对外投资管理，而子公司资金主要由本公司提供的企业，那么，"支付的其他与经营活动有关的现金"就会成为其经营活动现金流出量的主体。

4. 经营活动现金流入和现金流出的匹配性分析

企业经营活动现金流入量和现金流出量在规模和时间上能尽量做到相互匹配，其现金流量质量一定会较高。这样就能实现现金流入与流出的同步协调，企业就能够设计和采用恰当的信用政策，合理地安排供货和其他现金支出，有效地组织销售回款和其他现金流入，从而最大限度地减少其在现金周转方面的压力，或减少现金的闲置浪费，提高现金的利用效率。

（四）稳定性分析

稳定是一个企业持续经营并得以发展的前提条件。经营活动现金流量主要来自企业自身开展的经营活动，主营业务突出、收入稳定是公司运营良好的重要标志。而持续平稳的现金流量，则是企业正常运营和规避风险的重要保证。因此，对经营活动现金流量的稳定性分析，关键应当从企业各会计期间的经营活动现金流量规模是否存在剧烈波动、内部构成是否基本符合所处行业的特征，以及是否存在异常变化情况三个方面来把握和判断。

如果一个企业经营活动现金流入结构比较合理，则企业销售商品、提供劳务收到的现金明显高于其他经营活动流入的现金，且稳定程度较高。这样企业就较易于保持现金的顺畅周转状态，提高企业的资金使用效率，因此，可以认为这样的经营活动现金流量质量较好。

如果一个企业经营活动现金流量的规模和结构经常出现明显波动，则企业主营业务的获现能力可能存在问题，经营风险较大，现金预算管理难度较大，经营活动现金流量的稳定性就较差。

如果维持企业运行和支撑企业发展的大部分资金由非核心业务活动提供，企业缺少稳定可靠的核心业务的经营现金流量来源，则说明企业的核心竞争实力或者主营业务的获现能力较差，经营现金流量的质量就会更差。企业若想维持正常经营，只能借助筹资活动来应对现金短缺的风险。

（五）成长性分析

经营活动现金成长性，可以通过经营活动现金净流量成长比率来衡量。其计算公式是

经营活动现金净流量成长比率＝本期经营活动现金净流量增加额/上期经营活动现金净流量

该指标反映企业经营活动现金流量的变化趋势和具体的增减变动情况。

一般来说，该比率小于1，说明企业经营活动现金流量处于萎缩状态，企业现金流量质量有下降的趋势，通常处于衰退阶段的企业可能出现此状态；该比率等于或者接近于1，说明企业经营现金流量较前期没有明显增长，经营活动现金流量成长能力不强，成熟期后期阶段的企业容易出现此状态；该比率越大（超过1）表明企业的成长性越好，经营活动现金流量的质量也会越好。即使该比率超过1，分析者也要关注企业经营活动现金流量的增长模式。

常见的经营活动现金流量增长模式有负债主导型、资产转换型和业绩推动型。其中，负债主导型，是指经营活动现金流量的增长主要得益于当期经营性应付项目的增加，即企业通过延缓应付款项的支付来提高经营现金净流量。在此模式下，一方面可能反映了企业的强势竞争地位，另一方面剔除这些应付款后经营活动现金净流量是否依然是正值且不断成长也是分析者应该思考的问题。而资产转换型，即经营活动现金流量的增长主要依赖于当期经营性应收项目和存货的减少。事实上，通过经营性应收项目突击减少和降价销售使得存货突击减少，也是公司常用的粉饰经营现金流量的一种方式，分析时应该明白，该方式下的现金流量质量仍然是不高的。业绩推动型，即经营活动现金流量的增长主要来源于销售业绩的真实提高，此种状态才是较为理想的状态。

需要说明的是，对成长性的分析，连续两期的数据远远不够，企业至少需要根据五年经营活动现金净流量的主要数据构造水平分析表用以判断经营活动现金净流量的成长性以及预测未来的变化趋势。

二、投资活动现金流量质量分析

对投资活动现金流量的质量分析，我们主要应关注投资活动现金流出量的战略吻合性和现金流入量的盈利性。

（一）投资活动现金流出量的战略吻合性分析

企业投资活动的现金流出量应与企业发展战略相吻合，这种分析主要体现在，对内扩张或调整的战略吻合分析、对外扩张或调整的战略性分析和对内对外投资相互转移的战略性分析三个方面。

1. 对内扩张或调整的战略吻合性分析

"购建固定资产、无形资产和其他长期资产支付的现金"项目和"处置固定资产、无形资产和其他长期资产而收到的现金"项目，是现金流量表中分别反映对内扩张投资活动现金流出量与流入量的两个重要项目。通过比较与分析这两个项目之间的规模，可以判断对内投资活动是否体现企业经营活动发展的战略要求。一是如果前者小于后者，则通常表明企业收缩主业经营战线和规模的战略意图。如果资金紧张或者市场前景暗

淡，则表明企业被迫选择收缩经营战略或收缩主业经营规模。当然判断这种"收缩"行为的经济后果，还需要结合产品周期、竞争态势等市场环境、宏观经济环境，以及对外投资的战略安排等因素做进一步分析才能得出可靠的结论。二是如果前者大于后者，则通常表明企业基于原有生产经营规模，试图通过对内扩张战略来进一步提升市场占有率和增强主业的竞争实力。倘若原有资产结构中经营性资产占据主要地位，那么，这种对内扩张态势表明，企业将继续坚持"经营主导型"经营战略。三是如果两者均具有较大规模，且彼此规模相当，通常表明企业正处在长期经营性资产的大规模置换与优化阶段，可能是企业战略转型或资产更新换代的要求所致。呈现这样的状态，将意味着企业改善技术装备水平，提高产品适应市场能力和增强企业核心竞争力。至于这种转型或调整的实施效果如何，还有待后续期间的核心利润和经营活动现金流量的表现加以检验。

2. 对外扩张或调整的战略性分析

"投资所支付的现金"项目和"收回投资所收到的现金"项目，是现金流量表中分别反映对外扩张投资活动现金流出量与流入量的两个重要项目。通过对这两个项目数据的比较与分析，可以判断企业对外投资活动是否体现企业发展战略的基本要求。其一，如果前者小于后者，则企业当期的对外投资通常会呈现总体收缩的势头。分析人员应在关注所收回投资的盈利性的同时，重点关注这种收缩的真正意图。弄清这种收缩，主要是针对效益不好或发展前景暗淡的投资对象等不良资产的主动处置，还是企业在资金紧张等情况下的一种被动选择。对这种投资战线收缩的分析，还要持续关注它对企业未来盈利能力和未来现金流量的影响。其二，如果前者大于后者，则企业的当期对外投资通常呈现总体扩张的态势。分析人员应关注企业新的投资方向，考量这种投资动向是否会对提升企业行业竞争实力或者分散经营风险产生积极影响。考察这种变化最终是否对企业未来盈利能力和未来现金流量带来的积极影响。其三，如果两者均具有较大规模，且彼此规模相当，表明企业正处在对外投资的结构性调整阶段。分析人员应密切关注这种投资战略调整对企业未来盈利能力和未来现金流量带来的影响。

3. 对内对外投资相互转移的战略性分析

企业可能会在某些情况下进行对内投资和对外投资之间的某种战略调整，这通常表现在：第一，在大规模"处置固定资产、无形资产和其他长期资产"的同时，进行大规模"投资支付"；第二，在大规模"收回投资"的同时，进行大规模"购建固定资产、无形资产和其他长期资产"。这两种情况的出现往往意味着企业正在进行盈利模式的转变，以及"经营主导型"与"投资主导型"之间的战略调整。因此，分析人员分析时应结合行业市场环境和宏观经济环境等因素来判断其对企业未来发展带来的影响。

总之，分析人员进行投资活动现金流出量的战略吻合性分析时，应该根据企业所处的发展阶段和公司所处的内外部环境变化，在考虑投资活动现金流出量的合理性以及后续收益能力的基础上做进一步判断。

（二）投资活动现金流入量的盈利性分析

一般来说，投资收益按其所属的时间划分，大体上可分为两类：一类是持有期间收益，比如持有股权期间分得的现金股利；另一类是处置收益，比如处置子公司获得的收益。显然前者具有持续性，据此增加的净利润也具有持续性；后者是偶发行为，此时因投资收益增加的净利润不具有持续性，盈利质量较差。因此，投资活动现金流入量的盈利性分析，从内容上看，主要包括企业收回投资成本（包括对外投资本金和处置固定资产、无形资产和其他长期资产的变现价值）和取得投资收益收到的现金。首先，就"收回投资成本"而言，可通过分析报表附注有关投资收益的明细项目中处置各类投资取得的投资收益情况以及营业外收入或营业外支出的明细项目，来考察"收回投资成本"过程中所体现的盈利性。为此，分析人员应重点比较变现价值与投资初始成本的差额大小来进行判断。其次，就"取得投资收益收到的现金"而言，应主要通过对比投资收益附注中有关"成本法、权益法核算的长期股权投资收益"和现金流量表中"取得投资收益收到的现金"的差额大小，来分析判断投资收益的现金含量和现金获取能力。

三、筹资活动现金流量质量分析

筹资活动产生的现金流量类似于人体的"输血功能"，同样无法采用稳定的指标去衡量。分析其质量，其实也就是分析其状态是否适应企业不同发展阶段的需求。筹资活动现金流量在总体上应该与企业经营活动现金流量、投资活动现金流量周转的状况相适应，并在满足企业经营活动和投资活动现金需求的同时，尽量降低融资成本，避免不良融资行为。因此，筹资活动现金流量的质量分析应从筹资活动现金流量的适应性分析、企业筹资渠道与方式的多样性分析，以及筹资行为的恰当性分析三个方面进行。

（一）筹资活动现金流量的适应性分析

筹资活动现金流量的适应性分析，是指对筹资活动现金流量与经营活动、投资活动现金流量周转状况的适应性分析。企业在不同的发展阶段，需要不同的筹资方式。创业初期，企业可能更多地采用投资者追加投资的方式筹款，此时能否吸引风险投资是企业走上发展之路的重要因素。逐渐成长的企业，由于业绩提升，资产规模扩大，适当的负债成为企业重要的筹资方式。进入成熟期之后企业外部筹资需求量锐减，筹资活动主要表现为还本付息和发放现金股利回报投资者。

如何判断企业的筹资活动是否适应不同生命阶段经营活动和投资活动的周转状况，主要根据经营活动和投资活动对现金需求量的大小来判断。第一，在企业经营活动和投资活动现金流量净额之和小于零，且企业没有储备足够的现金可以动用时，说明企业需要筹资活动及时足额筹集到相应数量的资金，以满足经营活动和投资活动的资金需求。第二，在企业经营活动和投资活动现金流量之和大于零时，说明企业可能需要降低现金余额，避免现金闲置状态出现，此时需要企业及时调整筹资规模和速度，并积极归还借款本金；在消耗经营活动和投资活动积累的现金的同时，能降低资本成本，提高企业的经济效益。第三，在债务融资到期时，当企业没有足够的自有资金积累的情况下，企业应有能力适时举借新债或者通过其他渠道筹集到资金，以保证到期债务的如期偿还。分析者完全可以借鉴前文中相关财务比率判断企业筹资活动的适应性。

（二）筹资渠道与筹资方式的多样性分析

资本成本是企业筹资活动中需要考虑的一个主要问题。不同筹资渠道及筹资方式，其筹资成本与筹资风险相差很大。如果想要将资本成本降至较低水平，同时将财务风险保持在适当的范围内，企业必须从实际出发，选择适合企业发展的筹资渠道和筹资方式，合理确定筹资规模、期限和还款方式，实现筹资渠道和方式的多样化。因此，筹资渠道和筹资方式的多样性，成为筹资活动中现金流量的一大质量特征。当然，从企业某一期间的现金流量表分析观察，筹资活动现金流量的多样性的质量特征不可能非常明显。因此，分析人员应当通过连续若干个会计期间的现金流量表的整体、综合与比较分析，判断其是否采用了不当筹资方式，是否可能对公司未来的业绩和公司价值产生影响。

（三）筹资行为的恰当性分析

筹资行为的恰当性分析是考察企业是否存在超过实际需求的过度融资、企业资金是否存在被其他企业无效益占用等不良融资行为，并进一步分析某种不良融资行为背后真正的融资动机。首先，在筹资活动现金流量大于零的情况下，分析人员应着重分析企业的筹资活动是否已经纳入企业的发展规划，是否与企业未来的发展战略相一致。其次，应判断企业筹资行为是企业管理层以扩大投资和经营活动为目标的主动筹资行为，还是因投资活动和经营活动的现金流出失控而采取的不得已的筹资行为。再次，应结合考虑企业所处生命周期的具体阶段，分析企业是否存在过度融资的现象。最后，在关注诸如筹资当期是否出现合并报表的巨额"其他应收款"等无效益占用的情形时，还应重视对筹资成本（包括借款利息和现金股利）的现金支付状况、到期债务的偿还状况等方面的分析。

四、现金流量表附注中的现金流量质量分析

现金流量表的附注部分包括三方面内容，均在一定程度上体现出了现金流量质量的某些方面。

将净利润调节为经营活动产生的现金流量揭示的是采用间接法列示经营活动产生的现金流量净额。此法从净利润开始，通过对诸如固定资产折旧、无形资产摊销、公允价值变动损益以及经营性流动资产和流动负债项目的调节，得到经营活动产生的现金流量净额。此项附注将有助于分析净利润与经营活动现金流量之间在数量上出现差异的具体原因。

当期取得或处置子公司及其他营业单位的有关信息，实际上反映了企业在年度（或会计期间）内对控制性投资的增加、减少的变动以及所消耗资源的情况。这些信息的重要性在于：第一，企业的上述变化可能意味着企业的投资与经营战略在发生变化，企业可能通过对子公司的增减调整来改变企业的投资和经营方向，从而在很大程度上改变企业未来的盈利模式；第二，企业的某些非现金投资活动可能在一定程度上反映企业利用非现金资产进行投资活动的努力。

现金和现金等价物的具体内容与变化，反映了企业现金资产的结构变化。显然，具有不同活力的现金资产，其用于周转的质量会有明显差异。

第三节　现金流量结构与趋势分析

一、现金流量结构分析

结构分析是指将会计报表中某一关键项目的数字作为基数（即为100%），再计算各项目的具体构成，从而使各个组成部分的相对重要性明显地表现出来，揭示会计报表中各个项目的相对地位和总体结构关系。

现金流量表是反映企业在一定时期内现金流入、流出及其净额的报表，它主要回答企业本期现金来自何处、本期现金用往何处等问题。现金流量的结构分析就是在现金流量表有关数据的基础上，进一步明确现金流入的构成、现金流出的构成等。

现金流量的结构分析可以分为现金流入结构、现金流出结构和流入流出比分析。

【例 6 - 1】 根据附录中 ABC 公司的资料，编制 ABC 公司现金流量结构分析计算表如表 6 - 1 所示。

表 6 - 1 现金流量结构分析计算表

编制单位：ABC 公司 2014 年度 单位：万元

项目	流入	流出	净流量	内部结构（%）	流入结构	流出结构（%）	流入流出比
一、经营活动产生的现金流量：							
销售商品、提供劳务收到的现金	7 321			91			
收到的税费返还	687			9			
收到其他与经营活动有关的现金	62			1			
经营活动现金流入小计	8 070			100	79		
购买商品、接受劳务支付的现金		5 509		84			
支付给职工以及为职工支付的现金		486		7			
支付的各项税费		341		5			
支付其他与经营活动有关的现金		285		4			
经营活动现金流出小计		6 621		100		67	1.22
经营活动产生的现金流量净额			1 449				
二、投资活动产生的现金流量：							
收回投资收到的现金							
取得投资收益所收到的现金							
处置固定资产、无形资产和其他长期资产收回的现金净额							
处置子公司及其他营业单位收到的现金净额							
收到其他与投资活动有关的现金							
投资活动现金流入小计							
购建固定资产、无形资产和其他长期资产支付的现金		537		100			
投资所支付的现金							
取得子公司及其他营业单位支付的现金净额							

续表

项目	流入	流出	净流量	内部结构（%）	流入结构	流出结构（%）	流入流出比
支付其他与投资活动有关的现金							
投资活动现金流出小计		537		100		5	0
投资活动产生的现金流量净额			−537				
三、筹资活动产生的现金流量：							
吸收投资收到的现金							
取得借款收到的现金	2 151			100			
收到其他与筹资活动有关的现金							
筹资活动现金流入小计	2 151			100	21		
偿还债务支付的现金		2 160		77			
分配股利、利润或偿付利息支付的现金		653		23			
支付其他与筹资活动有关的现金							
筹资活动现金流出小计		2 813		100		28	0.76
筹资活动产生的现金流量净额			−662				
合计	10 221	9 971	250		100	100	

（一）现金流入结构分析

现金流入结构是反映企业的各项业务活动现金流入，如经营活动现金流入、投资活动现金流入、筹资活动现金流入等在全部现金流入中的比重以及各项业务活动现金流入中具体项目的构成情况，明确企业的现金究竟来自何方，要增加现金流入主要依靠什么，等等。

流入结构分析分为总流入结构和三项活动即经营、投资和筹资活动流入的内部结构分析。

从表 6-1 可以看出，在企业当年的现金流入中，经营活动流入占 79%，经营活动是主要的现金来源；投资活动没有现金流入，筹资活动流入占 21%，也占有重要地位。

在经营活动的现金流入中，主要来自销售商品、提供劳务收到的现金，占 91%，比较正常；在筹资活动的现金流入中，全部都是借款流入；该公司没有投资活动所产生的现金流入。显然，企业要增加现金流入，主要还是依靠经营活动，增加销售收入。

（二）现金流出结构分析

现金流出结构是指企业的各项现金流出占企业当期全部现金流出的百分比，它具体地反映企业的现金流出用在哪些方面。

流出结构分析分为总流出结构和三项活动流出的内部结构分析。

通常，经营活动现金支出占总现金流出比重大的企业，其生产经营状况正常，现金流出结构较为合理。

从表 6-1 可以看出，在企业当年的现金流出中，经营活动流出占 67%，投资活动流出占 5%，筹资活动流出占 28%。经营活动现金支出中，购买商品、接受劳务支出的现金占 84%，支付给职工以及为职工支付的现金占 7%；投资活动的现金支出全部用于购建固定资产、无形资产和其他长期资产；筹资活动现金全部用于偿还债务本金。

（三）现金流入流出比分析

从表 6 - 1 可以看出，经营活动现金流入流出比为 1.22，表明企业 1 元的现金流出可换回 1.22 元的现金流入，此比值越大越好。

投资活动现金流入流出比为 0，说明公司有可能处在扩张时期。如果公司处在发展时期、扩张时期此比值小，而公司处在衰退或缺少投资机会时此比值大。

筹资活动现金流入流出比 0.76，表明还款额明显大于借款额。

该公司的经营活动现金流量净额 1 449 万元，现金存量增加 250 万元；现金流量净额中用于投资的现金有 537 万元，用于还款的现金有 662 万元。

通过流入和流出结构的历史比较和同行业比较，可以得到更为有意义的信息。

对一个健康的正在成长的公司来说，经营活动现金流量应是正数，投资活动的现金流量是负数，筹资活动的现金流量是正负相间的。

假设经营活动现金流量的结构百分比具有代表性，可以根据它们和计划销售额来预测未来的经营活动现金流量。

二、现金流量趋势分析

企业的现金流入、流出及其余额发生了怎样的变动，其变动趋势如何，这

种趋势对企业是有利的还是不利的，这就是现金流量趋势分析的内容。现金流量趋势分析可以帮助报表使用者了解企业现金流量的变动趋势，了解企业现金流量变动的原因，在此基础上预测企业未来的现金流量，从而为决策提供依据。

（一）现金流量变动的差异分析

从现金流量表各个项目的增减变动及其差异中，可以观察和发现它的变化，包括有利变化或异常变化。

【例 6 - 2】 根据表 6 - 1 ABC 公司 2013 年和 2014 年两年的现金流量表资料，编制经营活动、投资活动和筹资活动的现金流量对比分析表如表 6 - 2 所示。

表 6 - 2 　　　　　　　ABC 公司现金流量对比分析表　　　　　　　单位：万元

项目	2013 年	2014 年	增加（或减少）	
			金额	百分比
经营活动：现金流入	6 947	8 070	1 123	16.16
现金流出	5 804	6 621	817	14.08
现金流量净额	1 143	1 449	306	26.77
投资活动：现金流入	0	0	0	0
现金流出	1 356	537	−819	−60.40
现金流量净额	−1 356	−537	819	−60.40
筹资活动：现金流入	2 029	2 151	122	6.01
现金流出	1 754	2 813	1 059	60.38
现金流量净额	275	−662	−937	−340.73
汇率变动对现金影响	−4	0	4	−100
现金及现金等价物净增加额	58	250	192	331

从表6-2可以观察各类现金流量的如下变化：

1. 经营活动产生的现金流量净额，2013年为6 947万元，2014年为8 070万元，2014年比2013年增加16.16%，可以说，ABC公司这两年的经营情况良好，具有创造现金的能力，且较平稳。

2. 对比2014年和2013年的投资活动和筹资活动，2013年和2014年均没有投资活动的现金流入额，说明ABC公司近两年既没有处置投资资产收入，也没有取得投资收益。2014年的投资规模较2013年有所缩减，缩减了60.4%。可见，该公司采取的是稳定的扩张政策；筹资活动产生的现金流量净额，2013年为275万元，2014年为-662万元，2014年比2013年下降340.73%，下降原因是2014年有大量筹集的资金和自有资金用于偿还债务，使筹资活动的现金流出量增加1 059万元。从以上分析可以看出，ABC公司生产经营和投资所需资金，主要来源于短期借款，相对于长期借款，还款压力较大。

3. 综合经营活动、投资活动和筹资活动所产生的现金流量可以看出，现金及现金等价物净增加额，2013年为58万元，2014年为250万元，增加了331%，增加的主要原因是2014年的投资规模有所消减。从总体上看，ABC公司现金流入和现金流出之间没有缺口，公司的资金周转处于良性循环中。

（二）现金流量增减变动的趋势分析

现金流量变动的趋势分析，是指以连续数期的现金流量表为基础，将相同类别和相同项目的金额换算成相对数进行对比，以观察其发展变化趋势，从而为研究企业的经营策略，对未来的现金流量进行预测分析提供依据的一种分析方法。进行趋势分析一般采用趋势百分比法。计算百分比有两种方法，即定比和环比。

定比是选取一个年度为基期，以基期金额为100，其余各年均以基期的金额为基数，计算出各自的百分比，以百分比进行比较分析，观察发展趋势。采用定比必须选择好基期，如果基期选择不当，会降低这种方法的效果。

环比是各年均以上一个年度为基数，分别计算出各年的百分比，以百分比进行比较分析，观察发展趋势。

【例6-3】 现以ABC公司连续3年的现金流量资料为例，说明该公司现金流量的趋势分析，该资料如表6-3所示。根据表6-3中的现金流量资料，编制现金流量趋势分析表，现以表6-4和6-5分别列示定比和环比现金流量趋势分析。

表6-3 　　　　　　　　　　　　ABC公司比较现金流量表 　　　　　　单位：万元

项目	2012年	2013年	2014年
经营活动：现金流入	5 753	6 947	8 070
现金流出	5 282	5 804	6 621
现金流量净额	471	1 143	1 449
投资活动：现金流入	524	0	0
现金流出	484	1 356	537

续表

项目	2012 年	2013 年	2014 年
现金流量净额	40	−1 356	−537
筹资活动：现金流入	873	2 029	2 151
现金流出	1 232	1 754	2 813
现金流量净额	−359	275	−662
汇率变动对现金影响	−3	−4	0
现金及现金等价物净增加额	149	58	250

表 6 – 4　　　　　　ABC 公司现金流量趋势分析表（定比）　　　　单位：%

项目	2012 年	2013 年	2014 年
经营活动：现金流入	100	120.75	140.27
现金流出	100	109.88	125.35
现金流量净额	100	242.68	307.64
投资活动：现金流入	100	0	0
现金流出	100	280.17	110.95
现金流量净额	100	−3 390	−1 342.50
筹资活动：现金流入	100	232.42	246.39
现金流出	100	142.37	228.33
现金流量净额	−100	−76.60	184.40
现金及现金等价物净增加额	100	38.93	167.79

表 6 – 5　　　　　　ABC 公司现金流量趋势分析表（环比）　　　　单位：%

项目	2012 年	2013 年	2014 年
经营活动：现金流入	100	120.75	116.17
现金流出	100	109.88	114.08
现金流量净额	100	242.68	126.77
投资活动：现金流入	100	0	0
现金流出	100	280.17	39.60
现金流量净额	100	−3 390	39.60
筹资活动：现金流入	100	232.41	106.01
现金流出	100	142.37	160.38
现金流量净额	100	−76.60	−240.73
现金及现金等价物净增加额	100	38.93	431.03

从表 6 – 4 和表 6 – 5 的三年发展变化中能观察到一些什么情况和问题呢？从发展趋势角度可从以下三个方面进行分析。

1. ABC 公司的经营状况良好，经营活动具有产生现金的能力，且呈上升趋势。从定比看，经营活动产生的现金流量净额，以 2012 年为基期，2012 年为 100%，2013 年是 242.68%，2014 年是 307.64%。但也同时从环比中看到，经营活动产生的现金流量净额 2013 年为 2012 年的 242.68%，而 2014 年仅为 2013 年的 126.77%。也就是说，逐年上升的幅度锐减，应当引起注意，并应结合经营活动的实际情况进一步分析。

2. ABC 公司的筹资活动所产生的现金流量净额 2012 年和 2014 年都是负数，从定比看，2014 年的负数呈上升趋势。ABC 公司的投资活动所产生的现金流量净额 2013 年和 2014 年都是负数，由于 ABC 公司在 2013 年和 2014 年没有投资活动的现金流入量，这两年的现金净流量同基期相比差异较大。从总体上看，筹资活动和投资活动中现金流出的增长快于现金流入的增长。

3. ABC 公司的现金和现金等价物净增加额连续三年都是正数，并且略有增长，说明该公司资金比较富足。

综合以上三方面的分析，可对 ABC 公司的现金发展趋势做出如下判断：ABC 公司经营状况良好，经营活动产生的现金能力较强，如果通过筹资扩大投资，可以考虑增加长期债务融资规模。但也应注意根据发展的需要适量融资，以免融资费用开支增大，造成财务状况恶化。

本章小结

本章主要介绍了现金流量表的含义、作用、分类、编制方法及结构。现金流量是评价企业的财务状况和绩效的一个重要标准。

现金流量表的项目主要由经营活动现金流量、投资活动现金流量和筹资活动现金流量组成。本章依次介绍了这些组成部分中各个项目的分析要点。

在以上内容分析的基础上，本章进一步介绍了现金流量表的分析方法，包括现金流量表的结构分析和趋势分析。现金流量表的结构分析包括现金流入结构分析、现金流出结构分析、现金流入流出比分析。通过结构分析，可以掌握现金的主要来源，主要用途，现金流入、流出和净流量构成等信息，并对其做出评价。通过趋势分析，可以掌握现金流量增减变动产生的差异、产生差异的原因及增减变动的发展趋势等信息。

思考与练习

1. 如何正确理解现金流量表的"现金及现金等价物"的含义？
2. 什么是现金流量质量？如何把握现金流量质量？
3. 如何进行企业现金流量的质量分析？
4. 现金流量表结构分析的意义何在？
5. 如何评价经营活动现金流量的变化？
6. 现金流入结构和流出结构分析的思路是什么？结合实际说明应如何应用？

第七章

所有者权益变动表分析

学习目标

通过本章学习，了解所有者权益变动表分析的目的，熟悉所有者权益变动表的项目；理解所有者权益变动表的编制原理；掌握所有者权益变动表的质量分析要领；掌握所有者权益变动表的结构分析方法。

第一节　所有者权益变动表分析的目的和内容

一、所有者权益变动表分析的目的

所有者权益是企业所有者投资、企业自身积累能力，以及企业发展能力的资本体现。从构成内容上来说，它是所有者投入资本（实收资本和资本公积）和企业经营积累（盈余公积和未分配利润）的总和。

（一）所有者权益变动表的内涵

所有者权益变动表是反映公司本期（年度或中期）内截至期末所有者权益变动情况的报表。《企业会计准则第 30 号——财务报表列报》第二条规定，"财务报表是对企业财务状况、经营成果和现金流量的结构性表述，至少应当包括资产负债表、利润表、现金流量表、所有者权益（股东权益）变动表、附注"。新会计准则要求上市公司自 2007 年起正式对外呈报所有者权益变动表。

所有者权益变动表，是根据所有者权益变动的性质，分别按照当期净利润、直接计入所有者权益的利得和损失项目、股东投入资本和向股东分配利润、提取盈余公积等情况分析填列的。

所有者权益变动表一般应单独列报以下项目：

1. 净利润；
2. 直接计入所有者权益的利得和损失项目及其总额；
3. 会计政策变更和会计差错更正的累积影响金额；
4. 股东投入资本和向股东分配利润等；
5. 按照规定提取的盈余公积；
6. 实收资本、资本公积、盈余公积、未分配利润期初和期末余额及其调整情况。

（二）所有者权益变动表分析的目的

所有者权益变动表分析，是通过所有者权益的来源及其变动情况，了解会计期间内影响所有者权益增减变动的具体原因，判断构成所有者权益各个项目变动的合法性与合理性，为报表使用者提供较为真实的所有者权益总额及其变动信息。

所有者权益变动表分析的具体目的如下：

（1）通过所有者权益变动表的分析，可以清晰体现会计期间构成所有者权益各个项目的变动规模与结构，了解其变动趋势，反映公司净资产的实力，提供保值增值的重要信息。

（2）通过所有者权益变动表的分析，可以进一步从全面收益角度报告更全面、更有用的财务业绩信息，以满足报表使用者投资、信贷及其他经济决策的需要。

（3）通过所有者权益变动表的分析，可以反映会计政策变更的合理性以及会计差错更正的幅度，具体报告由于会计政策变更和会计差错更正对所有者权益的影响数额。

（4）通过所有者权益变动表的分析，可以反映由于股权分置、股东分配政策、再投资方案等财务政策对所有者权益的影响。

二、所有者权益变动表分析的内容

所有者权益变动表的分析，包括所有者权益变动表质量分析和所有者权益变动表结构分析。

所有者权益变动表质量分析包括直接计入所有者权益的利得与损失的分析、会计政策变更分析、前期差错调整分析、股利政策分析、库存股分析、股票期权分析。

所有者权益变动表结构分析包括所有者权益垂直分析和留存收益比例分析。

第二节　所有者权益变动表质量分析

影响所有者权益变动额的主要项目有直接计入所有者权益的利得与损失、会计政策变更、差错更正等。以下我们将分项分析该类项目对所有者权益变动额的影响。

一、直接计入所有者权益的利得与损失的分析（其他综合收益）

利得，是指企业非日常活动所形成的、会导致所有者权益增加的、与所有者投入资本无关的经济利益的流入。损失，是指企业非日常活动所发生的、会导致所有者权益减少的、与向所有者分配利润无关的经济利益的流出。根据是否实现确认，利得和损失可以分为已实现确认的利得和损失及未实现确认的利得和损失。按照会计原则，利润表反映企业在会计年度内已实现的损益，故已实现确认的利得和损失在发生当年计入利润表中；未实现确认的利得和损失不计入利润表中，但要求在所有者权益变动表列示，并体现到资产负债表中。

直接计入所有者权益的利得与损失，是指不计入当期损益、会导致所有者权益发生增减变动的、与所有者投入资本或者向所有者分配利润无关的利得或损失。以下是典型的几种直接计入所有者权益的利得和损失：

（一）固定资产重估产生的未实现损益

公司对固定资产（如房地产）进行重估时，资产负债表中资产的价值就会增加，资本公积也会随之增加。除非公司后来将该资产出售，该收益才可兑现，否则无法实现，其重估收益只能在所有者权益变动表和资产负债表中体现，而无法在利润表中得到体现。

（二）货币折算价差产生的未实现损益

不同报表日的汇率不同，造成以外币记载价值资产的升降。这种由于货币折算而产生的资产价值的增加，也是一种未实现收益。

（三）长期商业重估产生的未实现损益

对非子公司、非联营并购企业和合资企业等其他公司的股权投资，若资本市场上对应的股价发生变化，那么商业投资的价值就会发生变化，因此将出现未实现损益。

所有者权益变动表根据上述内容，在报表中重点列示了可供出售金融资产公允价值变动净额、权益法下被投资单位其他所有者权益变动的影响、计入所有者权益项目相关的所得税影响，以及其他等项目。

【例7－1】 某公司2014年实现净利500万元，分配股利200万元，增发新股100万元，长期投资于A单位，股权占40%，A单位本年亏损60万元，试确定所有者权益变动额。

解：根据净利润与所有者权益变动额的关系公式，本题所有者权益变动额具体结果为：

$500 - 60 \times 40\% - 200 + 100 = 376$（万元）

项目	人民币（万元）
税后利润	500
＋直接计入所有者权益的利得与损失	-24（$60 \times 40\%$）
－股利	200
＋新增股本	100
所有者权益净增加额	376
期初所有者权益	4 000
期末所有者权益	4 376

二、会计政策变更的分析

（一）会计政策与会计政策变更

会计政策，是指会计主体在会计核算过程中所采用的原则、基础和会计处理方法。其中原则实质上包含会计的基本假设、会计的一般原则和具体原则、会计处理方法，甚至还包含某些非会计假设。

会计政策变更是指在特定的情况下，企业可以对相同的交易或事项由原来采用的会计政策改用另一会计政策。企业采用的会计政策，在每一会计期间和前后各期应当保持一致，不得随意变更；但是，满足下列条件之一的，可以变更会计政策。第一，法律、行政法规或者国家统一的会计制度等要求变更。例如，国家发布统一的关于增值税会计处理的核算办法后，企业应及时按照新的办法处理有关增值税事项。第二，会计政策变更能够提供更可靠、更相关的会计信息。例如，企业存货计价原来采用先进先出法，由于通货膨胀趋势加重，后进先出法的会计政策更能真实反映存货的当前价值，从而与体现市价的收入相配比；又如，企业原先一直采用直接转销法核算坏账，由于信用环境的改变，应收账款演变为坏账的可能性增大，继续使用直接转销法核算坏账将会虚增企业某一会计期间的资产和盈利，因此备抵法的会计政策更能体现应收账款的账面价值。

（二）会计政策变更在表中的列示与分析

会计政策变更能够提供更可靠、更相关的会计信息的，主要应当采用追溯调整法进行处理，将会计政策变更累积影响数调整列报前期最早期初留存收益。其中追溯调整法，是指对某项交易或事项变更会计政策，视同该项交易或事项初次发生时即采用变更后的会计政策，并以此对财务报表相关项目进行调整的方法。

会计政策变更的累积影响数，是指按照变更后的会计政策，对以前各期追溯计算的列报前期最早期初留存收益应有金额与现有金额之间的差额。会计政策变更的累积影响数需将在所有者权益变动表中单独列示。

对会计政策变更的累积影响数的分析，主要目的在于合理区分属于会计政策变更和不属于会计政策变更的业务或事项。一般而言，不属于会计政策变更的业务或事项具体包括：

1. 当期发生的交易或事项与以前相比具有本质差别而采用新的会计政策

例如，某企业一直通过经营租赁方式租入设备，进行生产，但从本年度起，新租入的设备采用融资租赁方式，故企业本年度采用融资租赁的会计处理方法进行设备租入和使用的记录与报告。由于经营租赁与融资租赁具有本质区别，因而这种变化不属于会计政策变更。

2. 对初次发生的或不重要的交易或事项而采用新的会计政策

例如，企业第一次发生跨年度的劳务供应合同项目，对这种项目采取完工百分比法在年末确认收入。对企业来说，虽然采取了新的收入确认方法，但这种做法不属于会计政策变更。又如，企业一直将购买办公用品而发生的费用直接记入管理费账户，从本期开始，企业决定凡购买的办公用品都要先记入物料用品账户，然后在领用后转入有关费用账户。由于办公用品支出属于企业的零星开支，且这种改变对资产、费用和利润的影响很小，属于不重要的事项，因而这种变更不必作为会计政策变更的内容进行专门披露。

三、前期差错调整

会计差错在所难免，不同类型的差错对会计信息质量的影响不尽相同。由于会计差错形成的原因很多，故有必要区别不同会计差错及更正方法，分析会计差错及更正对所有者权益变动额的影响。

（一）"前期差错"与"前期差错更正"的含义

前期差错，是指由于没有运用或错误运用以下两种信息，而对前期财务报表造成遗漏或误报，即编报前期财务报表时能够合理预计取得并应当加以考虑的可靠信息，以及前期财务报表批准报出时能够取得的可靠信息。前期差错通常包括计算错误、应用会计政策错误、疏忽或曲解事实以及舞弊产生的影响以及存货、固定资产盘盈等。

前期差错更正，指企业应当在重要的前期差错发现后的财务报表中，调整前期相关数据。

前期差错更正主要采用追溯重述法。该法是指在发现前期差错时，视同该项前期差错从未发生过，从而对财务报表相关项目进行更正的方法。

（二）前期差错更正的分析

对前期差错更正分析的目的，在于及时发现与更正前期差错，合理判断和区分相关业务是属于会计政策变更还是属于会计差错更正，以达到信息的准确性。

会计差错发生的原因可归纳为三类。第一类，会计政策使用上的差错。例如，按照国家统一的会计制度规定，为购建固定资产而发生的借款费用，在固定资产达到预定可使用状态后发生应计入当期损益，如继续资本化，则属于采用了法律或会计准则等行政法规、规章所不允许的会计政策。第二类，会计估计上的差错。由于经济业务中不确定因素的影响，企业在会计估计过程中出现了差错。例如，国家规定可以根据应收账款期末余额的一定比例计提坏账准备，企业有可能在期末多计或少计提坏账准备，从而影响损益的计算。第三类，其他差错。在会计核算中，企业有可能发生除以上两种差错以外的其他差错。例如，错计借贷方向、错计账户、漏计交易或事项、对事实的忽视和滥用等。

会计差错按其影响程度的不同，可分为重大会计差错和非重大会计差错。其中，重大会计差错是指影响会计报表可靠性的会计差错，其特点是差错的金额比较大，足以影响会计报表的使用者对企业的财务状况和经营成果做出正确判断。按照重要性原则，如果某项差错占有关交易或事项金额的10%以上，则可以被认为是重大会计差错。本期发现与以前期间相关的重大会计差错，如影响损益，应按其应按其对损益的影响数调整发现当期的期初留存收益，会计报表其他项目的期初数也一并调整；如不影响损益，应调整会计报表相关项目的期初数。非重大会计差错是指不足以影响会计报表使用者对企业财务状况和经营成果做出正确判断的会计差错。无论是否为重大会计差错，都应在发现前期差错的当期进行前期差错更正，在所有者权益变动表中适时披露。

四、股利政策

我国上市公司分红主要采用的是派现和送股这两种形式。它们对公司财务状况的影响是不同的：派现使公司的资产和所有者权益同时减少，股东手中的现金增加；送股使流通在外的股份数增加，公司账面的未分配利润减少，股本增加，每股账面价值和每股收益稀释。

1. 派现

（1）派现的含义。派现即现金股利，是指公司以现金向股东支付股利的形式，是公司最常见、最易被投资者接受的股利支付方式。这种形式能够满足大多数投资者希望得到稳定投资回报的要求。公司支付现金股利，除了必须有足额的可供分配的利润外，还取决于公司的投资需要、现金流量和股东意愿等因素。

（2）派现对所有者权益的影响。派现会导致公司现金流出，减少公司的资产和所有者权益规模，降低公司内部筹资的总量，既影响所有者权益内部结构，也影响整体资本结构。

【例7－2】 某公司有流通在外的股票100万股，每股股价5元，公司的市场价值总额是500万元。表7－1呈现出了简化的上年末的资产负债表。

表7-1　　　　　　　　　　　　资产负债表（现金股利支付前）　　　　　　　　　　单位：元

资产		负债及所有者权益	
现金	1 500 000	负债	0
其他资产	3 500 000	所有者权益	5 000 000
合计	5 000 000	合计	5 000 000

假设该公司管理当局本年末决定每股发放1元的派现，支付股利后的公司市场价值资产负债表如表7-2所示。

表7-2　　　　　　　　　　　　资产负债表（现金股利支付后）　　　　　　　　　　单位：元

资产		负债及所有者权益	
现金	500 000	负债	0
其他资产	3 500 000	所有者权益	4 000 000
合计	4 000 000	合计	4 000 000

由表7-2可知，如果该公司决定每股发放1元的额外现金股利，则需支付现金100万元，由此使公司资产的市场价值和所有者权益均下降到400万元，每股市价下降到4元。

派现将减少公司的资产和留存收益规模，降低公司的财务弹性，并影响公司整体的投资与筹资决策。所以，管理当局在决定派现时，应当权衡各方面的因素。一般而言，公司派现决策的动机如下：

（1）消除不确定性动机。投资者对股利和资本利得有不同的偏好，大多数投资者认为，现金股利是在本期收到的实惠，而未来的资本利得则具有很大的不确定性，公司通过派现将消除投资者期望收益的不确定性，树立良好的市场形象。

（2）传递优势信息动机。根据股利传播信息论，在非完善资本市场中，派现常常被管理者作为传递公司未来前景的信息。当管理者对公司未来发展前景看好时，就会通过一定的派现向市场传递公司的绩优信息，从而提高公司的股票价格。

（3）减少代理成本动机。将剩余的现金流量以股利的形式发放给股东，可以降低经营者控制企业资源的能力，从而降低因所有者和经营者之间的冲突而产生的代理成本。

（4）返还现金动机。每个公司都会走向成熟期，在这个阶段，公司很难找到投资收益率超过投资者要求的必要收益率的项目，这时就应该考虑向投资者派现，以稳定投资者的心态。

2. 送股

（1）送股的含义。送股即股票股利，是指公司以股票形式向投资者发放股利的方式。其具体做法是：在公司注册资本尚未足额时，以股东认购的股票作为股利支付，也可以发行新股支付股利。在实际操作过程中，有的公司增发新股时，预先扣除当年应分配股利，减价配售给老股东；也有的公司发行新股时进行无偿增资配股，即股东不须缴纳任何现金和实物即可取得公司发行的股票。

公司选择送股的动因如下：①送股固然不会增加股票的内在价值，但是对股东来说将收益作为本金留存公司是一种再投资行为。只要公司经营长线看好，股票红利就很诱人。②从市场评价来看，送股题材相当吸引人。大量送股后每股收益被稀释，填补每股盈利的缺口给公司经营提出了更高的要求。根据信息理论，大量送股给市场这样一个信号——公司对盈利增长有信心。③公司送股决策最直接的动因还是为了更多地筹资。如承销商会建议某些小盘股，先送红股将盘子做大，然后配股，这样配股价不致太高，还可以多筹资。④送股还有避税、降低交易成本等优点。

（2）送股对所有者权益的影响。送股是一种比较特殊的股利形式，它不直接增加股东的财富，不会导致企业资产的流出或负债的增加，不影响公司的资产、负债及所有者权益总额的变化，所影响的只是所有者权益内部有关各项目及其结构的变化，即将来分配利润转为股本（面值）或资本公积（超面值溢价）。

（3）送股对每股收益和每股市价的影响。送股后，如果盈利总额不变，每股收益和每股市价会由于普通股股数增加而下降；但由于股东所持股份的比例不变，每位股东所持股票的市场价值总额仍保持不变。

发放股票股利对每股收益和每股市价的影响，可以通过对原每股收益、每股市价的调整直接算出。其计算公式如下：

发放股票股利后的每股收益 $= E_0/(1 + DS)$

式中，E_0——发放股票股利前的每股收益；DS——股票股利发放率。

发放股票股利后的每股市价 $= M/(1 + DS)$

式中，M 代表除权日的每股市价。

【例 7-3】 假定 X 公司本年净利润为 50 000 万，股利分配时的每股市价为 20 元/股，发行在外的流通股股数为 25 000 万股，股利分配政策为 10 股送 0.5 股，则每股收益和每股市价如下：

送股后的每股收益 =（50 000 ÷ 25 000）÷（1 + 5%）= 1.90（元）

送股后的每股市价 = 20 ÷（1 + 5%）= 19.05（元）

五、库存股

（一）库存股的概念

如果公司不需要过度投资，提高股利支付率是途径之一；另一办法为股票回购，财务上称为库存股。库存股是发行总股本的减项，可以被理解为将股利一次性支付给股东，属于间接股利分配形式。

库存股是指公司收回发行的尚未注销的股票。它同时具备以下三个特点：（1）库存股是本公司的股票；（2）库存股是已发行的股票；（3）库存股是收回后尚未注销的股票。

除了股票回购外，本公司股东或债权人以股票抵偿公司的债务、股东捐赠本公司的股票等行为都会形成库存股。

（二）库存股对公司所有者权益的影响

1. 库存股不是公司的一项资产，而是所有者权益的减项。其原因如下：（1）股票是股东对公司净资产要求权的证明，而库存股不能使公司成为该类股票的股东并且享有公司股东的权利，否则将会损害其他股东的权股益。（2）资产不可以注销，而库存股可注销；在公司清算时，资产可变现而后分给股东，但库存股并无价值。正因为如此，各国都普遍规定：公司收购股份的成本，不得高于留存收益或者留存收益与资本公积之和。（3）留存收益中把相当于库存股的那部分股本单独列示，是为了限制其分配股利，以免侵蚀法定资本的完整。这种限制只有在再次发行库存股或注销库存股时方可取消。

2. 库存股的变动不影响损益，只影响权益。库存股不是公司的一项资产，因此再次发行库存股时，其所产生的收入与取得时的账面价值之间的差额不会引起公司损益的变化，而是引起公司所有者权益的增加或减少。

3. 库存股的权利受限。库存股没有具体股东，因此库存股的权利会受到一定的限制。例如，它具有股利分配权、表决权、优先认购权、分派剩余财产权等。

（三）对库存股分析应该注意的问题

从实质影响看，股票回购可以认为是将股利一次性支付给股东，属于间接股利分配，但它比高股利政策更有影响：（1）合理增加库存股能进一步提高股票价格，吸引投资者。公司通过增加库存股可以减少发行在外的流通股，从而达到提高每股净收益和每股股利的目的，以保持或提高股价。（2）合理增加库存股可减少股东人数，化解外部控制或减少施加重要影响的公司和企业，以避免公司自身被收购或者恶意运作。（3）公司通过库存股的合理运用，可以调整自身的资本结构，保证股东和债权人的利益。

库存股会影响到公司的股价、资本结构、公司形象等，因此在报表分析中应该注意以下几点：

1. 法律、法规、章程等对发行在外的股票数量及金额的限制；

2. 法律、法规、章程等因持有库存股而对其股利分配的限制；

3. 依法回收股票原因、库存股的增减变动状况；

4. 法律、法规、章程对库存股所享有的股东权利的限制；

5. 若子公司于母公司财务报表期间持有母公司股票，母公司利润表应揭示相关资料，并在财务报表附注中揭示子公司购入的股数及账面价值、再出售股数及售价、期末持有数及市价；

6. 有无利用股票回购内幕操纵股价、粉饰财务数据、误导投资者、满足公司管理层短期行为的动机等。

六、股票期权

股票期权指买方在交付了期权费后即取得在合约规定的到期日或到期日以前按协议价买入或卖出一定数量相关股票的权利，是对员工进行激励的众多方法之一，属于长期激励的范畴。

股票期权作为企业管理中一种激励手段源于20世纪50年代的美国，70～80年代走向成熟，为西方大多数公众企业所采用。中国的股票期权计划始于20世纪末，曾出现了上海仪电模式、武汉模式及贝岭模式等多种版本，但都是处于政策不规范前提下的摸索阶段。直到 2005 年 12 月 31 日，中国证监会颁布了《上市公司股权激励管理办法（试行）》，我国的股权激励特别是实施股票期权计划的税收制度和会计制度才有章可循，有力地推动了我国股票期权计划的发展。

一般来说，股票期权是上市公司给予企业高级管理人员和技术骨干在一定期限内以一种事先约定的价格购买公司普通股的权利，是一种不同于职工股的崭新的激励机制，能有效地把企业高级人才与其自身利益很好地结合起来。

股票期权的行使会增加公司的所有者权益，是由持有者向公司购买未发行在外的流通股，是直接从公司购买而非从二级市场购买。

第三节　所有者权益变动表结构分析

一、所有者权益垂直分析表

所有者权益表的垂直分析，是将所有者权益纵向项目的数额与本期所有者权益期末余额进行对比，计算各个子项目占期末所有者权益的比重，从结构上揭示公司所有者权益纵向项目的比重及其变动情况，揭示公司净资产构成的变动原因，从而进行相应决策的过程。以 M 公司所有者权益变动表（见表 7 - 3、表 7 - 4）为基础，编制所有者权益变动表的垂直分析表（见表 7 - 5）。

表 7 - 3　　　　　　　　　　M 公司 2014 年度所有者权益变动表　　　　　　　　　单位：千元

项目	2014 年金额					
	实收资本（或股本）	资本公积	减：库存股	盈余公积	未分配利润	所有者权益合计
一、2013 年年末余额	224 829.95	62 298.28	0	86 193.93	391 726.36	765 048.52
加：会计政策变更	0	0	0	0	0	0
前期差错更正	0	0	0	0	0	0
二、2014 年年初余额	224 829.95	62 298.28	0	86 193.93	391 726.36	765 048.52
三、2014 年增减变动金额（减少以"－"号填列）	0	0	0	0	0	0
（一）净利润	0	0	0	0	176 191.69	176 191.69
（二）直接计入所有者权益的利得和损失	0	0	0	0	0	0
1. 可供出售金融资产公允价值变动净额	0	0	0	0	0	0
2. 权益法下被投资单位其他所有者权益变动的影响	0	0	0	0	0	0
3. 与计入所有者权益项目相关的所得税影响	0	0	0	0	0	0

续表

项目	2014 年金额					
	实收资本（或股本）	资本公积	减：库存股	盈余公积	未分配利润	所有者权益合计
4. 其他	0	0	0	0	0	0
上述（一）和（二）小计	0	0	0	0	176 191.69	176 191.69
（三）所有者投入和减少资本		2 733.92	0	0	0	2 733.92
1. 所有者投入资本	0	0	0	0	0	0
2. 股份支付计入所有者权益的金额	0	2 733.92	0	0	0	2 733.92
3. 其他	0	0	0	0	0	0
（四）利润分配	0	0	0	17 619.17	− 60 336.86	− 42 717.69
1. 提取盈余公积	0	0	0	17 619.17	− 17 619.17	0
2. 提取一般风险准备	0	0	0	0	0	0
3. 对所有者（或股东）的分配	0	0	0	0	− 42 717.69	− 42 717.69
4. 其他	0	0	0	0	0	0
（五）所有者权益内部结转	22 483	0	0	0	0	22 483
1. 资本公积转增资本（或股本）	0	0	0	0	0	0
2. 盈余公积转增资本（或股本）	0	0	0	0	0	0
3. 盈余公积弥补亏损	0	0	0	0	0	0
4. 其他	22 483	0	0	0	0	22 483
（六）专项准备	0	0	0	0	0	0
1. 本期提取	0	0	0	0	0	0
2. 本期使用	0	0	0	0	0	0
（七）其他	0	0	0	0	0	0
四、2014 年年末余额	247 312.95	65 032.20	0	103 813.10	507 581.19	923 739.44

表 7 – 4　　　　　　　　M 公司 2013 年度所有者权益变动表　　　　　单位：千元

项目	2013 年金额					
	实收资本（或股本）	资本公积	减：库存股	盈余公积	未分配利润	所有者权益合计
一、2012 年末余额	149 886.63	85 244	0	73 269.84	335 364.48	643 764.98
加：会计政策变更	0	0	0	0	0	0
前期差错更正	0	0	0	0	0	0
二、2013 年初余额	149 886.63	85 244	0	73 269.84	335 364.48	643 764.98
三、2013 年增减变动金额（减少以"－"号填列）	69 543.32	− 22 945.71	0	12 924.06	56 361.88	121 283.54

项目	2013 年金额					
	实收资本（或股本）	资本公积	减：库存股	盈余公积	未分配利润	所有者权益合计
（一）净利润	0	0	0	0	56 361.88	121 283.54
（二）直接计入所有者权益的利得和损失	0	0	0	0	0	0
1. 可供出售金融资产公允价值变动净额	0	0	0	0	0	0
2. 权益法下被投资单位其他所有者权益变动的影响	0	0	0	0	0	0
3. 与计入所有者权益项目相关的所得税影响	0	0	0	0	0	0
4. 其他	0	0	0	0	0	0
上述（一）和（二）小计	0	0	0	0	56 361.88	121 283.54
（三）所有者投入和减少资本	0	7 031.61	0	0	0	7 031.61
1. 所有者投入资本	0	0	0	0	0	0
2. 股份支付计入所有者权益的金额	0	7 031.61	0	0	0	7 031.61
3. 其他	0	0	0	0	0	0
（四）利润分配	0	0	0	12 924.06	−72 878.71	−59 954.65
1. 提取盈余公积	0	0	0	0	0	0
2. 提取一般风险准备	0	0	0	12 924.06	−12 924.06	0
3. 对所有者（或股东）的分配	0	0	0	0	−59 954.65	−59 954.65
4. 其他	0	0	0	0	0	0
（五）所有者权益内部结转	69 543.32	−29 977.33	0	0	0	44 965.99
1. 资本公积转增资本（或股本）	29 977.33	−29 977.33	0	0	0	0
2. 盈余公积转增资本（或股本）	0	0	0	0	0	0
3. 盈余公积弥补亏损	0	0	0	0	0	0
4. 其他	44 965.99	0	0	0	0	44 965.99
（六）专项准备	0	0	0	0	0	0
1. 本期提取	0	0	0	0	0	0
2. 本期使用	0	0	0	0	0	0
（七）其他	0	0	0	0	0	0
四、2013 年末余额	224 829.95	62 298.29	0	86 193.93	391 726.36	765 048.52

表7-5　　　　　　　**M公司2014年度所有者权益结构分析表**　　　　金额单位：千元

项目	2014年	2013年	2014年构成（%）	2013年构成（%）	构成差异（%）
一、上年年末余额	765 048.52	643 764.98	82.82	84.15	-1.33
二、本年年初余额	765 048.52	643 764.98	82.82	84.15	-1.33
三、本年增减变动金额	158 690.92	121 283.54	17.18	15.85	1.33
（一）本年净利润	176 191.68	129 240.6	19.07	16.89	2.18
（二）直接计入所有者权益的利得和损失	0	0	0	0	0
上述（一）和（二）小计	176 191.68	129 240.6	19.07	16.89	2.18
（三）所有者投入和减少资本	2733.92	7031.62	0.30	0.92	-0.62
1. 所有者投入资本	0	0	0	0	0
2. 股份支付计入所有者权益的金额	2733.92	7031.62	0.30	0.92	-0.62
（四）利润分配	-42 711.7	-59 954.66	-4.62	-7.84	3.21
1. 提取盈余公积	0	0	0	0	0
2. 对所有者（或股东）的分配	-42 711.7	-59 954.66	-4.62	-7.84	3.21
（五）所有者权益内部结转	22 483	44 965.98	2.43	5.88	-3.44
1. 盈余公积弥补亏损	22 483	0	2.43	0	2.43
2. 其他	0	44 965.98	0	5.88	-5.88
四、本年年末余额	923 739.44	765 048.52	100	100	0

从表7-5可以看出，M公司2014年所有者权益中本年净利润占比高达19.07%，从另一个侧面说明了公司的盈利能力较强，但从表中也可以看出盈余公积弥补亏损的数额在所有者权益中占比达到2.43%，该占比虽然不高，但应引起重视。本年度利润分配的金额为42 711.7千元，金额和占比相对于上年均有所下降，但下降金额和幅度均不大。

二、留存收益比例

留存收益比例是指净利润扣除全部股利后与净利润的比例，其计算公式如下：

留存收益比例=（净利润-发放股利额）/净利润×100%

该指标反映了当期收益总额中有多大比例留在企业用于企业扩大再生产，该指标与股利支付率是一对指标，此消彼长。成长初期的企业，留存收益比例通常较高；成熟期的企业，留存收益比例通常较低。

本章小结

本章主要介绍了所有者权益变动表的内容、质量分析和结构分析。

所有者权益变动表是反映公司本期（年度或中期）内截至期末所有者权益变动情况的报表。通过所有者权益的来源及其变动情况分析，可以了解会计期间内影响所有者权益增减变动的具体原因，判断构成所有者权益各个项目变动的合法性与合理性，为报表使用者提供较为真实的所有者权益总额及其变动信息。

影响所有者权益质量的主要项目有直接计入所有者权益的利得与损失、会计政策变更、差错更正等。所有者权益变动表结构分析是将所有者权益纵向项目的数额与本期所有者权益期末余额进行对比，计算各个子项目占期末所有者权益的比重，从结构上揭示公司所有者权益纵向项目的比重及其变动情况，揭示公司净资产构成的变动原因，从而进行相应决策的过程。

思考与练习

1. 所有者权益变动表分析的目的和内容有哪些？
2. 公司派现的动因及对所有者权益的影响有哪些？
3. 简述库存股的概念及特点。
4. 所有者权益变动表与利润表之间的勾稽关系如何？
5. 所有者权益变动表与资产负债表之间的勾稽关系如何？
6. 股票期权的含义是什么？其作用有哪些？

第八章

财务比率分析

学习目标

通过本章学习，了解企业偿债能力分析、盈利能力分析、营运能力分析及发展能力分析常用的财务指标，掌握各种指标的计算方法、内涵、作用、影响因素、评价方法以及如何利用多个财务指标综合分析评价企业各方面的能力。

第一节 偿债能力分析

财务比率分析是企业进行日常财务状况分析最为常用的一种方法。财务比率是指反映会计报表内在联系的比较分析指标。作为财务分析的工具，财务比率能够揭示会计报表提供的财务数据不能直接反映的相互关系，并据此对企业历史的偿债能力、盈利能力、营运能力及发展能力作出判断。

一、偿债能力的内涵及衡量

（一）偿债能力的内涵

企业偿债能力是指企业偿还自身所欠债务（含本金和利息）的能力。偿债能力分析则是对企业偿还到期债务能力的分析与评价。国际会计准则认为，"负债是指企业由于过去事项而承担的现时义务，该义务的履行预期会导致含有经济利益的资源流出企业"；而我国《企业会计制度》将其定义为"过去的交易、事项形成的现时义务，履行该义务预期会导致经济利益流出企业"。可见，负债的本质是"特定企业现时承担的、将在未来期间减少其获得经济利益能力的一种清偿责任"。

负债按其到期日的远近，可分为流动负债和长期负债两种类型。

一般而言，流动负债是指企业需在一年或一个营业周期内偿还的债务，如企业的短期借款、应付票据、应付账款、其他应付款、应付工资、应付福利费、应交税金、其他未付款、预提费用等。流动负债一般具有金额相对较小、偿还次数频繁等特点。

长期负债则是指偿还年限在一年以上或超过一年的一个营业周期以上的债务，包括长期借款、应付债券、长期应付款、其他长期负债等。长期负债一般具有金额较大、偿还期限较长的特点。

（二）偿债能力的衡量

偿债能力通常以变现性作为衡量的标准，分为短期偿债能力和长期偿债能力。企业偿还各种到期债务的能力大小，是决定企业财务状况优劣的基本要素之一，反映了企业财务状况的稳定性与企业生产经营的发展趋势。科学、合理地评价企业的偿债能力，既关系到企业财务风险乃至经营风险是否得以有效地控制，又维系着与企业有利害关系的投资者、债权人及社会公众的经济利益。

短期偿债能力是企业以其流动资产支付短期负债的能力，长期偿债能力则是企业以其资产或劳务偿还长期负债的能力。长期负债在一定期限内将逐步转化为短期负债，因此，长期负债得以偿还的前提是企业具有较强的短期偿债能力，短期偿债能力是长期偿债能力的基础。企业短期偿债能力，对于企业的经营、发展乃至生存至关重要。企业短期偿债能力弱，意味着企业对其流动负债的偿还保障能力弱，企业信用受损，并进而影响企业的短期筹资能力，扩大筹资成本，对企业短期获利能力产生消极影响。

企业的长期偿债能力不仅受到短期偿债能力的影响，而且由于长期负债一般数额较大，其本金的偿还必须有一种积累的过程，因此，从长期来看，企业的长期偿债能力最终取决于企业的获利能力。

企业偿债能力可以从静态与动态两个方面来考察。从静态来看，企业偿债能力是指企业以其某一时点的资产清偿企业长短期债务的能力；从动态来看，企业偿债能力是指企业以其自身资产及经营过程创造的收益偿还企业长短期债务的能力。

二、短期偿债能力分析

（一）影响短期偿债能力的因素

从短期偿债能力对企业的影响可以看出，企业必须十分重视短期偿债能力的分析和研究。了解影响短期偿债能力的因素，对于分析企业短期偿债能力的变动情况、变动原因及促进企业短期偿债能力的提高是十分有用的。

影响短期偿债能力的因素，总的来说可以分为企业内部和企业外部因素。企业内部因素是指企业自身的经营业绩、资产结构、融资能力等因素。企业外部因素是指与企业所处经济环境相关的因素，如经济形势、证券市场的发育情况、银行的信贷政策等因素。具体归纳为以下几个方面：

1. 会计政策的影响

会计政策是指会计核算所应遵循的具体会计原则以及企业所用的具体会计处理方法。公司执行不同的会计政策，其所核算的财务数据也就不同，进而使反映的财务数据也就不会相同。其中与短期偿债能力相关的会计政策具体包括短期投资的期末计价方法、应收账款计价方法等。

2. 资产质量的影响

与短期偿债能力相关的资产质量问题，主要包括应收款项的可变现性及其潜在损失风险、存货的可变现性及其价值变动状况等。从理论上分析，资产变现能力强，损失风险小，表明其质量状况优良，短期偿债能力也相应较强，在这种情况下，根据财务数据所计算的短期偿债能力指标，较为客观可靠；反之，若资产的变现能力差的话，价值变动及损失风险大，表明其质量状况不佳，短期偿债能力也将因此下降，在这种情况下，根据财务报表数据统计计算的短期偿债能力指标将可能被高估。

3. 资产周转性的影响

在财务评价中，通常将资产周转性用作衡量公司的资产营运能力和管理效率，即资产的周转速度越快，说明公司对资产的营运能力越强，效率就会越高。然而资产周转性也是评价公司短期偿债能力所必须关注的重要因素。通常来说，资产周转性与短期偿债能力具有正向线性关系。即资产周转速度越快，表明资产变现能力越强，从而对到期债务的支付能力也就越强，反之则会越弱。资产周转性在财务上通常是以特定资产周转率指标来衡量的，具体包括应收账款周转率、存货周转率、流动资产周转率和总资产周转率几个层次。短期偿债能力评价主要是考察特定流动资产与流动负债的相对关系，因此在分析资产周转性对短期偿债能力的影响时，也应主要从特定资产周转率方面考虑。

（二）短期偿债能力的分析指标、评价方法和评价标准

企业的短期偿债能力可通过下列指标来进行分析评价。

1. 流动比率

（1）流动比率的含义

流动比率是流动资产与流动负债进行对比所确定的比率。流动资产是指在一年或长于一年的一个营业周期内可变现或运用的资产，主要包括现金、短期投资、应收及预付款项和存货。流动负债是指在一年内或长于一年的一个营业周期内偿还的债务，主要包括短期借款、应付及预收款、应付票据、应交税金、应交利润、应付股利以及短期内到期的长期负债。其计算公式为

$$\text{流动比率} = \frac{\text{流动资产}}{\text{流动负债}}$$

【例8－1】 根据附录中 GL 公司的有关资料计算该公司流动比率，如表8－1所示。

表8－1　　　　　　　　　　GL 公司流动比率计算表　　　　　　　　　　单位：万元

项目	2015 年	2014 年	2013 年
流动资产	5 010	3 830	3 253
流动负债	1 690	1 670	1 049
流动比率	2.96	2.29	3.10

（2）流动比率的影响因素

一般而言，流动比率的高低与营业周期有关。营业周期越短，则材料、在产品等存货库存较少，应收账款周转速度也较快，流动比率相对较低；反之，营业周期较长的企业，其存货规模必然较大，应收账款的周转速度也较慢，因而流动比率也必然较高。例如，一般地说，制造业企业的平均营业周期要长于贸易类企业，因而前者的流动比率通常要高于后者。正因为如此，在进行流动比率分析时，与行业平均水平进行比较是十分必要的，或者说，跨行业的比较需要适当谨慎，即使同一企业在不同时期，如销售旺季和淡季，流动比率也会有较大的差别。因此，对流动比率的分析要根据企业的性质和实际情况来评价，不能一概而论。同时，运用流动比率还应结合其他指标进行综合分析。企业流动资产与流动负债的匹配方式有多种，这主要取决于企业对收益与风险的态度。具体有以下三种：

①激进型：流动负债不仅满足临时性流动资产的资金需要，而且还要解决部分永久

性流动资产的需要，资本成本较低，但财务风险较大。此时，企业的流动比率接近于1。

②保守型：流动负债只满足部分临时性流动资产的需要，另一部分临时性流动资产和永久性流动资产均由长期负债和自有资本作为其资金来源。资本成本较高，资产投资回报率较低，但财务风险较低。此时，企业的流动比率大于2。

③适中型：临时性流动资产用流动负债筹资来解决，对于永久性流动资产和长期资产则用长期负债和自有资本来解决资金需求。此时，企业的流动比率接近于2。

流动比率的横向或纵向比较，只能反映高低差异，但不能解释原因。欲知原因，则需具体分析应收账款、存货及流动负债水平的高低。如果应收账款或存货的量不少，但其流动性（即周转效率）存在问题，则应要求更高的流动比率，因为此时的流动比率值（实际上是指其分子）是含有水分的。

（3）流动比率的评价方法

由于流动比率逐渐被大众分析者所认可，因此，报表制作者为了达到某种目的，往往使用一些简单的办法便可以使该指标表现出所希望的状态（良好或很差）。比如，某商业企业在年底进了一批代销①的货物，那么在做账时，流动资产与流动负债将同时增加（该笔数值）。这样一来，如果记入当年账务，则流动比率公式的分母（流动负债）增幅大于分子（流动负债）增幅，因此，流动比率将有所下降。但是，如果记入下一年度财务，则流动比率便将显得稍高一些。

①流动比率高低反映企业承受流动资产贬值能力和偿还中、短期债务能力的强弱；

②流动比率越高，表明企业投入生产经营的营运资本越多，企业偿还债务的能力就越强；

③一般认为比率值为2时比较合理，但要求中国企业流动比率达到2对大多数企业不实际；

④在正常情况下，部分行业的流动比率参考数值如表8-2所示。

表8-2　　　　　　　　部分行业流动比率参考值统计表

行业	汽车	房地产	制药	建材	化工	家电	啤酒	计算机
流动比率	1.1	1.2	1.25	1.25	1.2	1.5	1.75	2

2. 速动比率

（1）速动比率的含义

速动比率是由速动资产和流动负债对比所确定的比率。速动资产是指能迅速转化为现金的资产，主要包括现金、短期投资、应收及预付款项等，即流动资产减去存货。其计算公式为

$$速动比率 = \frac{速动资产}{流动负债}$$

之所以要在流动比率之外，再以速动比率来说明企业的短期偿债能力，就是因为流动资产中的存货可能存在流动性问题，即缺乏正常的变现能力。因此，流动比率即便看

_____

① 又称赊销，意指进货时未付款，售完才付款。

起来很正常（即在2:1左右），速动比率偏低，那么，公司的实际短期偿债能力依然存在问题。速动比率的经验值为1:1，意味着存货占流动资产的适当比例应该为50%左右。存货比例过高且变现有困难时，就意味着可用于偿还流动负债的速动资产过少。由此可见，速动比率更能体现借款人短期偿债能力的大小，评价速动比率的标准是1。具体运用时还要参考借款人的经营性质等。

【例8-2】　根据附录中GL公司的有关资料计算该公司速动比率，如表8-3所示。

表8-3　　　　　　　　　　　　**GL公司速动比率计算表**　　　　　　　　　　单位：万元

项目	2015年	2014年	2013年
流动资产	5 010	3 830	3 252
存货	920	510	542
速动资产	4 090	3 230	2 711
流动负债	1 690	1 670	1 049
流动比率	2.42	1.99	2.58

（2）速动比率的影响因素

在分析速动比率时还要注意，速动比率虽然剔除了变现能力较弱的存货资产，但速动资产中的应收账款本身也可能存在一些潜在的问题，如可能隐藏着未冲销的坏账、逾期待催收的账款所占比重过大等，这些都会影响速动比率的真实性。因此，还应当对应收账款的质量作进一步分析。另外，还要注意的是，速动比率衡量的是企业面临财务危机或者办理清算时，在存货等资产全无市场价值的情况下，以速动资产支付流动负债的短期偿债能力，是衡量企业在应付紧急情况下的应变能力，不要以为速动比率低，企业就失去了偿债能力。在进行速动比率分析时，还应对速动资产的结构与速动资产的变动趋势进行必要的分析，注意与本企业历史年份的资料进行比较以及与同行业的平均水平进行比较。

在速动比率的计算中，还可以考虑扣除预付款及待摊费用等，形成更为保守的速动比率，即

$$保守速动 = \frac{现金及现金等价物 - 有价证券 + 应收账款净额}{流动负债}$$

（3）速动比率的评价方法

需要注意的是，在有些行业或公司，很少发生赊销业务，故而很少存在应收账款。在这种情况下，速动比率往往低于经验标准，但这并不一定意味着缺乏短期偿债能力。换言之，在几乎没有应收账款的情况下，如果流动比率为正常，速动比率就一定显著地低于经验值。但这未必是个问题，只要存货周转正常即可。一般认为，企业速动比率为1时比较安全。部分行业的速动比率参考值如表8-4所示。

表8-4　　　　　　　　　　　**部分行业速动比率参考值统计表**

行业	汽车	房地产	制药	建材	化工	家电	啤酒	计算机
速动比率	0.85	0.65	0.90	0.90	0.90	0.90	0.90	1.25

流（速）动比率有以下几点不足：

第一，各行业的存货流动性和变现性有较大差别，流动比率指标不能反映由于流动资产中存货不等造成的偿债能力差别，因此需要用存货周转天数指标补充说明；

第二，在计算流动比率时包括变现能力较差的存货和无法变现的待摊费用，影响了该指标评价短期偿债能力的可靠性，需要用速动比率指标做补充；

第三，流（速）动比率不能反映企业的日现金流量；

第四，流（速）动比率只反映报告日期的静态状况，企业很容易通过一些临时措施或账面处理，形成账面指标不实。如虚列应收账款、少提准备、提前确认销售或将下一年度赊销提前列账、少转销售成本等；

第五，流（速）动比率不能量化地反映潜在的变现能力因素和短期债务。

3. 现金比率

（1）现金比率的含义

现金比率是可立即动用的资金与流动负债进行对比所确定的比率。可立即动用的资金主要是库存现金和银行活期存款，如果企业持有的短期有价证券的变现能力极强，也可看作是可立即动用的资金。其计算公式为

$$现金比率 = \frac{可立即动用的资金}{流动负债}$$

【例8-3】 根据附录中 GL 公司的有关资料计算该公司现金比率，如表8-5所示。

表8-5　　　　　　　　　　　GL 公司现金比率计算表　　　　　　　　　　单位：万元

项目	2015 年	2014 年
现金及现金等价物	1 380	1 130
有价证券	0	0
流动负债	1 690	1 670
现金比率	0.82	0.68

（2）现金比率的影响因素及评价方法

现金比率是最保守的短期偿债能力比率。在通常情况下，分析者很少重视这一指标。如果企业的流动性不得不依赖现金和有价证券，而不是依赖应收账款和存货的变现，那么就意味着企业已处于财务困境，因此，该比率只有在企业处于财务困境时，才是一个适当的比率。或者，在企业已将应收账款和存货作为抵押品的情况下，或者分析者怀疑企业的应收账款和存货存在流动性问题时，以该指标评价企业短期偿债能力是比较适当的选择。就正常情况下的企业而言，这一指标越高，说明企业的短期偿债能力越强。该比率过高，可能意味着该企业没有充分利用现金资源，当然，也有可能是因为已经有了现金使用计划（如厂房扩建等）。

4. 现金净流量比率

现金净流量比率是现金净流量与流动负债进行对比所确定的比率，反映企业用每年

的现金净流量偿还到期债务的能力。现金净流量是年度内现金流入量扣减现金流出量的金额，可通过企业的现金流量表获得。其计算公式为

$$现金净流量比率 = \frac{现金净流量}{流动负债}$$

这一指标越高，说明企业支付当期债务的能力越强，企业财务状况越好；反之，则说明企业支付当期债务的能力较差。

（三）短期偿债能力分析应注意的问题

上述四个指标是反映企业短期偿债能力的主要指标，在进行分析时，要注意以下几个问题：

1. 上述指标各有侧重，在分析时要结合使用，以便全面、准确地做出判断；

2. 上述指标中分母均是流动负债，没考虑长期负债问题，但如果有在一年内到期的长期负债，则应视为流动负债；

3. 财务报表中没有列示的因素，如企业借款能力、准备出售长期资产等，也会影响到企业短期偿债能力，在分析时应认真考虑。

（四）短期偿债能力分析步骤

【例8-4】 根据附录中 GL 公司的财务资料分析该公司的短期偿债能力。

步骤一，计算 2015 年初、年末的短期偿债能力财务比率。

2015 年初：

1. 流动比率 = 3 830 ÷ 1 670 = 2.29

2. 速动比率 =（3 830 - 510）÷ 1 670 = 1.99

3. 现金比率 = 1 130 ÷ 1 670 = 0.68

4. 营运资金 = 3 830 - 1 670 = 2 160（万元）

2015 年末：

1. 流动比率 = 5 010 ÷ 1 690 = 2.96

2. 速动比率 =（5 010 - 920）÷ 1 690 = 2.42

3. 现金比率 = 1 380 ÷ 1 690 = 0.82

4. 营运资金 = 5 010 - 1 690 = 3 320（万元）

步骤二，分析评价 GL 公司 2015 年的短期偿债能力。

GL 公司 2015 年的短期偿债能力指标变动如表 8-6 所示。

表 8-6 GL 公司 2015 年短期偿债能力指标变动表

指标构成	年初	年末	差异	变动率（%）
流动比率	2.29	2.96	0.67	29.26
速动比率	1.99	2.42	0.43	21.61
现金比率	0.68	0.82	0.14	20.59
营运资金（万元）	2 160	3 320	1 160	53.70

表 8 −7 　　　　　GL 公司 2014 年短期偿债能力指标影响因素变动表　　　　单位：万元

项目	年初	年末	差额	差异率（%）
货币资金	1 130	1 380	250	22.12
应收账款	2 000	2 350	350	17.50
预付账款	100	320	220	220
存货	510	920	410	80.39
其他应收款	90	40	− 50	55.56
流动资产合计	3 830	5 010	1 180	30.81
流动负债	1 670	1 690	20	1.19
其中：短期借款	1 530	1 520	− 10	0.65
应付账款	160	60	− 100	62.5
应付职工薪酬	20	30	10	50
应交税费	− 50	60	110	220
其他应付款	10	20	10	100
非流动负债合计	10	10	0	0
营业收入	7 343	7 660	317	4.32

从表 8 − 6 和表 8 − 7 可以看出，GL 公司 2015 年流动比率为 2.96，较 2014 年的 2.29 有所提高，说明公司 2015 年较上年的短期偿债能力有了提高，流动资产保障程度有所提高，公司短期偿债能力较强。

2015 年公司的速动比率为 2.42，比 2014 年的 1.99 大有提高。考虑到公司经营特点及行业特性，再结合对同行业其他企业同期相同指标的考察，GL 公司 2015 年流动负债的速动资产保障程度较上年大有提高，公司的短期偿债能力有了提高。现金比率同样较 2014 年大有提高。2015 年该指标为 0.82，比上年 0.68 提高了 14 个百分点，说明公司经营活动产生的现金净流量对流动负债的保障程度有所提高，且反映了短期偿债能力有所提高。

三、长期偿债能力分析

全面分析企业的偿债能力，除了分析短期偿债能力以外，还要对企业的长期偿债能力进行分析和评价，以便于做出正确的信贷决策和投资决策。对企业长期偿债能力进行分析通常采用比率分析的方法，涉及的主要财务指标有资产负债率、产权比率、有形净值债务比率和利息保障倍数等。

企业对一笔债务要负两种责任：一是偿还债务本金的责任，二是支付债务利息的责任。因此，公司的长期偿债能力表现为还本能力和付息能力两个方面，可以分别从资产负债表和损益表的角度分析。损益表的分析侧重于反映公司的付息能力，主要指标是利息保障倍数；而资产负债表的分析则侧重于对资本结构的反映，主要包括资产负债率、产权比率等指标。

（一）影响长期偿债能力的因素

1. 会计政策与会计估计的影响

会计政策对企业长期偿债能力有重要影响，具体表现为：

（1）投资的期末计价方法对长期偿债能力的影响。公司对外投资期末可以选择的计价方法主要有两种，即成本法和成本与市价孰低法。当投资的成本等于或低于市价时，无论采用何种方法计价，对长期偿债能力指标的影响都是相同的。但在投资市价低于其成本的情况下，选择成本与市价孰低法计价投资，与成本法比较，必将使得期末投资价值及资产总额相对较低，据以计算的资产负债率指标相对较高。不仅如此，由于所确认的跌价损失冲减了投资收益，使得利润总额相对减少，据以计算的已获利息倍数也相对较低。

（2）存货计价方法对长期偿债能力的影响。存货计价的方法主要有先进先出法、加权平均法、后进先出法和成本与市价孰低法等。其中前三种计价方法均是以历史成本为基础的计价方法，也即按这些方法计量的期末存货价值均是存货的历史成本，而成本与市价孰低法则是偏离历史成本基础的计量方法。与上述投资的分析同理，当期末存货的历史成本确定时，若成本等于或低于市价时，选择成本与市价孰低法计价存货对偿债能力指标的影响与成本法相同；而当期末成本高于市价时，选择成本与市价孰低法计价存货，相对于成本而言，无疑也将使所计算的资产负债率相对较高、已获利息倍数较低。在物价下跌期间，选择后进先出法计价存货对长期偿债能力指标的影响则刚好相反。

（3）折旧方法对长期偿债能力的影响。固定资产折旧可供选择的方法主要是平均折旧法和加速折旧法两种，当固定资产原始规模一定时，所选择的方法不同，各个期间的折旧费及固定资产净值也就不同。但无论采用何种方法，在固定资产的预计折旧年限内，应计提的折旧总额是一定的，因此，折旧方法的选择，对长期偿债能力指标的影响主要体现在固定资产使用的不同时期，长期偿债能力指标具有不同性质的差异。具体地说，选择加速折旧法，相对于平均折旧法而言，固定资产使用前期的折旧费较高，固定资产净值下降较快，从而使据以计算的资产负债率的上升幅度相对较大，已获利息倍数相对较低。随着已使用年限的增加，至使用后期将会出现加速折旧法的年折旧费小于平均折旧法的年折旧费，从而使据以计算的已获利息倍数相对较高。但从资产负债率看，则取决于固定资产的净值状况，即当按加速折旧法的年末净值高于按直线法确定的净值时，加速折旧法下的资产负债率低于直线法下的资产负债率；反之，加速折旧法下的折旧率就将高于直线折旧法下的折旧率。

（4）股权投资收益核算方法对长期偿债能力的影响。股权投资收益的核算方法主要有成本法和权益法两种，其中，权益法是根据被投资企业实现净收益及投资比列，确认投资收益并调整长期股权投资的方法；成本法则是在实际收到股利时确认投资收益，并调整货币性资产的方法。在权益法下，公司资产中的长期股权投资及利润表中的投资收益将随被投资企业盈亏情况而相应变化；而在成本法下，上述两项是随被投资企业的股利分配情况而变化。因此，一般而言，当被投资企业实现净收益时，按权益法确认的收益及调整的资产将高于按成本法确认的收益和确认的资产，从而使根据权益法核算结果计算的资产负债率相对较低，已获得利息倍数较高。而当被投资企业发生亏损时，则情况相反。按权益法需冲减收益并调整资产，而成本法则不做处理，因此根据权益法核算结果所计算的资产负债率趋于上升，已获利息倍数趋于下降，而成本法却能维持原有指标水平。

（5）会计估计对企业长期偿债能力的影响。影响公司的长期偿债能力的会计估计主要有会计估计、长期投资减损估计、固定资产折旧年限及残值估计、无形资产摊销估计等。会计估计不同，据以计价的资产额和确定的收益额也就不同，进而也就会影响到长期偿债能力指标，比如应收账款坏账及长期投资减值的估计额愈高，由此确定的资产和利润愈低，据以计算的资产负债愈高，已获利息倍数愈低，反之则相反。再如，固定资产折旧及无形资产摊销的估计年限愈长，各年的折旧及摊销费也就愈低，由此确定的各年资产减值的幅度愈小，收益额愈大，长期偿债能力指标中的资产负债率将会因此降低，已获利息倍数相对较高，反之则相反。再如，固定资产折旧及无形资产摊销的估计年限愈长，各年的折旧及摊销费也就愈低，由此确定的各年资产减值的幅度也就愈小，收益额也就愈大，长期偿债能力指标中的资产负债率将会因此变得相对愈低，已获利息倍数相对较高，反之则相反。

总之，公司会计政策及会计估计对长期偿债能力指标值的影响是客观的，因此，我们在比较不同企业以及同一企业在不同的期间长期偿债能力指标时，必须关注会计政策及会计估计的差异及变化，以便能够获得客观的评估结论。

2. 资产质量的影响

资产质量是影响公司长期偿债能力的又一重要因素。一般来说，公司的资产质量愈高，根据报表数据计算的偿债能力指标与实际偿债能力的吻合程度也就愈高；反之，若资产质量不佳，则偿债能力指标将不能代表其实际偿债能力，并且资产质量愈差，这种偏差就愈大。

影响公司长期偿债能力的资产质量主要是指长期资产的质量状况，这些长期资产包括长期投资、固定资产、无形资产等。

（二）长期偿债能力的分析指标、评价方法和评价标准

企业长期偿债能力与企业的盈利能力、资金结构有十分密切的关系。企业长期偿债能力可通过下列指标来进行分析。

1. 资产负债率

（1）资产负债率的含义

资产负债率又称负债比率或负债对资产的比率，是企业的负债总额与资产总额进行对比所确定的比率。企业的资产总额也就是企业的全部资金总额。其计算公式为

$$资产负债率 = \frac{负债总额}{资产总额}$$

【例 8 - 5】 根据附录中 GL 公司的有关资料计算该公司资产负债率，如表 8 - 8 所示。

表 8-8　　　　　　　　　　　**GL 公司资产负债率计算表**　　　　　　　单位：万元、%

项目	2015 年	2014 年	2013 年
资产总额	7 770	6 500	4 957
负债总额	1 700	1 680	1 059
资产负债率	21.88	25.85	21.36

（2）资产负债率的影响因素及评价方法

各利益主体因不同的利益驱动而从不同的角度评价资产负债率。

第一，对企业债权人而言，他们最关心的就是所提供的信贷资金的安全性，期望能于约定时间收回本息。这必然决定了债权人总是要求资产负债率越低越好，希望企业的每一元债务有更多的资产做后盾。如果企业的主权资本较少，表明投资者投入的份额不足，经营过程中创造和留存收益的部分较少，债权人就会感到其债权风险较大，因此会做出提前收回贷款、转移债权或不再提供信贷的决策。

第二，对企业所有者来说，资产负债率高有以下好处：一是当总资产报酬率高于负债利率时，由于财务杠杆的作用，可以提高股东的实际报酬率；二是可用较少的资本取得企业的控制权，且将企业的一部分风险转嫁给债权人，对企业来说还可以获得资金成本低的好处。但债务同时也会给投资者带来风险，因为债务的成本是固定的。如果企业经营不善或遭受意外打击而出现经营风险时，由于收益大幅度滑坡，贷款利息还需照常支付，损失必然由所有者负担，由此增加了投资风险。对此，投资者往往用预期资产报酬率与借款利率进行比较判断。若前者大于后者时，表明投资者投入企业的资本将获得双重利益，即在获得正常利润的同时，还能获得资产报酬率高于借款利率的差额，这时，资产负债率越大越好；若前者小于后者时，则表明借入资本利息的一部分要用所有者投入资本而获得的利润数额来弥补，此时，投资者希望资产负债率越低越好。

第三，从企业经营者角度来看，资产负债率的高低在很大程度上取决于经营者对企业前景的信心和对风险所持的态度。如果企业经营者对企业前景充满信心，且经营风格较为激进，认为企业未来的总资产报酬率将高于负债利率，则应保持适当高的负债比率，这样企业可有足够的资金来扩展业务，把握更多的投资机会，以获取更多的利润；反之，经营者认为企业前景不容乐观，或者经营风格较为保守，那么必然倾向于尽量使用自有资本，避免因负债过多而冒较大的风险，此时则应当保持适当低的负债比率。尽管如此，即便较为激进的经营者，也不能使负债比率过高，应将其控制在适度水平上。由于债务成本可税前扣除，具有财务杠杆收益功能，任何企业均不可避免地要利用债务。但负债超出某个程度时，则不能为债权人所接受，企业的后续贷款难以为继。随着负债的增加，企业的财务风险不断加大，进而危及主权资本的安全和收益的稳定，也会动摇投资者对经营者的信任。

最佳资产负债比率的确定要结合企业的具体实际，企业资产负债率多少为佳，并没有一个公认的标准。在分析和评价时，通常要结合企业的盈利能力、银行利率、通货膨胀率、国民经济的景气程度、企业之间竞争的激烈程度等多种因素，还可以与同行业的平均水平、本企业的前期水平及其预算水平来进行。一般来讲，企业的盈利能力较强或者企业资金的周转速度较快，企业可承受的资产负债率也相对较高；银行利率提高通常迫使企业降低资产负债率，银行利率降低又会刺激企业提高资产负债率；通货膨胀率较高时期或者国民经济景气时期，企业也会倾向于维持较高的资产负债率；同行业企业之间竞争激烈时企业倾向于降低资产负债率，反之则反。因此，在不同的国家、不同的宏观经济环境下，资产负债率的合理水平或适度水平也是有较大差别的。

经验表明，资产负债率的适当范围介于30%~70%之间。比率太高，意味着负债风险过大，从而面临着太大的偿债压力；比率太低，则负债风险固然很小，但负债的财务杠杆效应利用太少，不利于实现公司价值和股东财富最大化。经验也表明，资产负债率存在显著的行业差异。因此，分析该比率时应注重与行业平均数的比较。此外，该比率会受到资产计价特征的严重影响。若被比较的某一企业有大量的隐蔽性资产（如大量的按历史成本计价的早年获得的土地等），而另一企业没有类似的资产，则简单的比较就可能得出错误的结论。

2. 产权比率

（1）产权比率的含义

产权比率是资产负债率的变形，是债务与权益的直接比较，即

$$产权比率 = \frac{债务总额}{股东权益}$$

产权比率反映由债权人提供的资本与股东提供的资本的相对比率关系，这一比率反映企业基本财务结构是否稳定。产权比率高，是高风险、高报酬的财务结构；产权比率低，是低风险、低报酬的财务结构。

产权比率也反映债权人投入资本受到股东权益保障的程度，或者说是企业清算时对债权人利益的保障程度。

【例8-6】 根据附录中GL公司的有关资料计算该公司产权比率，如表8-9所示。

表8-9　　　　　　　　　GL公司产权比率计算表　　　　　　　单位：万元、%

项目	2015 年	2014 年	2013 年
股东权益	6 070	4 820	3 898
负债总额	1 700	1 680	1 059
产权比率	28.01	34.85	27.17

（2）产权比率的影响因素及评价方法

产权比率与资产负债率的配合使用。产权比率与资产负债率都是用于衡量长期偿债能力的指标，具有共同的经济意义，两者可以互相补充。因此，对产权比率的分析可以参考对资产负债率的分析。对资产负债率分析时应当注意的问题，在产权比率分析中也应引起注意。

产权比率与资产负债率是有区别的。产权比率侧重于揭示债务资本与权益资本的相互关系，说明企业财务结构的风险性，以及所有者权益对偿债风险的承受能力；资产负

债率侧重于揭示总资本中有多少是靠负债取得的，说明债权人权益的保障程度。

所有者权益就是企业的净资产，产权比率所反映的偿债能力是以净资产为物质保障的。净资产中的某些项目，如无形资产等，其价值具有极大的不确定性，且不易形成支付能力。因此，在使用产权比率时，必须结合有形净值债务比率指标，做进一步分析。

3. 有形净值债务比率

有形净值债务比率是产权比率的改进形式，是企业负债总额与有形资产的比率。有形资产是将无形资产从股东权益中扣除后的净资产。其表达式为

$$有形净值债务比率 = \frac{负债总额}{股东权益 - 无形资产}$$

【例 8 - 7】 根据附录中 GL 公司的有关资料计算该公司有形净值债务比率，如表 8 - 10 所示。

表 8 - 10   GL 公司有形净值债务比率计算表   单位：万元、%

项目	2015 年	2014 年	2013 年
股东权益	6 070	4 820	3 898
无形资产	850	860	31
负债总额	1 700	1 680	1 059
有形净值债务比率	32. 57	42. 42	27. 39

有形净值债务比率实际上是产权比率的延伸，是更谨慎、保守地反映债权人利益的保障程度的指标。之所以要将无形资产从股东权益中扣除，是因为从保守的观点看，在企业处于破产状态时，无形资产往往会严重贬值，因而不会像有形资产那样为债权人提供保障。而长期待摊费用本身就是企业费用的资本化，它们往往不能用于偿债。因此，该比率可用于测量债权人在企业陷入财务危机或面临清算时的受保障程度。

上述三项比率，是反映企业长期偿债能力的最主要指标，在进行分析时，要注意以下几个问题：

（1）上述指标中的资产总额都是指资产净值总额，而不是原值总额；

（2）上述指标各有侧重，在分析时应结合应用；

（3）从长远来看，企业的偿债能力与盈利能力关系密切，盈利能力决定偿债能力，因此，在分析长期偿债能力时，应结合盈利能力的指标；

（4）要充分考虑长期租赁、担保责任等对长期偿债能力的影响。

4. 利息保障倍数

（1）利息保障倍数的含义

利息保障倍数是息税前利润相当于所支付利息的倍数。其计算公式为

$$利息保障位数 = \frac{息税前利润}{利息费用} = \frac{税后利润 + 所得税 + 利息费用}{利息费用}$$

公式中的分子是运用企业全部资产所获得的收益，即没有扣除利息费用的税前利润。之所以不用净利润，是因为企业的利息费用在所得税之前就列支了，而所得税是在减去利息费用后的利润中支付的，所得税的多少对利息费用的支付不会产生影响。

（2）利息保障倍数的影响因素及评价方法

利息保障倍数越大，企业偿还债务利息的能力必然越强，通常也有能力偿还到期的债务本金。根据经验，利息保障倍数为 3 倍或以上时，表示企业不能偿付其利息债务的可能性较小；该比率达到 4 倍时，意味着公司偿付其利息债务的能力"良好"；达到4.5倍或以上时，则为"优秀"。

使用利息保障倍数来衡量企业的长期偿债能力，是因为长期债务在到期前只需定期支付利息，不需支付本金。况且，对一般企业来说，只要其资本结构基本上是稳定的，并且经营情况良好，就能够举借新的债务来偿还到期债务的本金。付息能力的重要性事实上不亚于还本能力。如果企业长期以来在偿付利息费用方面有着良好的信用表现，企业很可能永不需要偿还债务本金。这是因为，既然企业的付息能力很强，意味着当债务本金到期时，企业一般会有能力重新筹集到新的资金，或者原有的负债能够得以延展。

企业只要利息保障倍数越大，无力偿还债务的可能性就越小。在金融市场高度发达的情况下，由于企业负债经营，其对银行的依赖性越来越大。企业能否在经营中顺利地融资成为企业经营成败的关键，商业银行对企业偿债能力的判断很大程度上取决于企业利息保障倍数。如果企业在支付债务利息方面没有困难，通常也就可以再借款用于偿还到期的债务本金；通过举借新债来偿还旧债，这样就无须去偿还债务本金。在这种情况下，企业筹资就比较容易，筹资成本就会降低，企业就有能力在资本结构中保持一个较高的债务比例。

利息保障倍数在时间上往往有着较显著的波动性，这是因为企业的盈利水平和利息费用都会受经济周期或产业周期的显著影响而发生波动。而无论是好年景还是坏年景，利息都是必须支付的。所以，为了考察企业偿付利息能力的稳定性，一般应至少计算 5 年或以上的利息保障倍数。为了保守起见，甚至可以选择 5 年或更长时期中最低的利息保障倍数值作为基本的利息偿付能力指标值。

在计算利息保障倍数时，需注意以下几点：①根据损益表对企业偿还债务的能力进行分析。作为利息支付保障的"分子"，只应该包括那些在以后期间里预计还会发生的收益，即经常性或永久性收益。所以，那些非经常发生的项目应该予以排除，诸如非常项目与特别项目、停止经营项目、会计方针变更的累计影响。②利息费用不仅包括作为当期费用反映的利息费用，还应包括资本化的利息费用（即固定资产交付使用前发生的利息费用，这通常在财务报表附注中揭示），因为后者同样需要支付，是否反映到当期费用只是财务会计的确认规则问题。③未收到现金红利的权益性收益，只是权益法下的一种账面收益，而没有相应的现金流入企业，故不能构成支付利息的保证，应予以扣除。④在计算利息保障倍数时，如果直接从损益表上取得数据，所得到的是"财务费用"而非"利息费用"。前者除了包括利息费用外，还包括汇兑损益。那么，当汇兑损益数量相对于利息费用来讲足够大时，使用"财务费用"计算利息保障倍数事实上就不能真实地反映企业的付息能力。为此，应尽可能剔除汇兑损益，使用真正的利息费用。进一步讲，即便没有汇兑损益，"财务费用"也不仅仅是利息费用，而是"利息费用"与"利息收入"的代数和。那么，当企业有着较多的存款利息收入时，"财务费用"也可能是个负值。必须注意的是，从技术上讲，作为利息保障倍数这一比率的分母，"利息费用"如果小于零，该比率实际上就没有意义了。这时，要么放弃使用该比率，要么对分母进行适当调整以使其变成正数。⑤利息费用的实际支付能力。由于债务利息是用现金支付的，而企业的当期利润是依据权责发生制原则计算出来的，这意味着企业当期利润可能很高，但不一定具有支付能力。所以，使用这一指标时，还应注意企业的现金流量与利息费用的数量关系。

从利润表角度分析，只是反映了公司的利息偿付能力，而利息偿付能力毕竟只是长期偿债能力的一个方面。所以，还需要从资产负债表角度分析长期负债本金的偿还能力。用于分析长期负债本金偿还能力的基本财务比率主要包括资产负债率、产权比率以及有形净值债务比率。

5. 固定费用周转倍数

固定费用周转倍数是企业的盈利相当于其固定费用的倍数。其计算公式为

$$固定费用周转倍数 = \frac{税前及支付固定费用前利润}{利息费用 + 租金 + \dfrac{优先股股利}{（1 - 税率）}}$$

$$= \frac{利息费用 + 租金 + 所得税 + 税后利润}{利息费用 + 租金 + \dfrac{优先股股利}{（1 - 税率）}}$$

公式中的利息费用和租金都可在税前支付，而优先股股利必须在税后利润中支付，故后者应除以（1 - 税率），这里的税率是指适用于企业的所得税税率。固定费用周转倍数反映了企业盈利支付固定费用的能力，这一指标越高，说明企业支付固定费用的能力越强。

四、现行偿债能力分析指标的局限性

（一）未充分考虑企业综合属性

现在常用的短期偿债能力指标虽然在总体上揭示了企业的偿债能力，但在计算过程中并未充分考虑企业资产、负债的属性、质量和会计核算上的计量属性，也未考虑表外事项的影响。影响企业偿债能力的表外因素包括企业的品质和偿债声誉、准备很快变现的长期资产、可动用的银行贷款指标、增发股票的政策、股利政策、或有负债情况、担保责任引起的负债、已贴现的商业汇票引起的负债等。因此这些指标对企业偿债能力的反映存在着一定的局限性。

1. 未充分考虑企业资产属性上的差异

按照流动资产的定义，流动资产是在一个年度或一个经营周期内逐渐消耗或变现的资产。但是目前对于超过一个年度或一个经营周期仍然未消耗或变现的资产，如逾期一年以上未收回的应收账款、积压的存货，依然作为流动资产核算并在资产负债表上列示，从而使得流动比率的计算缺乏客观的基础；同样，速动资产作为流动资产中变现能力较强的部分，也仍包括逾期应收账款，使得速动比率在一定程度上被夸大高估。至于预付账款、待处理流动资产净损失、待摊费用等，或者已不具备流动的性质，或者该资产事实上已毁损或不再存在，或者其受益递延到以后的一种费用支出，

因此在计算流动比率时必须从流动资产中剔除。

2. 未充分考虑企业资产的质量

对于一个企业，如果其不良资产比率较高，则企业资产质量较差，相应的偿债能力将会受到很大的影响。而目前在计算流动比率时并未考虑不良资产对企业偿债能力的影响。实际上，不少企业存在着大量的不良资产，如3年以上尚未收回的应收账款、长期积压的商品物资，因其资产质量较差，资产的实际价值明显低于账面价值。

3. 未充分考虑企业资产计量属性的影响

根据会计核算的历史成本原则，企业的各项资产，除按国家有关规定允许的方法进行调整外，原则上均应按当时取得时的实际成本计价。然而一般来说，企业存货中的产成品的变现价值要高于其成本价，短期投资中的有价证券的可变现价位也经常背离其入账价值，而目前在计算流动比率、速动比率过程中并未考虑这种资产计量属性的影响。

4. 未充分考虑企业负债的属性

流动负债中的"预收账款"，一般用企业的产品来偿还，而不是用速动资产来偿还，所以在计算速动比率、流动比率和现金比率时应当从流动负债中剔除。

5. 未考虑或有负债对企业短期偿债能力的影响

或有负债有很大的不确定性，是否发生取决于未来相关因素的变化，如应付票据贴现、对外担保、未决诉讼事项。因此，在计算短期偿债能力指标时，必须对影响或有负债发生的相关因素进行分析和预测，估计或有负债发生的可能性，并根据或有负债发生的可能性，估算或有负债可能增加的流动负债。但目前在计算短期偿债能力指标时未考虑这种影响。

（二）未能反映企业实际现金周转情况

现行计算方法从税前利润出发，不能反映企业实际现金周转情况，应以现金流量作为衡量企业偿债能力的依据。企业实际偿债能力如何，能否及时偿还，关键并不在于账面利润，而要看其有无实际的现金，因为有利润的年份并不一定有多余的现金用于维持企业的发展和偿债。以经营活动现金流量分析企业偿债能力是一种十分稳健的偿债能力分析方法。因为企业以经营活动为主，投资活动和筹资活动作为不经常发生的辅助理财活动，其产生的现金流量在总现金流量中所占比例较低。而如果企业从经营活动所取得的现金在维持经营活动正常运转所必需的支出后无力偿还债务，还需向外筹措资金的话，则表明企业已陷入财务困境。

第二节　盈利能力分析

盈利能力是决定企业最终盈利状况的根本因素，受到企业管理者的高度关注。对于企业的投资人和潜在投资者、债权人以及政府来说，企业盈利能力的高低也是关注的焦点。商业银行受理借款人的借款申请后，分析借款人的偿债能力主要依据是企业的盈利能力情况。

一、盈利能力分析的内涵与意义

（一）盈利能力分析的内涵

企业的获利能力又称为企业的盈利能力，是指企业在一定时期内赚取利润的能力。这是个相对概念，即是相对于一定的投入和收入而言的。利润率越高，盈利能力则越强；反之则相反。无论是企业的经理人员、债权人还是股东，都十分关心企业的盈利能力，并重视对利润率及其变动趋势的预测与分析。

（二）盈利能力分析的意义

1. 有助于保障投资人的所有者权益

投资人的投资动机是获取较高的投资回报。一个不能盈利，甚至赔本的经营项目对投资人的投资会构成严重威胁。若企业经营得好，盈利能力就强，就能给企业带来较丰厚的利润，从而使权益性股份每股账面价值加大，每股所得利润增多，还能使每股分得较多的股利。而且，这样的业绩往往会引起公司股票市价的升值，给公司股东带来双重好处。总之，具有较强的盈利能力既能为企业进一步增资扩股创造有利条件，又能给更多的投资人带来新的投资机会。

2. 有利于债权人衡量投入资金的安全性

向企业提供中长期贷款的债权人十分关心企业的资本结构和长期偿债能力，从而衡量他们能否收回本息的安全程度。从根本上看，企业是否具有较强的盈利能力以及盈利能力的发展趋势乃是保证中长期贷款人利益的基础所在。一般而言，金融机构向企业提供中长期贷款的目的是为了增加固定资产投资，扩大经营规模。当新建项目投入使用后，若不能给企业带来收益或只能带来较少的收益，则不具备或者基本不具备盈利能力，就难以承担贷款利息及本金的偿付重担。若具有较强的盈利能力，往往说明企业管理者经营有方，管理得当，企业有发展前途。这实际上也就给信贷资本提供了好的流向和机会。

3. 有利于政府部门行使社会管理职能

政府行使其社会管理职能，要有足够的财政收入做保证。税收是国家财政收入的主要来源，而税收的大部分又来自于企业单位。企业盈利能力强，就意味着实现利润多，对政府税收贡献大。各级政府如能集聚较多的财政收入，就能更多地投入于基础设施建设、科技教育、环境保护以及其他各项公益事业，更好地行使社会管理职能，为国民经济的良性运转提供必要的保障，推动社会向前发展。

4. 有利于保障企业职工的劳动者权益

企业盈利能力强弱、经济效益大小，直接关系到企业员工自身利益。实际上也成为人们择业的一个主要的衡量条件。企业的竞争说到底是人才的竞争。企业经营得好，具有较强的盈利能力，就能为员工提供较稳定的就业位置、较多的深造和发展机会、较丰厚的薪金及物质待遇，为员工工作、生活、健康等各方面创造良好的条件，同时也就能吸人才，使他们更努力地为企业工作。

总之，盈利能力能够评价一个企业的经营业绩、管理水平，乃至预期它的发展前途，对企业关系重大。因此，盈利能力成为企业以及其他相关利益群体极为关注的一个重要内容。

二、影响盈利能力的因素

盈利能力是企业经营管理水平的综合体现，反映盈利能力的指标是综合性的财务指标，它受企业营销能力、收现能力、成本费用控制能力、资产管理水平以及回避风险的能力等多种因素的影响。分析和研究这些因素的影响程度，对于正确评价企业的盈利能力十分重要。

（一）营销能力

企业营销力作为一个研究并旨在改善企业市场营销状况的术语，其内涵首先应该体现为企业通过统筹、利用内外资源满足目标市场消费者的需求以实现自身生存和持续发展的一种能力，即企业营销力是企业有效开展市场营销活动的能力。营业收入是企业获取利润的基础。在市场经济条件下，企业的营销能力是扩大经营规模、增加营业收入、提高利润的基本保证。因此分析企业的盈利能力，首先要关注企业的营销策略和对市场的把握能力，评价企业的销售情况。

（二）收现能力

在现代经济社会中，商业信用已成为企业之间购销活动的主要方式。在商业信用大量存在的情况下，收现能力便成为影响企业盈利能力的重要因素之一。企业的收现能力主要用主营业务收现比率来体现，其计算公式为

主营业务收现比率＝销售商品、提供劳务收到的现金÷主营业务收入

该指标大于1，则说明企业当前的销货全部变现，而且收回了部分之前的应收欠款；该指标等于1，则说明企业收到的现金与本期销售一致，资金运转良好；该指标小于1，则说明企业账面收入高，而变现收入低，此时必须关注企业的债权资产的质量。

（三）成本费用控制能力

利润是收入减去成本费用后的余额。企业提高盈利能力的途径无非是两个方面：一是增加收入，二是降低成本。在销售价格和销售量一定的情况下，降低成本是企业提高利润的最有效途径。成本费用越低，企业盈利的空间越大，企业抗风险的能力就越强。因此，加强对成本费用的管理与控制，是增加企业利润、提高企业盈利能力的重要手段。成本费用控制得力，盈利能力将大幅提高。

（四）资产管理水平

资产是企业拥有和控制的、能够为企业带来经济利益的资源。企业资产结构是否合理、资产规模是否适度、资产使用效率高低等都将直接影响企业的盈利能力。因此，加强资产管理、合理安排资产结构、提高资产使用效率是提高企业盈利能力的重要手段。反映资产管理能力的指标主要有总资产周转率、总资产周转天数、存货周转率、存货周转天数、经营周期等。

（五）资本结构

资本结构主要指负债与权益之间的比例关系。它反映的是市场经济条件下企业的金融关系，即以资本和信用为纽带，通过投资和借贷构成的股东、债权人和经营者之间的相互制约的利益关系。资本结构是否合理和稳定，可以直接影响企业的盈利能力。由于

负债利息在企业所得税前列支，适度举债不仅可以减少企业所得税，而且可以通过财务杠杆作用提高股东的投资回报。但是如果负债利率过高，会直接减少企业利润，降低企业的盈利能力，同时增加企业的偿债压力，加大财务风险。特别是当负债利率高于资产报酬率时，还会减少股东的投资回报。

（六）会计政策的选择和变更

选择不同的会计政策和会计方法，会形成不同的财务成果。因此，进行企业盈利能力分析时，应关注企业所选择的会计政策，分析其对利润的影响。影响企业利润的会计政策主要有以下方面：

1. 存货计价方法

目前，我国会计准则规定的存货计价方法有个别计价法、先进先出法、加权平均法和移动加权平均法，企业可以根据自身需要选用。一般来说，如果物价比较稳定，各种方法计算的存货成本相差不多。但是在物价持续上升的情况下，采用先进先出法计算的发出存货成本比较低，当期利润则比较高，移动加权平均法计算的结果与先进先出法接近，其他方法计算的结果则差异较大。

2. 固定资产折旧方法和折旧年限

固定资产占总资产比重较大，因此折旧费是企业成本费用中的重要项目，对计算利润影响较大，财务分析人员应对其给予足够的关注。目前，我国会计准则规定的折旧方法有平均年限法、工作量法、双倍余额递减法、年数总和法，采用后两种方法计算折旧费，会使当期利润比较稳健。此外，折旧年限越短，企业的利润也就越低。反之，企业利润则比较高。

3. 无形资产和长期待摊费用的摊销期限

摊销期限越短，企业利润越低；反之，企业利润越高。

4. 资产减值准备的计提

从理论上讲，计提多少资产减值，取决于资产质量。但由于资产减值的确定极为复杂，实际上企业计提多少资产减值准备，在很大程度上取决于管理者的意图和对待减值的态度。乐观的管理者或希望提高业绩的管理者，计提的资产减值准备较少，表现为企业的利润就比较高；反之，企业利润则比较低。

此外，企业采用的收入确认原则、外币折算方法、长期股权投资的核算方法等都会直接影响企业当期利润，分析时都应该予以足够的注意。

（七）财务报表表外项目

影响企业盈利能力的财务报表表外项目主要有以下方面：

1. 企业有负债，如未决诉讼、贷款担保、产品售后承诺等，一旦这些成为现实，不仅影响企业的偿债能力，而且影响企业的盈利能力。

2. 经营性租赁费用。经营性租入的固定资产，不在资产负债表上列示，但是其租赁费用需定期支付，直接冲减当期利润。

3. 汇率变动或某种外币资产严重贬值。如人民币升值会使外币资产相对贬值，使企业发生汇兑损失，如有外汇负债则会使企业发生汇兑收益，从而直接影响企业当期利润。

4. 企业是否准备近期出售或废弃某个部门或分厂，如果有这种情况，将会影响企业未来的经营规模和盈利能力。此外，企业管理者水平、员工整体素质、国家产业政策等都会对企业盈利能力产生影响，但是现有的财务报表均不能反映这些信息，分析人员可以通过年度财务报告中的公司基本情况介绍和报表附注等内容获悉。

三、盈利能力的分析指标、评价方法和评价标准

（一）与销售收入有关的盈利能力指标

这类指标是由企业的利润与销售收入进行对比所确定的比率，由于企业利润有营业利润、利润总额和净利润等形式，所以一般用销售毛利率、营业利润率和销售净利率来表示。

1. 销售毛利率

（1）销售毛利率的含义

销售毛利率是由销售毛利与销售收入进行对比所确定的比率。该指标的优点在于可以对企业某一主要产品或主要业务的盈利状况进行分析，这对于判断企业核心竞争力的变化趋势极有帮助。其计算公式为

$$销售毛利率 = \frac{销售收入 - 销售成本}{销售收入} \times 100\%$$

销售毛利率的值越大，说明在主营业务收入中主营业务成本占的比重越小，企业通过销售获得利润的能力越强。正是因为销售毛利率的以上特点，它能够更为直观地反映企业主营业务对于利润创造的贡献。

（2）销售毛利率的影响因素

影响毛利变动的因素可分为外部因素和内部因素两大方面：

①外部因素：主要是指市场供求变动而导致的销售数量和销售价格的升降以及购买价格的升降。

②影响毛利变动的内部因素包括：开拓市场的意识和能力、成本管理水平（包括存货管理水平）、产品构成决策、企业战略要求等。

此外还应注意：销售毛利率指标具有明显的行业特点。一般说来，营业周期短、固定费用低的行业的毛利率水平比较低；营业周期长、固定费用高的行业，则要求有较高的毛利率，以弥补其巨大的固定成本。

（3）销售毛利率的评价方法

销售毛利率反映企业产品销售的初始获利能力，是企业净利润的起点，没有足够高的销售毛利率便不能形成较多的盈利。销售毛利率是公司产品经历市场竞争后的结果，是一个十分可信的指标。

与同行业比较，如果公司的销售毛利率显著高于同业水平，说明公司产品附加值高，产品定价高，或与同行业比较公司存在成本上的优势，有竞争力。通过与同行业平均水平或竞争对手的比较，可以洞悉企业主营业务的利润空间在整个行业中的地位以及与竞争对手相比的优劣。如果通过横向比较，发现企业的销售毛利率过低，则应进一步

查找原因，并采取措施及时调整。

与历史数值比较，如果公司的销售毛利率显著提高，则可能是公司所在行业处于复苏时期，产品价格大幅上升。在这种情况下分析者需考虑这种价格的上升是否能持续，公司将来的盈利能力是否有保证。相反，如果公司销售毛利率显著降低，则可能是公司所在行业竞争激烈。通过与企业以往各期的销售毛利率进行比较，可以看出企业主营业务盈利空间的变动趋势。如果在某一期间内销售毛利率突然恶化，作为内部分析则应进一步查找原因，看看是由于降价引起的，还是由于成本上升所致，并及时找出改善的对策。

需要注意的是，通常来说，销售毛利率随行业的不同而高低各异，但同一行业的销售毛利率一般相差不大。企业之间的存货计价和固定资产的折旧方法等会计处理的差异会影响营业成本，进而影响销售毛利率的计算。这一点应在企业间的横向比较时加以注意。

2. 营业利润率

（1）营业利润率的含义

营业利润率是指企业营业利润与主营业务收入的比率，该指标用于衡量企业主营业务收入的净获利能力。

其计算公式为

营业利润率＝营业利润/主营业务收入×100%

营业利润＝主营业务利润＋其他业务利润－资产减值准备－营业费用－管理费用－财务费用

营业利润率指标反映了每百元主营业务收入中所赚取的营业利润的数额。营业利润是企业利润总额中最基本、最经常同时也是最稳定的组成部分，营业利润占利润总额的比重，是衡量企业获利能力的重要依据。同时，营业利润作为一种净获利额，比销售毛利更好地说明了企业销售收入的净获利情况，从而能更全面、完整地体现收入的获利能力。显然，营业利润率越高，说明企业主营业务的获利能力越强；反之，则获利能力越弱。

（2）影响营业利润率的因素

对于营业利润率而言，其影响因素主要包括两大方面，即营业利润和主营业务收入。其中，营业利润同方向影响营业利润率：营业利润越大，营业利润率越高。主营业务收入则从反方向影响营业利润率，即当营业利润额一定时，主营业务收入额越大，营业利润率越低，说明主营业务的获利能力越弱。因此，影响营业利润高低的关键因素是营业利润额的大小。从营业利润的计算公式可知，营业利润的主要构成要素包括主营业务收入、主营业务成本、主营业务税金及附加、营业费用、管理费用、财务费用、其他业务利润和资产减值准备等，其中后三项与企业基本经营业务的关系相对较弱，我们主要分析前五项基本要素对营业利润的影响。

主营业务收入对营业利润的影响：当成本费用额不变时，主营业务收入的增减变动额会同方向影响着营业利润额。对于外部报表使用人，我们只能从该总额上分析其对营业利润的影响。

主营业务成本对营业利润的影响：主营业务成本是营业利润的负影响因素，即主营业务成本的增减会反方向等额影响营业利润。当其他因素不变时，主营业务成本对营业利润的影响额可计算如下：

主营业务成本变动对营业利润的影响额 ＝ 实际销售数量 ×（基期或预计单位成本－实际单位成本）

可见，单位成本或主营业务成本率是影响营业利润的又一重要因素，成本水平越高，获利能力越低。因此，要增强企业的获利能力，必须在增加销售的同时，降低企业的成本水平。只有当成本的降低幅度超过业务量降低幅度，或是成本的上升幅度小于业务量上升幅度，才是真正的成本节约，才有利于营业利润的增长。

主营业务税金及附加对营业利润的影响：主营业务税金及附加也是营业利润的负影响因素。但相对而言，它是一个企业不可控的外部客观影响因素。因为税额的多少取决于税率的高低，而税率的高低由国家宏观政策决定。所以，当其他因素不变时，税率降低会增加营业利润，从而相应增强企业的获利能力。但无论如何，这都不是企业主观努力的结果，我们对此进行分析，恰恰是要将该因素的影响额剔除，以对企业的获利能力进行更恰当的判断。

营业费用对营业利润的影响：营业费用也是营业利润的负影响因素，其习性特征与主营业务成本非常相似，对其进行分析也可参照对主营业务成本的分析，在此从略。

管理费用对营业利润的影响：管理费用同为营业利润的负影响因素，但其习性特征与上述成本、费用项目不同，更趋向于固定性质，也就是说，它通常不应该跟随业务量的变动而成比例变动。因此，对其分析有别于其他成本费用，我们更主要应从其总额变动的角度分析其对营业利润的影响。管理费用变动对营业利润的影响可计算如下：

管理费用变动对营业利润的影响额＝基期或预计管理费用额－实际管理费用额

所以，要增加营业利润，增强企业获利能力，还必须注意控制、节约管理费用总额。

其他因素对营业利润的影响：除上述因素外，其他业务利润将从正面影响营业利润，即其他业务利润越多，营业利润相对越大。财务费用和资产减值准备从负面影响营业利润：财务费用和资产减值准备越多，营业利润相对减少。而这两者主要取决于企业的财务管理水平及企业所采用。

（3）经营杠杆及其对营业利润的影响

在进行营业利润分析时，应该重视一种客观存在的经济现象，即经营杠杆。对营业利润的动态分析具有非常重要的影响。经营杠杆是对销售量变动和营业利润之间变动关系的描述。根据本量利之间的量变关系，销售量的较小变动会引起营业利润的较大变动，这就是经营杠杆现象。

经营杠杆系数的计算：经营杠杆系数即营业利润变动率相对于产销量变动率的倍数。

亦即：经营杠杆系数 ＝ 营业利润变动率／产销量变动率

根据这个定义公式,可以推导出其计算公式为:

经营杠杆系数 ＝ 基期贡献毛益／基期营业利润

经营杠杆对营业利润的影响:经营杠杆对营业利润具有非常重要的影响。这主要表现在:经营杠杆意味着营业利润变动相当于产销量的倍数。因此,当其他因素不变时,经营杠杆的大小一方面决定着营业利润的增长快慢,同时也意味着经营风险的大小。经营杠杆系数越大,意味着营业利润的波动幅度越大,产销量增加时,营业利润将以更大倍数增加;产销量减少时,营业利润也将以更大倍数减少。这表示在企业获利能力增强的同时,也意味着企业经营风险增大。所以,一方面,我们可以通过分析经营杠杆来探求增加营业利润、提高获利能力的途径,即在产品成长和成熟期采用高经营杠杆战略,以谋取更大的获利空间;另一方面,还可通过经营杠杆分析来探求降低经营风险的途经,即在保持相同规模的情况下,尽量提高现有资产的利用程度,减少固定成本的支出;或者充分利用现有生产能力增加产销量,都能降低经营杠杆系数,相应降低经营风险。

3. 销售净利率

(1)销售净利率的含义

销售净利率反映营业收入带来净利润的能力。这个指标越高,说明企业每销售一元的产品所创造的净利润越高。这个指标通常越高越好。销售净利率可以从总体上考察企业能够从其销售业务上获得的主营业务盈利,计算公式如下:

$$销售净利率 = \frac{净利润}{销售收入} \times 100\%$$

该比率表示每一元销售收入可实现的净利润是多少。销售净利率越高,说明企业通过扩大销售获取收益的能力越强。通过分析销售净利率的变化,不仅可以促使企业扩大销售,还可以让企业注意改善经营管理,控制期间费用,提高盈利水平。

同时,销售净利率的分子是企业的净利润,也即企业的收入在扣除了成本和费用以及税收之后的净值,是企业最终为自身创造的收益,反映了企业能够自行分配的利润额。之后的提取公积金、发放股利等行为,都是建立在这个净利润的基础上。因此,用它与销售收入相比,能够从企业生产经营最终目的的角度,看待销售收入的贡献。

【例8-8】　根据附录中 GL 公司的有关资料计算该公司销售净利率,如表8-11所示。

表8-11　　　　　　　　　　　公司销售净利率计算表　　　　　　　　　　单位:万元

项目	2015 年	2014 年
净利润	1 810	1 191
营业收入	7 660	7 343
销售净利率（％）	23.63	16.22

GL 公司 2015 年的销售净利率和 2014 年销售净利率与历史数据相比,都呈现上升的

趋势。销售净利率对管理人员特别重要，反映了企业的价格策略以及控制管理成本的能力。

（2）销售净利率的影响因素

销售净利率的大小主要受营业收入和净利润的影响，这两个项目分别是利润表中的第一项和最后一项。从利润的源泉到最终的净利润，中间要经过营业成本、营业税金及附加、三项期间费用、资产减值损失、公允价值变动损益、投资收益及所得税多个环节才能形成企业的净利润。因此，这些项目的增减变化都会影响到销售净利率的大小。

（3）销售净利率的评价方法

销售净利率与净利润成正比关系，与销售收入成反比关系。企业在增加销售收入的同时，必须相应地获得更多的净利润，才能使销售净利率保持不变或有所提高。要想提高销售净利率：一是要扩大销售收入，二是降低成本费用。而降低各项成本费用开支是企业财务管理的一项重要内容。通过各项成本费用开支的列示，有利于企业进行成本费用的结构分析，加强成本控制，以便为寻求降低成本费用的途径提供依据。通过分析销售净利率的升降变动，可以促使企业在扩大销售的同时，注意改进经营管理，提高盈利水平。

销售净利率是企业销售的最终获利能力指标。比率越高，说明企业的获利能力越强。但是它受行业特点影响较大。通常说来，越是资本密集型企业，其销售净利率就越高；反之，资本密集程度较低的行业，其销售净利率也较低。

新会计准则的实施会给该指标带来直接的影响。按新会计准则规定，利润表中的收入项目不再区分主营和其他，而是合并为营业收入。但原来指标的分母是主营业务收入，口径要比新准则下的营业收入小。因此，不考虑其他因素，该指标在按新报告的数据计算时会偏小。

（二）与资金有关的盈利能力指标

这类指标是由企业的利润与一定的资金进行对比所确定的比率，主要有以下几个指标：

1. 净资产收益率

（1）净资产收益率的含义

净资产收益率表明所有者每一元钱的投资能够获得多少净收益，它衡量了一个公司股东资本的使用效率，即股东投资企业的收益率。净资产是股东投入企业的股本、公积金和留存收益等的总和，这里的收益指税后净利润。

（2）净资产收益率指标构成

①全面摊薄净资产收益率。该指标强调年末状况，是一个静态指标，说明期末单位净资产对经营净利润的分享。计算公式如下：

$$全面摊薄净资产收益率 = 净利润 / 期末净资产 \times 100\%$$

②加权平均净资产收益率。该指标强调经营期间净资产赚取利润的结果，是一个动态的指标，说明经营者在经营期间利用企业净资产为企业新创造利润的多少，是一个说明企业利用单位净资产创造利润能力大小的平均指标，有助于企业相关利益人对公司未

来的盈利能力作出正确的判断。计算公式如下：

$$加权平均净资产收益率 = 净利润／净资产平均额 \times 100\%$$

$$净资产平均额 = （期初净资产 + 期末净资产）/2$$

从经营者使用会计信息的角度看，应使用加权平均净资产收益率。该指标反映了过去一年的综合管理水平，对于经营者总结过去、制定经营决策意义重大。

从企业外部相关利益人所有者角度看，应使用全面摊薄净资产收益率。

在现行公司制度下，投资者投入企业的资本委托给经营者经营，经营者就要确保给投资者带来收益，而且收益率至少应高于同期的市场利率。如果一份资产的收益率与市场利率一样，那并没有什么附加价值。正是因为这份资产的盈利能力高于市场的平均水平，投资者才愿意为它支付溢价。

（3）净资产收益率的影响因素

为更明确分析净资产收益率的影响因素，可以将其分解成以下三个指标：

$$净资产收益率 = \frac{净利润}{销售收入} \times \frac{销售收入}{平均总资产} \times \frac{平均总资产}{平均股东权益}$$

分解后的三个指标分别为销售净利率、总资产周转率以及权益乘数，因此，净资产收益率可改写为

$$净资产收益率 = 销售净利率 \times 总资产周转率 \times 权益乘数$$

即有三个因素影响净资产收益率：①每一元营业收入带来的净利润；②已动用的每一元总资产所产出的营业收入；③总资产与股东权益的比值。

这与前面阅读的财务会计报表是相互对应的。销售净利率概括了利润表的情况，同时，权益乘数反映了资产负债表右边的信息，而总资产周转率则将资产负债表左边的内容与利润表联系起来。

（4）净资产收益率的评价方法

【例8－9】 根据附录中GL公司的有关资料计算该公司净资产收益率分解指标，如表8－12所示。

表8－12　　　　　GL公司净资产收益率分解指标计算表　　　　　单位：万元

项目	2015年	2014年
净利润	1 810	1 191
营业收入	7 660	7 343
期初资产总额	6 500	4 957
期末资产总额	7 770	6 500
平均资产总额	7 135	5 728.5
平均股东权益	5 445	4 359
销售净利率（%）	23.63	16.22
总资产周转率（倍）	1.07	1.28
权益乘数	1.31	1.31

从表 8 - 12 中可以得出 2015 年与 2014 年的净资产收益率分解如下：

2015 年：33. 12% = 23. 63% × 1. 07 × 1. 31

2014 年：27. 20% = 16. 22% × 1. 28 × 1. 31

采用因素分析法对 GL 公司净资产收益率的变动分析如下：

销售净利率的变动影响额 = （23. 63% - 16. 22% ）× 1. 28 × 1. 31 = 12. 43%

总资产周转率的变动影响额 = 23. 63% × （1. 07 - 1. 28）× 1. 31 = - 6. 50%

权益乘数的变动影响额 = 23. 63% × 1. 07 × （1. 31 - 1. 31） = 0

33. 12% - 27. 20% ≈ 12. 43% - 6. 50% + 0

从以上分析过程中可以看出：GL 公司 2015 年净资产收益率上升的主要原因是销售净利率上升造成的，总资产周转率虽然略有下降，但其下降幅度低于销售净利率上升的幅度。

净资产收益率受当期净利润与公司净资产规模的影响。净资产规模基本稳定的情况下，净利润越高，净资产收益率越高。若公司有增资扩股行为，当期会出现净资产收益率下降的现象，因为新融进资金不能马上发挥效用。但这种现象若长期持续的话，说明公司盈利能力下降。

所得税税率的变动也会影响净资产收益率。通常，所得税税率提高，净资产收益率下降；反之，净资产收益率上升。

净资产收益率是从股东角度考核其盈利能力，其比值一般越高越好。但当公司净资产规模很小时，就不能单纯依净资产收益率的高低来判断公司的盈利能力。

（5）净资产收益率的缺陷

①净资产收益率不便于进行横向比较。不同企业负债率是有差别的，某些微利企业净资产收益率偏高，而某些效益不错的企业净资产收益率却很低。净资产收益率不一定能全面反映企业资金的利用效果。从净资产收益率的分解可以看出，在总资产收益率不变的情况下，负债比率越高，权益乘数越大，净资产收益率越高，这会导致很多企业通过提高负债比率来提高净资产收益率。

②净资产收益率不利于进行纵向比较。企业可通过诸如负债回购股权的方式来提高每股收益和净资产收益率，而实际上，该企业经济效益和资金利用效果并未提高。

2. 总资产收益率

（1）总资产收益率的含义

总资产收益率反映企业总资产能够获得净利润的能力，是反映企业资产综合利用效果的指标。该指标越高，表明资产利用效果越好，整个企业的盈利能力越强，经营管理水平越高。该指标越高越好。

若总资产收益率大于借入资金成本率，则净资产收益率大于总资产收益率，说明企业充分利用了财务杠杆的正效应，不但投资者从中受益，而且债权人的债权也是比较安全的。

若总资产收益率小于借入资金成本率，则净资产收益率小于总资产收益率，说明企业遭受杠杆负效应所带来的损失，不但投资者遭受损失，而且债权人的债权也不安全。

不论投资者还是债权人都希望总资产收益率高于借入资金成本率。

（2）总资产收益率指标构成

$$总资产收益率 = \frac{净利润}{平均总资产}$$

$$平均总资产 = \frac{期初资产总额 + 期末资产总额}{2}$$

总资产收益率反映了企业利用资产获取利润的有效性，它表明资产负债表上的每一元的资产能产生的净利润。

总资产收益率是站在企业总体资产利用效率的角度上来衡量企业的盈利能力的，是对企业分配和管理资源效益的基本衡量。它与净资产收益率的区别在于：前者反映股东和债权人共同提供的资金的利润率，后者仅反映股东投入资金的利润率。

【例8－10】 根据附录中 GL 公司的有关资料计算该公司总资产收益率，如表8－13所示。

表8－13　　　　　　　　GL 公司总资产收益率计算表　　　　　　　单位：万元

项目	2015 年	2014 年
净利润	1 810	1 191
期初资产总额	6 500	4 957
期末资产总额	7 770	6 500
平均资产总额	7 135	5 728.5
总资产收益率（%）	25.37	20.79

GL 公司 2015 年的总资产收益率比 2014 年上升近 5 个百分点，但要结合具体行业数据来分析公司的总资产收益率。

（3）总资产收益率的影响因素

总资产收益率是一个综合指标，企业的资产是由投资者投入或举债形成的。净利的多少与企业资产的多少、资产的结构、经营管理水平有着密切的关系。为了正确评价企业经济效益的高低、挖掘提高利润水平的潜力，可以用该指标与本企业前期、与计划、与本行业平均水平和本行业内先进企业进行对比，分析形成差异的原因。总资产收益率主要取决于总资产周转速度的快慢以及销售净利率的大小。企业销售净利率越大，资产周转速度越快，总资产收益率就越高。因此，影响总资产收益率高低的因素主要有产品的价格、单位成本的高低、产品的产量和销售的数量、资金占用量的大小、资金来源结构等。

（4）总资产收益率的评价方法

评价总资产收益率指标，要结合行业的经营特点来进行。企业处于不同时期和属于不同行业，提高总资产收益率的突破口也有不同。

①若企业产品处于市场竞争非常激烈的时期，可选择通过提高总资产周转率来提高总资产收益率。

②若企业处于扩大规模时期，可选择通过降低成本费用提高销售净利率来达到提高总资产收益率的目的。

③固定资产比例较高的重工业，主要通过提高销售净利率来提高总资产收益率。

④固定资产比例较低的零售企业，主要通过加强总资产周转率来提高总资产收益率。

（三）与收入质量有关的盈利能力指标

1. 销售收入现金含量

（1）销售收入现金含量的含义

虽然现金流量与利润数据在单个会计期间一般是不一致的，但从长期来看，两者之间应该保持某种相对稳定的比例关系，其差别则反映了非现金支出与收入的变动趋势。目前，现金流量表和利润表的结合分析日益受到人们的重视，销售收入现金含量便是其中最常用的指标之一。该指标把现金流量表与利润表分析有机结合起来，使我们可以估计每单位营业收入所能带来的现金流入量，并由此把握企业流动性风险及商业信用等方面的状况及重要变化。

（2）销售收入现金含量指标构成

销售收入现金含量指标反映企业经营业务获得的现金与营业收入的比例关系，表明营业收入的现金保障程度，可以用来判断企业营业收入的质量。该指标的计算公式为

销售收入现金含量 = 销售商品或提供劳务收到的现金 ÷ 营业收入

销售商品或提供劳务收到的现金 = 销售收入 - 应收账款增加额 - 应收票据增加额 + 预收账款增加额

由于营业收入是企业净利润的来源，营业收入质量越高，企业当期净利润的质量也就越高，同时表明企业的产品、劳务畅销，市场占有率高、回款能力强。一般说来，离普通百姓较近的食品和商业类公司的该项指标应该较高。

【例 8 - 11】 根据附录中 GL 公司的有关资料计算该公司销售收入现金含量，如表 8 - 14 所示。

表 8 - 14　　　　　　　　　　　　GL 公司销售收入现金含量计算表　　　　　　　　　单位：万元

项目	2015 年	2014 年
销售商品或提供劳务收到的现金	7 321	6 675
营业收入	7 660	7 343
销售收入现金含量（%）	95.57	90.90

GL 公司 2015 年销售收入现金含量比 2014 年有所提高。

（3）销售收入现金含量的影响因素

在赊销政策无重大变化、应收账款正常回收时，由于销售商品或提供劳务收到的现金涵盖了主营业务收入和其他业务收入项目，因此该指标的正常值水平应当大于 1。这一标准对于我们分析企业当期营业收入的现金含量很有帮助。

正常情况下，营业收入现金含量越高，意味着企业的货款回收越快，流动资金的使

用效率越高；反之，营业收入含金量低，则企业的营运周期就会相应被拉长，积压在应收账款、其他应收款或预付账款上的资金无法回笼，则必然会加大企业的短期融资需求和资金调度压力。

（4）销售收入现金含量的评价方法

【例8-12】 根据以下A、B、C三家公司的财务数据编制销售收入现金含量表，如表8-15所示，说明销售收入现金含量指标的分析与评价方法。

表8-15　　　　　　　　三家公司的历年销售收入现金流量表

	2012年	2013年	2014年	2015年
A公司	0.68	0.96	1.26	1.10
B公司	1.16	1.01	1.14	1.12
C公司	0.99	1.03	1.12	1.11

从表8-15中的数据可以看出，B、C公司的销售现金流量状况较好，2012～2015年的销售收入现金含量基本上都大于1，而且波动幅度较小；相比之下，A公司2012年的销售收入现金含量显著低于正常水平，的确值得关注。通过对A公司2012年及前后年度比较财务报告的分析，我们发现：A公司当年经营情况比较正常，应收账款政策及规模增长也无重大变化，显然不足以导致销货现金流入量与当期主营收入净额之间出现如此巨大的差距，而我们根据其财务资料计算的当期销货现金流量大致数据却在2亿元以上。唯一合理的解释是，该公司对当年预付账款巨额增长的项目处理可能存在问题，即把应计入"购买商品、接受劳务支付的现金"的预付账款增加额列入了销货现金流入量的计算过程。这样虽然"经营现金流量净额"不受影响，但却虚减了当期销货现金流入量。如果这一判断属实，那么A公司当年的实际销售收入现金含量应为0.99，非常接近正常水平。

这一案例虽然可能只是反映了报表编制过程中的失误，但也从侧面说明销售收入现金含量在判断企业销货现金流量是否异常时具有的显著效用。不过在实际运用时，我们还应注意：该指标只着重反映特定期间销售收入所对应的现金含量信息，而不能说明整体经营情况的变动趋势。我们可以结合销售现金流量及主营收入绝对额的趋势分析来弥补该指标的不足。

2. 净利润现金含量

（1）净利润现金含量的含义

净利润现金含量指标表明企业本期经营活动产生的现金净流量与利润之间的比例关系，可以用来衡量净利润质量的高低。

（2）净利润现金含量指标构成

$$净利润现金含量 = \frac{经营活动产生的现金流量}{净利润}$$

一般情况下，如果该指标的比率大于1，说明企业净利润与经营活动产生的现金流量净额协调较好，净利润现金实现程度高，企业净利润质量也高了。反之，若该指标的比率小于1，则说明企业本期净利润中存在尚未实现的收入，企业净利润的质量欠佳。如果企业当期投资收益、筹资费用数额较大，应当在分母"净利润"中剔除。

【例 8-13】 根据附录中 GL 公司的有关资料计算该公司净利润现金含量，如表8-16 所示。

表 8-16　　　　　　　　　GL 公司净利润现金流量表　　　　　　　　　单位：万元

项目	2015 年	2014 年
经营活动产生的现金流量净额	1 449	1 146
净利润	1 810	1 191
净利润现金流量	0.80	0.96

GL 公司 2015 年的净利润现金含量比 2014 年略有下降。但综合多年的历史数据分析，近两年公司的净利润质量是不断提高的，说明虽然从公司其他盈利能力指标上看盈利能力略有下降，但公司的盈利质量有所提高。

（3）净利润现金含量的影响因素

净利润容易变化和被操纵，该指标稳定性没有销售收入现金含量好，因此往往需要具体企业具体分析。与销售收入现金含量一样，这一指标对于发现企业操纵利润的嫌疑也具有重要的作用。企业操纵账面利润，一般是没有相应的现金流量的。这一指标过低，就有虚盈实亏的可能性，应进一步分析会计政策、会计估计和会计差错变更的影响以及应收款项及存货的变现能力。若该指标大于1，反映的是公司经营活动所产生的现金流量净值高于当期净利润，企业的净利润有足够的现金保障。反之，现金利润比低于正常水平，甚至企业的净利润极高但经营活动净现金流量为负，说明企业的账面利润没有实实在在的现金流入作为保证，或者说企业的利润来源于非正常生产经营性活动。企业的经营成果缺乏现金流入做保障，则企业生产在未来的可持续发展将受到怀疑。

（4）净利润现金含量的评价方法

利润表中的净利润是建立在权责发生制基础上的，对应计收入、应计费用等项目存在着估计成分，对有关资产、损益项目的确认和分配也因存在不同方法而产生不同的结果。这样就可能出现账面反映有较高利润，但资金周转却发生困难，缺乏足够的现金支付能力。而现金流量表是以收付实现制为基础，通过分析调整利润表中各项目对现金流量的影响计算编制的，它能揭示经营活动所得现金和净利润的关系。该指标有助于解释为什么有的企业有盈利却没有足够的现金支付工资、股利和偿还债务，有的企业没有盈利却有足够的现金支付能力。如果企业的净利润大大高于经营活动产生的现金流量净额，则说明企业利润的含金量不高，存在大量的赊销行为及未来的应收账款收账风险，同时某种程度上存在着利润操纵之嫌。在了解该指标的过程中，我们还可以了解到企业相关税费的缴纳情况。

（四）盈利能力分析应注意的问题

1. 销售额分析不能客观评价企业获利

企业销售活动的获利能力分析是企业获利能力分析的重点，产品销售额的增减变化，直接反映企业生产经营状况和经济效益的好坏。然而，影响企业销售利润的因素还有产品成本、产品结构、产品质量等，影响企业整体获利能力的因素还有对外投资情况、资金的来源构成等，所以仅从销售额来评价企业的盈利能力是不够的，有时不能客观地评价企业的获利能力。

2. 税收政策对企业获利能力的影响不容忽视

税收政策是国家进行宏观调控的主要手段，符合税收政策的企业能够享受税收优惠，增强企业的获利能力，不符合国家税收政策的企业，则被要求缴纳高额的税收从而不利于企业获利能力的提高。因此，评价分析企业的获利能力，离不开对其面临的税收政策环境的评价。然而，由于税收政策属于影响企业发展的外部影响因素，往往容易被忽视。

3. 利润结构会对企业获利能力产生影响

企业的利润主要由主营业务利润、投资收益和非经常项目收入共同构成，一般来说，主营业务利润形成企业利润的基础，非经常项目在企业总体利润中不应该占太大比例。实际上有时企业利润总额很多，从总体上看企业的盈利能力很好，但是如果企业的利润主要来源于一些非经常性项目，或者不是由企业主营业务活动创造的，那么这样的利润结构往往存在较大的风险，不能反映出企业的真实获利能力。

4. 关注资本结构对企业获利能力的影响

资本结构是影响企业获利能力的重要因素之一，企业负债经营程度的高低对企业的获利能力有直接的影响。当企业的资产报酬率高于企业借款利息时，企业负债经营可以提高企业的获利能力，否则企业负债经营反而会降低企业的获利能力。有些企业只注重增加资本投入，扩大企业投资规模，而忽视了资本结果是否合理，有可能会妨碍企业利润的增长。

5. 注意资产运转效率对企业获利能力的影响

通常情况下，资产的运转效率越高，企业的营运能力就越好，而企业的盈利能力也越强，所以说企业盈利能力与资产运转效率是相辅相成的。如果只通过对资产与利润、销售与利润的关系进行比较，直接评价企业的获利能力，而忽视了企业资产运转率对企业获利能力的影响，将不利于企业通过加强内部管理、提高资产管理效率来提高获利能力。

第三节　营运能力分析

一、营运能力分析的内涵与内容

（一）营运能力分析的内涵

企业营运资产的主体是流动资产和固定资产。尽管无形资产是企业资产的重要组成部分，并随着从工业经济时代向知识经济时代转化，在企业资产中所占比重越来越高，而且在提高企业经济效益方面发挥巨大的作用，但无形资产的作用必须通过或依附于有形资产才能发挥出来。从这个意义上说，企业营运资产的利用及其能力如何，从根本上决定了企业的经营状况和经济效益。

（二）企业营运能力分析的内容

根据营运能力分析的含义与目的，企业营运能力分析主要包括总资产周转情况分析、流动资产周转情况分析和固定资产周转情况分析三方面。企业营运能力财务分析的比率主要包括存货周转率、存货周转天数、应收账款周转率、应收账款周转天数（平均收现期）、营业周期、流动资产周转率、固定资产周转率和总资产周转率等。这些比率揭示了企业资金运营周转的情况，反映了企业对经济资源管理、运用的效率高低。企业资产周转越快，流动性越高，企业的偿债能力越强，资产获取利润的速度就越快。

二、流动资产周转情况分析

（一）应收账款周转率的计算与分析

应收账款周转率是指企业一定时期赊销收入净额与应收账款平均余额的比率，用于反映应收账款的周转速度，一般以周转次数来表示。其计算公式是

$$应收账款周转率 = \frac{赊销收入净额}{应收账款平均余额}$$

应收账款周转率说明年度内应收账款转化为现金的平均次数，体现了应收账款的变现速度和企业的收账效率。一般认为，周转率越高越好。因为它表明：（1）收款迅速，可节约营运资金；（2）可减少坏账损失和收账费用，从而相对增加流动资产的投资收益；（3）资产流动性高，短期偿债能力强，流动比率和速动比率等指标具有较高的可信度。因此，应收账款周转正常，对企业偿债能力是一种重要的保障。

反映应收账款周转速度的另一个指标是应收账款周转天数，也称应收账款账龄或应收账款平均收账期。其计算公式是

$$应收账款周转天数 = \frac{计算期天数}{应收账款周转率}$$

计算期天数，从理论上说应使用计算期间的实际天数，但为了计算方便，全年按360天计算，季度按90天计算，月度按30天计算。

【例8-14】 根据附录中GL公司的有关资料计算该公司的应收账款周转率，如表8-17所示。

表8-17　　　　　　　　　　应收账款周转率计算表　　　　　　　　　单位：万元

项目	2012年	2013年	2014年
营业收入	4 720	5 969	7 343
应收账款年末余额	998	1 442	2 000
应收账款平均余额		1 220	1 721
应收账款周转率（次）		4.89	4.27
应收账款周转期（天）		73.62	84.31

根据表8-17中的数据，该公司2013年应收账款周转率为

应收账款平均余额 =（应收账款期初余额 + 应收账款期末余额）÷2

　　　　　　　　 =（998 + 1 442）÷ 2

　　　　　　　　 = 1 220（万元）

应收账款周转率 = 赊销收入净额（用营业收入代替）÷ 应收账款平均余额
$$= 5\ 969 \div 1\ 220$$
$$= 4.89(次)$$

应收账款周转一次所需时间为
$$应收账款周转期 = 360 \div 4.89$$
$$= 73.62(天)$$

同理，该公司 2014 年应收账款周转率为 4.27 次，应收账款周转一次所需时间为 84.31 天。

表 8 - 17 的计算结果表明，GL 公司 2013 年应收账款在一年内可周转 4.89 次。按当前资金回笼速度，需要 73.62 天可将应收账款周转一次，并且 2014 年的应收账款周转速度要慢于 2013 年，说明 GL 公司的应收账款管理工作需要进一步加强。

分析时，通过以上指标本期数与前期数、计划数、同类企业先进水平的比较，可以了解应收账款周转率的变动情况、计划完成情况以及与先进水平的差距等。

在分析计算应收账款周转率时，还应注意以下两个问题：

（1）计算公式中所采用的周转额从理论上说应是赊销净额，不包括现销收入。但赊销净额作为企业的商业秘密并不对外公布，所以，外部分析者难以取得赊销收入的资料，因此一般用营业收入代替，即

$$应收账款周转率 = \frac{营业收入}{应收账款平均余额}$$

$$应收账款周转期 = \frac{应收账款平均余额 \times 计算期天数}{营业收入}$$

（2）为了平衡各期应收账款的波动，计算应收账款周转率时应采用应收账款平均余额。"应收账款平均余额"是"应收账款期初余额"和"应收账款期末余额"的平均数。这里的应收账款是指扣除减值准备后的金额。

（3）应收账款是因商品购销关系所产生的债权资产，而不是单指会计核算上的应收账款科目，一般包括应收账款和应收票据。应收票据应纳入应收账款周转率计算。

（4）应收账款是由赊销引起的，如果赊销比现销对企业更有利，应收账款周转天数就不是越少越好。收现时间的长短通常与信用政策有关，改变信用政策就会改变应收账款周转天数。信用政策的分析评价涉及诸多方面，不能仅仅考虑应收账款周转天数的缩短。

（5）我国部分行业应收账款周转天数参考数值如表 8 - 18 所示。

表 8 - 18　　　　　　　部分行业应收账款周转天数参考值　　　　　　　单位：天

行业	汽车	化工	家电	食品	服装
应收账款周转期	24	61	91	50	36

（二）存货周转率的计算与分析

在流动资产中，存货所占的比重越大，存货的流动性就越直接影响企业的流动比率，因此，必须特别重视对存货的分析。存货的流动性一般用存货的周转速度指标来反

映，即存货周转率或存货周转天数。

存货周转率是一定时期内产品营业成本与存货平均余额间的比率。它是反映企业销售能力和流动资产流动性的一个指标，也是衡量企业生产经营各个环节中存货运营效率的一个综合性指标。用时间表示的存货周转率就是存货周转天数。其计算公式为

$$存货周转率 = \frac{营业成本}{存货平均余额}$$

$$存货周转天数 = \frac{计算期天数}{存货周转率}$$

公式中的营业成本数据来自利润表，存货平均余额是资产负债表中的"存货期初余额"与"存货期末余额"的平均数。

【例 8 – 15】 GL 公司有关资料见表 8 – 19，计算该公司的存货周转率。

表 8 – 19 　　　　　　　　　　　存货周转计算表 　　　　　　　　　　单位：万元

项目	2012 年	2013 年	2014 年
营业成本	3 916	4 565	5 259
存货年末余额	341	542	510
存货平均余额		441.5	526
存货周转率（次）		10.34	10
存货周转期（天）		34.82	36

根据表 8 – 19 中的数据，该公司 2013 年存货周转率为

存货周转率 = 营业成本 ÷ 存货平均余额

= 4 565 ÷ [（542 + 341）÷ 2]

= 10.34（次）

存货周转天数 = 360 ÷ 10.34

= 34.82（天）

同理，该公司 2014 年存货周转率为 10 次，存货周转一次所需时间为 36 天。

表 8 – 19 的计算结果表明，GL 公司 2013 年存货周转率为 10.34 次，2014 年存货周转率为 10 次。2014 年与 2013 年相比，周转速度稍微加快，反映出企业的销售能力稳中有升。

存货周转速度的快慢，不仅反映出企业在采购、生产、营销等环节工作的好坏，而且对企业的盈利能力和偿债能力产生决定性影响。一般来讲，存货周转率越高，说明存货的占用水平越低，存货转换为现金、应收账款等的速度越快，存货的变现能力越强；反之，则存货的变现能力越差。

存货周转率还可以衡量存货的储存是否适当，是否能保证生产不间断地进行和产品有秩序地销售。存货既不能过少，造成生产中断或销售紧张，又不能过多形成呆滞、积压。存货周转率也反映存货结构合理与质量合格的状况。因为只有结构合理，才能保证生产和销售任务正常、顺利地进行；只有质量合格，才能有效地流动，从而达到存货周转率提高的目的。存货是流动资产中最重要的组成部分，往往达到流动资产总额的一半以上。因此，存货的质量和流动性对企业的流动比率具有举足轻重的影响，并进而影响

企业的短期偿债能力。存货周转率的这些重要作用，使其成为综合评价企业营运能力的一项重要的财务比率。

存货周转率与存货周转天数指标反映存货管理水平，它不仅影响企业的短期偿债能力，也是整个企业管理的重要内容。企业管理者和有条件的外部报表使用者，除了应分析批量因素、季节性生产的变化情况外，还应对存货的结构以及影响存货周转速度的重要项目进行分析。存货按其性质可以分为材料存货、在产品存货和产成品存货。所以，存货周转率又可以分为材料周转率、在产品周转率和产成品周转率三项分指标。其计算公式分别为

$$材料周转率 = \frac{当期材料消耗额}{材料平均库存}$$

$$在产品周转率 = \frac{当期完工产品成本}{在产品平均成本}$$

$$产成品周转率 = \frac{销售成本}{产成品平均库存}$$

这三个周转率的评价标准与存货评价标准相同，都是周转次数越多越好，周转天数越少越好。通过不同时期存货周转率的比较，可评价存货管理水平，查找出影响存货利用效果变动的原因，不断提高存货管理水平。

在企业生产均衡和产销平衡的情况下，存货周转率与三个阶段周转率之间的关系可用下式表示：

存货周转天数 = 材料周转天数 × 材料消耗额/总产值生产费用
　　　　　　　 + 在产品周转天数 + 产成品周转天数

存货周转速度分析的目的是从不同的角度和环节找出存货管理中的问题，使存货管理在保证生产经营连续性的同时，尽可能少地占用经营资金，提高资金的使用效率和企业管理水平，增强企业短期偿债能力。

在计算和使用存货周转率时，应注意以下问题：

（1）存货计价方法对存货周转率有较大影响。在分析企业不同时期或不同企业的存货周转率时，应注意存货计价方法是否一致。

（2）存货周转天数不是越短越好。存货过多会浪费资金，存货过少不能满足周转需要。在一定经营条件下，企业应确定一个合理的存货水平，以使存货成本最低。

（3）不同行业的存货周转率不同。我国部分行业存货周转天数参考数值如表 8 – 20 所示。

表 8 – 20　　　　　　　　我国部分行业存货周转天数参考数值　　　　　　　单位：天

行业	汽车	化工	家电	制药	建材	日用品	商业
存货周转天数	131	101	151	356	100	62	30

（三）流动资产周转率的计算与分析

企业的营运过程实质上是资产的转换过程。流动资产和非流动资产的不同性质和特点，使它们在这一过程中的作用不同。由于非流动资产的价值实现过程很长，企业经营

成果的取得主要依赖于流动资产形态的不断转化。因此,流动资产营运能力是企业营运能力的核心。衡量流动资产营运能力的指标主要是流动资产周转率与流动资产周转天数。

1. 流动资产周转率分析

流动资产周转率是企业营业收入与流动资产平均余额的比率。它是衡量企业一定时期内(通常是一年)流动资产周转速度的快慢及利用效率的综合性指标。其计算公式为

$$流动资产周转率 = \frac{营业收入}{流动资产平均余额}$$

$$流动资产周转期 = \frac{计算期天数}{流动资产周转率}$$

式中,

$$流动资产平均余额 = \frac{流动资产期初余额 + 流动资产期末余额}{2}$$

它是反映企业一定时期资产占用的动态指标,从理论上说,应是计算期间内每日资产余额的平均数,但为了计算方便,通常按资产负债表上的期初余额和期末余额的平均数计算。

【例 8 – 16】 GL 公司有关资料如表 8 – 21 所示,计算该公司的流动资产周转率。

表 8 – 21 　　　　　　　　　　　　流动资产周转率计算表 　　　　　　　　　　单位:万元

项目	2012 年	2013 年	2014 年
营业收入	4 720	5 969	7 343
流动资产年末余额	2 868	3 253	3 830
流动资产平均余额		3 060. 5	3 541. 5
流动资产周转率(次)		1. 95	2. 07
流动资产周转期(天)		184. 62	173. 91

根据表 8 – 21 中的数据,该公司 2013 年流动资产周转率为:

流动资产周转率 = 营业收入 ÷ [(流动资产期初余额 + 流动资产期末余额) ÷ 2]

= 5 969 ÷ [(3 253 + 2 868) ÷ 2]

= 1. 95(次)

流动资产周转天数 = 360 ÷ 1. 95

= 184. 62(天)

同理,该公司 2014 年流动资产周转率为 2. 07 次,流动资产周转天数是 173. 91 天。

从表 8 – 21 可看出,该公司 2014 年企业流动资产周转比 2013 年快,说明企业流动资产的经营利用效果更好,流动资产的流动性有所提高,进而使其偿债能力和盈利能力得到加强。

流动资产周转情况的分析要依据企业的历史水平或同行业水平来判断,同时还要结合应收账款周转率和存货周转率、营业周期进行分析,以进一步揭示影响流动资产周转的因素。

流动资产周转率和周转天数从两个不同的方面表示资产的周转速度。资产周转率表示在一定时期内完成几个从资产投入到资产收回的循环，而周转天数则表示完成一个从资产投入到资产收回的循环需要多长时间。流动资产周转率和周转天数呈相反方向变动，在一定时期内，资产周转次数越多，周转天数越少，周转速度就越快，营运效率就越高；反之，则周转速度就越慢，营运效率就越低。

虽然以上两种形式均可以表示资产周转速度，但在实务上则更多地使用周转天数这一形式。这是因为，当企业提高生产技术水平、改善生产组织等使资产周转速度加快时，明显地表现为资产占用时间的缩短，用周转天数来表示，易于看出资产周转对生产技术和生产组织的依存关系。此外，如果采用周转次数，不同时期（如年度、季度和月度）的周转速度不能直接加以比较。而采用周转天数则可以消除期限长短对周转速度的影响，可以使不同计算期间的周转速度直接进行比较。

2. 流动资产周转率影响因素分析

将流动资产周转区分为不同的阶段，能够更清楚地看到内部的影响因素。为此引入营业成本因素，则有

$$流动资产周转率 = \frac{营业成本}{资产平均余额} \times \frac{营业收入}{营业成本}$$

$$流动资产周转率 = 流动资产垫支周转率 \times 成本收入率$$

式中，

$$流动资产垫支周转率 = \frac{营业成本}{流动资产平均余额}$$

$$成本收入率 = \frac{营业收入}{营业成本}$$

流动资产垫支周转率是从成本角度考察投入生产领域的资源运作效率。投入一定资源经过企业生产活动，产出越大，效率越高。成本收入率则考察企业生产的产品能否在市场上实现销售并创造足够的利润。它实质上反映了企业的盈利能力。只有生产适销对路的商品，才可能实现最大的利润。

以上分解式表明，影响流动资产周转率的因素，一是流动资产垫支周转率，二是成本收入率。流动资产垫支周转率反映了流动资产的真正周转速度；成本收入率说明了所费与所得之间的关系，反映出流动资产的利用效益。加速流动资产垫支周转速度是手段，提高流动资产利用效益才是目的。因此，加速流动资产垫支周转速度必须以提高成本收入率为前提。当成本收入率大于1时，流动资产垫支周转速度越快，流动资产营运能力越强。反之，如果成本收入率小于1，企业所得补偿不了所费，流动资产垫支周转速度越快，企业亏损越多。

根据上面的分解式，采用连环替代法，可以分别确定这两个因素变动对流动资产周转率的影响程度。其分析公式是

流动资产垫支周转率的影响 = （报告期流动资产垫支周转率 － 基期流动资产垫支周转率）×基期成本收入率

成本收入率的影响 = 报告期流动资产垫支周转率 × （报告期成本收入率 － 基期成本

收入率)

【例 8 – 17】 GL 公司 2013 年、2014 年与流动资产周转相关的资料如表 8 – 22 所示,运用连环替代法具体分析各因素变动对流动资产周转率的影响。

表 8 – 22　　　　　　　　　　**流动资产周转率分析信息表**　　　　　　　单位:万元

项目	2013 年	2014 年
营业收入	5 969	7 343
流动资产平均余额	3 060.5	3 541.5
其中:存货平均余额	441.5	526
营业成本	5 259	4 565
流动资产周转率(次)	1.95	2.07
流动资产垫支周转率(次)	1.72	1.29
成本收入率(%)	113.5	160.9

根据表 8 – 22,对流动资产周转率分析如下:

$$流动资产周转率变动 = 2.07 - 1.95$$
$$= 0.12(次)$$

因素分析:

$$流动资产垫支周转率的影响 = (1.29 - 1.72) \times 113.5\%$$
$$= -0.49(次)$$

$$成本收入率的影响 = 1.29 \times (160.9\% - 113.5\%)$$
$$= 0.61(次)$$

$$总的影响: -0.49 + 0.61 = 0.12(次)$$

由以上计算结果可知,2013 年流动资产周转率为 1.95 次,由于生产环节效率降低,造成 2014 年流动资产周转率降低了 0.49 次;受到企业盈利能力提高的影响,流动资产周转率上升了 0.61 次。

可以引入多种因素进一步分析究竟是什么因素造成流动资产垫支周转率降低。下面引入存货因素,其计算公式为

$$流动资产周转率 = \frac{存货平均余额}{流动资产平均余额} \times \frac{营业成本}{存货平均余额} \times \frac{营业收入}{营业成本}$$

从存货周转的角度,可以运用连环替代法分析判断,是否为存货周转速度的改变造成企业流动资产运营效率的变化。同样的道理,也可以从应收账款的角度进行分析判断。

3. 流动资产周转效果分析

流动资产周转加速的效果体现在:(1)一定的产出需要的流动资产减少;(2)一定的流动资产取得更多的收入。

(1)加速流动资产周转所节约的资金。加速资产周转所节约的资金就是指企业在销售收入一定的情况下,由于加速流动资产周转所节约的资金。其计算公式为

$$流动资产节约额 = 报告期营业收入 \times \left(\frac{1}{基期流动资产周转次数} - \frac{1}{报告期流动资产周转次数} \right)$$

上式计算结果为正数时，表示流动资产占用额减少；当其计算结果为负数时，说明企业流动资产占用额增加。

流动资产周转速度加快所形成的节约额，可以分为绝对节约额和相对节约额两种形式。流动资产绝对节约额是指企业由于流动资产周转加速，可以减少流动资产占用额，因而可能腾出一部分资金。流动资金相对节约额是指企业由于流动资产周转加速，在不增资或少增资的条件下扩大企业的生产规模。流动资金绝对节约额和相对节约额的区别只在于运用情况的不同，前者是在生产规模不变的情况下减少资产占用额，后者是将其节约额用于自身的扩大再生产。

区别与计算流动资产绝对节约额和相对节约额可分三种情况进行。

①加速周转所形成的节约额都是绝对节约额。如果企业流动资产周转加快而销售收入不变，这种情况下形成的节约额就是绝对节约额。

②加速周转所形成的节约额都是相对节约额。当企业流动资产周转加快，而流动资产实际存量大于或等于流动资产基期存量，这种情况下形成的节约额就是相对节约额。

③加速周转所形成的节约额既包括绝对节约额，又包括相对节约额。当企业流动资产周转加快，同时营业收入增加，流动资产占用量减少，这种情况下形成的节约额就是既包括绝对节约额，又包括相对节约额。可以按下式将二者加以区分：

相对节约额 = 流动资产总节约额 – 绝对节约额

绝对节约额 = 报告期流动资产占用额 – 基期流动资产占用额

如果以上条件相反，则为资金浪费额。

根据表 8 – 22 可以计算流动资产周转加速的效果如下：

$$流动资产节约额 = 7\ 343 \times (1/1.95 - 1/2.07)$$
$$= 218.298（万元）$$

计算结果表明，由于 GL 公司 2014 年流动资产加速周转，形成流动资产节约额 218.298 万元。

（2）加速流动资产周转所增加的收入。加速流动资产周转所增加的收入是指在企业流动资产占用额一定情况下，由于加速流动资产周转速度所增加的营业收入。其计算公式是

营业收入增加额 = 基期流动资产平均余额 × （报告期流动资产周转次数 – 基期流动资产周转次数）

上式计算结果为正数时，说明加速流动资产周转增加了营业收入；计算结果为负数时，说明流动资产周转速度缓慢减少了营业收入。

根据表 8 – 22 可计算出：

$$销售收入增加额 = 3\ 060.5 \times (2.07 - 1.95)$$
$$= 367.26（万元）$$

加速流动资产周转形成的资产节约额或营业收入增加额是从两个不同侧面对流动资

产周转加快的效果所做的分析，具有相同的经济意义。

（四）营业周期分析

营业周期是指从取得存货开始到销售存货并收回现金为止的这段时间。营业周期的长短取决于存货周转天数和应收账款周转天数。营业周期的计算公式如下：

$$营业周期 = 存货周转天数 + 应收账款周转天数$$

把存货周转天数和应收账款周转天数加在一起计算出来的营业周期，指的是需要多长时间能将期末存货全部变为现金。一般情况下，营业周期短，说明资金周转速度快，管理效率高，资产的流动性强，资产的风险降低；营业周期长，说明资金周转速度慢，管理效率低，风险上升。因此，分析研究企业的营业周期，并想方设法缩短营业周期，对于增强企业资产的管理效果具有重要意义。

根据以上资料，GL 公司 2013 年营业周期为 108.47（73.62 + 34.85）天；2014 年营业周期为 120.31（即 84.31 + 36）天。

三、固定资产周转情况分析

（一）固定资产周转率的计算与分析

固定资产周转率是指企业一定时期内营业收入与固定资产平均净值之间的比率，它是反映固定资产利用效率的重要指标。其计算公式为

$$固定资产周转率 = \frac{营业收入}{固定资产平均净值}$$

$$固定资产周转期 = \frac{计算期天数}{固定资产周转率} = \frac{计算期天数 \times 固定资产平均净值}{营业收入}$$

一般情况下，固定资产周转率高，表明企业固定资产利用充分，同时也能表明企业固定资产投资得当，固定资产结构合理，固定资产利用效果好，能够充分发挥效率。反之，则说明固定资产利用效率不高，提供的生产成果不多，企业的营运能力不强。

【例 8 - 18】 GL 公司有关资料见表 8 - 23，计算该公司的固定资产周转率。

表 8 - 23　　　　　　　　　　固定资产周转率计算表　　　　　　　　　　单位：万元

项目	2012 年	2013 年	2014 年
营业收入	4 720	5 969	7 343
固定资产年末净值	1 533	1 642	1 560
固定资产平均净值		1 587.5	1 601
固定资产周转率（次）		3.76	4.59
固定资产周转期（天）		95.74	78.43

根据表 8 - 23 中的数据，该公司 2013 年固定资产周转率为

固定资产周转率 = 营业收入 ÷ 固定资产平均净值

= 5 969 ÷ [（1 533 + 1 642）÷ 2]

= 3.76（次）

固定资产周转期 = 360 ÷ 3.76

= 95.74（天）

同理，2014 年固定资产周转率为 4.59 次，周转期为 78.43 天。

表 8-23 计算结果表明，GL 公司 2014 年的固定资产周转率比 2013 年有所加快，其主要原因应是固定资产增加幅度低于营业收入的增长幅度，表明公司的营运能力有所提高。

在实际分析和评价该项指标时，应当注意：

1. 该分式的分母是固定资产平均净值，而非固定资产原价或固定资产净额

固定资产原价是指固定资产的历史成本，固定资产净值为固定资产原价扣除已计提的累计折旧后的金额（固定资产净值＝固定资产原价－累计折旧），固定资产净额为固定资产原价扣除已计提的累计折旧以及已计提的减值准备后的余额（固定资产净额＝固定资产原价－累计折旧－已计提的减值准备）。固定资产平均净值一般以固定资产净值的期初数与期末数之和除以 2 来计算。

2. 固定资产折旧方法的影响

企业固定资产所采用的折旧方法和折旧年限的不同，会导致不同的固定资产账面净值，从而会对固定资产周转率的计算产生重要影响，造成指标的人为差异。在分析过程中，需要剔除这些不可比因素。

3. 固定资产更新改造活动的影响

频繁或者大幅度的固定资产更新改造活动，会显著增加固定资产平均净值，在其他因素不变时，将降低固定资产周转率。因此，要注意协调更新改造固定资产的需要和追求高固定资产周转率的要求。应当结合固定资产更新改造水平来判断固定资产周转率实际水平的高低。因为固定资产周转率较低，就简单地认为固定资产运营无效率，是不科学的。

4. 不同行业的影响

行业性质不同，企业所需投入固定资产的规模迥异，会对固定资产周转率产生显著影响。例如，2012 年半年报统计数字显示，在固定资产周转率排名前十强的企业当中，房地产业五家上市公司榜上有名，占据半壁江山。另外，零售贸易类企业表现也很突出。这与上述两个行业的经营特点相符合：房地产开发企业、贸易类企业并不需要太多的固定资产投入。

5. 产品生命周期的影响

在产品的成长期，该指标会随着产能发挥而逐步提升，直至追加投资使得其下降，这个过程周而复始。而产品进入成熟阶段后，产销量双双下滑。如果企业此前在固定资产的投入上并未有所预见，或者由于技术更新太快而来不及跟随，那么企业的固定资产周转率将下降到一个较低的水平。

6. 企业的固定资产一般采用历史成本入账

在企业的固定资产、销售情况都并未发生变化的条件下，也可能由于通货膨胀导致物价上涨等因素而使营业收入虚增，导致固定资产周转率的提高，而实际上企业的固定资产效能并未增加。

进行固定资产周转率分析时，应以企业历史水平和同行业平均水平为标准进行对比

分析，从中找出差距，努力提高固定资产周转速度。周转率越高，说明固定资产的利用效率越高；周转率越低，说明固定资产数量过多或设备闲置。

（二）固定资产更新率的计算与分析

固定资产更新率是指一定时期内新增加的固定资产总值与期初固定资产总值的比率。它反映固定资产在计算期内更新的规模和速度，是考核固定资产动态状况的指标。其计算公式为

$$固定资产更新率 = \frac{本期新增固定资产（总额）原值}{固定资产（总额）期初原值}$$

从这一公式可以看出，固定资产更新率受两个方面因素的影响。第一，受到固定资产期初总额的影响。固定资产期初总额体现着原有固定资产的规模，这一数值越大，在其他条件不变的情况下，其固定资产更新的速度越缓慢。第二，受到新增固定资产数额的影响。新增固定资产数额越大，说明固定资产更新的速度越快。在一定时期内，期初的固定资产数额通常是常量，固定资产的更新率直接受本期新增固定资产数额的影响。本期新增的固定资产越多，其固定资产的更新率越高，固定资产更新的规模越大，速度越快。

由于固定资产更新率是新增固定资产总额和期初固定资产总额的比较，而期初固定资产的新旧程度和原有固定资产的使用周期都是不确定因素。如果期初的固定资产均为新的资产，且使用周期较长，那么，计算期内新增固定资产并不一定替代退废的固定资产，其固定资产更新率的提高反映的是固定资产规模的扩大；如果期初的固定资产系使用多年而且必须被新的固定资产替代，其新增的固定资产与被替代的固定资产相适应，则仅仅实现了固定资产相适应，如果新增固定资产的数额不足以补偿被替代的退废的固定资产数额，即便固定资产更新率越高，其固定资产的更新程度仍未得以全部实现，其固定资产的再生产也只能是萎缩的再生产。因此，考虑固定资产的更新程度，必须将固定资产更新率和固定资产成新率相结合进行分析才更有价值。

（三）固定资产成新率的计算与分析

$$固定资产成新率 = \frac{固定资产平均净值}{固定资产平均原值}$$

该比率反映了固定资产的新旧程度。该比率越小，则说明企业的固定资产老化程度越高，近期重置固定资产的可能性越大，固定资产支出也越大。该比率与企业的成立时间有关，应结合企业成立时间一并考虑。

四、总资产周转情况分析

（一）总资产周转率的计算与分析

总资产周转率是指企业一定时期营业收入净额与总资产平均余额的比值。它说明企业的总资产在一定时期内周转的次数。总资产周转率是综合评价资产管理或资本利用效率的重要指标。衡量总资产营运能力的指标主要有两个：总资产周转率和总资产周转天数（周转期）。

$$总资产周转率 = \frac{营业收入净额}{总资产平均余额}$$

$$总资产周转期 = \frac{计算期天数}{总资产周转率} = \frac{总资产平均余额 \times 计算期天数}{营业收入净额}$$

　　总资产周转率综合反映企业整体资产的营运能力。一般来说，总资产周转次数越多，周转速度越快，表明企业全部资产的利用效率越高，营运能力越强，进而使企业的偿债能力和盈利能力得到增强；反之，则说明全部资产的利用效率较低，最终将影响到企业的盈利能力。如果企业总资产周转率长期处于较低状态，则企业应采取适当措施扩大营业收入、提高各项资产的利用效率，对那些确实无法提高利用率的多余、闲置资产应及时进行处理以提高总资产周转率。

　　为更加深入地分析企业总资产的周转快慢及其影响因素，企业应在此基础上，进一步从各个构成要素进行分析，以便查明总资产周转率升降的原因及各要素对其的影响。企业资金循环包括短期资金循环和长期资金循环，长期资金循环必须依赖短期资金循环。因此，流动资产周转速度的快慢是决定企业总资产周转速度快慢的关键性因素。

$$总资产周转率 = \frac{流动资产平均余额}{总资产平均余额} \times \frac{营业收入净额}{流动资产平均余额}$$
$$= 流动资产占总资产比重 \times 流动资产周转率$$

　　该公式表明，总资产周转率受到流动资产周转效率和流动资产所占比重的影响。流动资产在企业资产构成当中属于流动性最强的部分。这部分所占的比重越高，则总资产的周转速度越快；相反，如果流动资产营运能力差，筹集的流动资产大量闲置，则可能适得其反，会降低总资产的营运能力。

　　【例 8-19】　GL 公司有关资料见表 8-24，计算该公司的总资产周转率。

表 8-24　　　　　　　　　　　　总资产周转率计算表　　　　　　　　　　　单位：万元

项目	2012 年	2013 年	2014 年
营业收入净额	4 720	5 969	7 343
总资产年末余额	4 454	4 957	6 500
总资产平均余额		4 705.5	5 728.5
总资产周转率（次）		1.27	1.28
总资产周转期（天）		283.46	281.25

　　根据表 8-24 中的数据，该公司 2013 年总资产周转率为

　　　　总资产周转率 = 营业收入净额 ÷ 总资产平均余额

　　　　　　　　　　 = 5 969 ÷ 4 705.5

　　　　　　　　　　 = 1.27（次）

　　　　总资产周转期 = 计算期天数 ÷ 总资产周转率

　　　　　　　　　　 = 360 ÷ 1.27

　　　　　　　　　　 = 283.46（天）

同理，该公司 2014 年总资产周转率为 1.28 次，总资产周转期为 281.25 天。

表 8-24 的计算结果表明，GL 公司 2014 年的每一元资产可产生 1.28 元的营业收入，按当前的销售规模，仅 281.25 天就可将公司资产周转一次。至于企业的资产管理效果是好还是坏，则要结合该指标的变动情况，或与同行业平均水平比较才能作出判断。该指标与 2013 年相比呈上升趋势，说明企业的资产利用效率、周转能力有所提高。

（二）总资产营运能力综合对比分析

总资产营运能力综合对比分析，就是将反映总资产营运能力的指标与反映企业流动资产和固定资产营运能力的指标结合起来，依据各类指标之间的相互关系进行分析。综合对比分析主要包括以下几方面的内容：

1. 综合对比分析反映资产占用与收入之间的关系

反映资产占用与收入之间关系的指标有三个，即固定资产周转率、流动资产周转率、总资产周转率，它们可正确评价各项资产营运效益的大小和资产周转速度的快慢。从静态上对比，可反映各项资产周转率的水平及差距；从动态上对比，可反映固定资产、流动资产及全部资产与营业收入增长的关系。

2. 将总资产营运能力与总资产盈利能力结合起来分析

从这个角度分析可说明企业资产经营盈利能力的高低，既取决于产品经营盈利能力，又受资产营运能力的影响。用一般关系式表示为

$$资产经营盈利能力 = 资产营运能力 \times 产品经营盈利能力$$

其具体计算公式为

$$总资产报酬率 = \frac{总收入}{总资产平均余额} \times \frac{息税前利润}{总收入}$$

$$= 总资产收入率 \times 销售的息税前利润率 \times 100\%$$

运用上式可全面地分析企业资产的营运情况及效果。

第四节　发展能力分析

发展能力分析主要分析企业未来生产经营的发展趋势和发展水平，包括资本、资产、销售和收益等方面的增长趋势和增长速度。分析的内容有两个方面：一方面分析有关发展能力的财务指标，评价企业到目前为止已取得的实际发展水平与速度；另一方面分析企业所处的经济环境、经营策略与财务策略，进一步分析企业可持续增长率，分析解释企业未来取得发展的能力。

一、发展能力的内涵

企业发展能力又称为增长能力，通常是指企业未来生产经营活动的发展趋势和发展潜能。企业的发展能力对投资者、债权人及其他相关利益团体非常重要。从形式看，企业的发展能力主要是通过自身的生产经营活动，不断扩大积累而形成的，主要依托于不断增长的营业收入、不断增加的资金投入和不断创造的利润等。从结果看，一个发展能力强的企业，能够不断为股东创造财富，能够不断增加企业价值。

与盈利能力、营运能力、偿债能力分析相比，企业发展能力分析更全面，是从动态的角度评价企业的成长性。传统的财务分析仅仅从静态的角度出发分析企业的财务状况，在越来越激烈的市场竞争中显然不够全面、不够充分。其原因是：

其一，企业的价值很大程度上取决于未来的获利能力，取决于企业营业收入、收益和股利的未来增长，而不是企业过去或者目前所获得的收益情况。对于上市公司而言，

股票价格固然受多种因素的影响，但是从长远看，剩余收益的增加才是导致公司股票未来价格上升的根本因素。

其二，发展能力是企业盈利能力、营运能力、偿债能力的综合体现。无论是增强企业的盈利能力、偿债能力还是提高企业的资产运营效率，都是为了企业未来的生存和发展需要，都是为了提高企业的增长能力。因此，要全面衡量一个企业的价值，就不应该仅仅从静态的角度分析其经营能力，更应该着眼于从动态的角度出发分析和预测企业的发展能力。

二、发展能力指标分析

（一）资本增长指标

1. 股东权益增长率

股东权益增长率是指本年所有者权益的增长额与年初所有者权益之比，也叫做资本积累率。它反映企业经过一年的生产经营后所有者权益的增长幅度，是评价企业发展潜力的重要指标。其计算公式是

$$股东权益增长率 = \frac{本年所有者权益增长额}{年初所有者权益} \times 100\%$$

本年所有者权益增长额是指企业本年所有者权益与上年所有者权益的差额，即本年所有者权益增长额 = 所有者权益年末数 - 所有者权益年初数。

【例 8 - 20】 根据附录中 GL 公司的有关资料，该公司 2015 年 12 月 31 日所有者权益为 6 070 万元，2014 年 12 月 31 日所有者权益为 4 820 万元，则该公司 2015 年度股东权益增长率计算如下：

$$股东权益增长率 = \frac{6070 - 4820}{4820} \times 100\%$$

$$= 25.93\%$$

通过计算可知，GL 公司 2015 年的股东权益比 2014 年增长了 25.93%。

股东权益增长率越高，表明企业本期所有者权益增加得越多，对企业未来的发展越有利；反之，股东权益增长率越低，表明企业本年度所有者权益增加得越少，企业未来的发展机会就越少。

在进行股东权益增长率分析时，应注意以下几点：

（1）股东权益的增长来源有两个，其中一个来源是生产经营活动产生的净利润，另一个来源是筹资活动产生的股东净支付。所谓股东净支付，就是股东对企业当年的新增投资扣除当年发放股利后的余额。因此，股东权益增长率还可以表示为

$$
\begin{aligned}
股东权益增长率 &= \frac{本年所有者权益增长额}{年初所有者权益} \times 100\% \\
&= \frac{净利润 + （股东新增投资 - 支付股东股利）}{年初所有者权益} \times 100\% \\
&= \frac{净利润 + 对股东的净支付}{年初所有者权益} \times 100\% \\
&= 净资产收益率 + 股东净投资率
\end{aligned}
$$

公式中的净资产收益率和股东净投资率都是以所有者权益期初余额作为分母计算

的。从公式中我们也可以看出，股东权益增长率的变化受净资产收益率和股东净投资率这两个因素的影响。其中，净资产收益率反映了企业运用股东投入资本创造收益的能力，而股东净投资率反映了企业利用股东新投资的程度。这两个比率的大小都会影响股东权益增长的情况。

（2）股东权益增长率反映了投资者投入企业资本的保全性和增长性。该指标越高，表明企业的资本积累越多，企业资本保全性越强，应付风险、持续发展的能力越强。

（3）股东权益增长率如为负值，表明企业资本受到侵蚀，所有者利益受到损害，应予以充分重视。

（4）股东权益增长趋势分析。为了正确判断和预测企业股东权益规模的发展期趋势和发展水平，应将企业不同时期的股东权益增长率加以比较。因为一个持续增长的企业，其股东权益增长率是不断增长的。如果时增时减，则反映企业发展不稳定，同时也说明企业并不具备良好的发展能力。因此仅仅计算和分析某个时期的股东权益增长率是不全面的，应利用趋势分析法将一个企业不同时期的股东权益增长率加以比较，才能正确全面地评价企业发展能力。

2. 三年股东权益平均增长率

股东权益增长率指标有一定的滞后性，仅反映当期情况。为反映企业资本保全增值的历史发展情况，了解企业的发展趋势，需要计算连续几年的股东权益增长率，从而客观地评价企业的股东权益发展能力状况。

$$三年股东权益平均增长率 = \left(\sqrt[3]{\frac{年末所有者权益总额}{三年前年末所有者权益总额}} - 1 \right) \times 100\%$$

该指标越高，表明企业所有者权益的保障程度越高，企业可长期使用的资金越多，抗风险的持续发展的能力越强。

利用该指标分析时应注意所有者权益各类别的增长情况。实收资本的增长一般源于外部资金的进入，表明企业具备了进一步发展的基础，但并不表明企业过去具有很强的发展和积累能力；留存收益的增长反映企业通过自身经营积累了发展后备资金，既反映了企业在过去经营中的发展能力，也反映了企业进一步发展的后劲。

【例 8－21】 根据附录中 GL 公司资产负债表与利润表的资料，分别计算该公司 2013 年、2014 年、2015 年的股东权益增长率、净资产收益率和股东净投资率等指标，计算结果如表 8－25 所示。

表 8－25　　GL 公司股东权益增长率、净资产收益率和股东净投资率计算表　　单位：万元

项目	2012 年	2013 年	2014 年	2015 年
所有者权益总额	3 756	3 898	4 820	6 070
本年所有者权益增长额	—	142	922	1 250
股东权益增长额	—	3.78	23.65	25.93
净资产收益率（％）	19.88	30.55	37.55	
股东净投资率（％）	—	－16.1	－6.9	－11.6

注：表中的净资产收益率和股东净投资率都是以所有者权益期初余额作为分母计算的。

从表 8 - 25 可以看出，GL 公司自 2013 年以来，其所有者权益总额不断增加，从 2013 年的 3 898 万元增加到 2015 年的 6 070 万元；该公司 2012 年以来的股东权益增长率也不断增加，这说明 GL 公司近几年企业的资本积累不断增加，应付风险、持续发展的能力不断增大。

进一步分析该公司股东权益增长的原因，可以发现，2013—2015 年的净资产收益率不断增加，且在股东权益增长率中都占有较大比重，这说明该公司股东权益的增长主要来自净利润的增加，而不是来源于股东的新增投资。净资产收益率反映企业运用股东投入资本创造收益的能力，这表明 GL 公司股东权益的增长主要是依靠企业运用股东投入资本所创造的收益，而不是依靠股东新投入的资本。根据以上分析可以判断该公司在股东权益方面具有较强的发展能力。

（二）资产增长指标

1. 资产增长率

企业要增加销售收入，就需要通过增加资产投入来实现。资产是企业用于取得收入的资源，也是企业偿还债务的保障。资产增长是企业发展的一个重要方面，发展性高的企业一般能保持资产的稳定增长。

资产增长率就是本年度资产增加额与资产年初总额之比，用来反映企业总资产的增长速度的快慢。其计算公式如下：

$$资产增长率 = \frac{资产年末总额 - 资产年初总额}{资产年初总额} \times 100\%$$

资产增长率大于零，则说明企业本年度资产规模增大。资产增长率越大，说明资产规模扩大得越快。资产增长率小于零，则说明企业本年度资产规模缩减，资产出现负增长。

【例 8 - 22】　根据附录中 GL 公司的有关资料，该公司 2015 年 12 月 31 日总资产为 7 770 万元，2014 年 12 月 31 日总资产为 6 500 万元，则该公司 2015 年度资产增长率计算如下：

$$资产增长率 = \frac{7\,770 - 6\,500}{6\,500} \times 100\% = 19.54\%$$

通过计算可知该公司 2015 年的资产规模比 2014 年增长了 19.54%。

在进行资产增长率指标分析时，应注意以下几点：

（1）分析资产增长的规模是不是合理。企业资产增长率高并不意味着企业的资产规模增长就一定合理。评价一个企业资产规模是否合理，必须与销售收入增长、利润增长等情况结合起来分析。只有在一个企业的销售收入增长、利润增长超过资产规模增长的情况下，这种资产规模增长才属于效益型增长，才是合理的、适当的。

（2）正确分析企业资产增长的来源。企业的资产来源于负债和所有者权益。在其他条件不变的情况下，无论是增加负债规模还是增加所有者权益规模，都能够提高资产增长率。增加负债规模，说明企业增加负债筹资；而增加所有者权益规模，则可能是企业吸收了新的股东或者是实现了盈利。从企业发展的角度看，企业资产的增长应该主要来自所有者权益的增长，而不是负债的增长。相反，如果一个企业资产的增长完全依赖于负债的增长,而所有者权益在本年度内没有发生变动或者变动不大,说明企业不具备良好的发展潜力。

(3)分析资产增长的趋势是否稳定。为了全面地认识企业资产规模的增长趋势和增长水平,应将企业不同时期的资产增长率加以比较。对于一个健康的处于成长期的企业,其发展规模应该是不断增长的。如果时增时减,则反映企业的经营业务不稳定,同时也说明企业并不具备良好的发展能力。

(4)资产增长率是考核企业发展的重要指标。在对我国上市公司业绩综合排序时,该指标位居第二。

2. 固定资产成新率

固定资产成新率是企业当期平均固定资产净值同平均固定资产原值的比率,反映了企业所拥有的固定资产的新旧程度,体现了企业固定资产更新的快慢和持续发展的能力。

$$固定资产成新率 = \frac{固定资产平均净值}{固定资产平均原值} \times 100\%$$

该指标值高表明企业的固定资产比较新,可以为企业服务较长时间,企业对扩大再生产的准备比较充足,发展的可能性较大。

在进行固定资产成新率指标分析时,应注意以下几点:

(1)应剔除企业应提未提折旧对固定资产真实情况的影响。

(2)进行企业间比较时,注意不同折旧方法对指标的影响。

(3)该指标受周期影响大,评价时应注意企业所处周期阶段这一因素。

【例8-23】 以附录中GL公司的资产负债表的资料为基础,分别计算该公司2013年、2014年、2015年的资产增长率、股东权益增加额及其占资产增加额的比重。其资产增长率指标计算如表8-26所示。

表8-26　　　　　　　　　　　GL公司资产增长率计算表　　　　　　　　　单位:万元

项目	2012 年	2013 年	2014 年	2015 年
资产总额	4 454	4 957	6 500	7 770
本年资产增长额	—	503	1 543	1 270
资产增长率(%)	—	11.30	31.13	19.54
股东权益增长率(%)	—	142	922	1 250
股东权益增长额占资产增加额的比重(%)	—	28.23	59.75	98.43

从表8-26可以看出,自2013年以来,GL公司资产规模不断增加,从2013年的4 957万元增加到2015年的7 770万元。但是,2013年以来的资产增长率时增时减,从2013年的11.30%提高到2014年的31.13%,又从2014年的31.13%降低到2015年的19.54%。这说明GL公司2013—2015年的经营业务不稳定,资产规模呈现出不稳定发展趋势。

但是仅仅从这一点不能断定GL公司不具有较强的资产增长能力,还必须分析该公司资产增长的效益性和资产增长的来源。资产增长的效益性分析将在下面的销售增长分析和利润增长分析中结合相关数据进行，在此主要分析资产增长的来源。如表 8 - 26 所示，2013 年、2014 年和 2015 年这三年的股东权益增加额占资产增加额的比重分别为 28.23%、59.75%、98.43%，可看出该公司这三年来股东权益增加额在资产增加额中所占的比重很大，尤其是 2014 年股东权益增长额占资产增加额的比重达到了 98.43%。资产增长的绝大部分来自股东权益的增加，说明这三年资产增长的来源比较理想。如果公司能够调整好资产规模，使其稳定发展，则该公司的资产增长能力还是很强的。

（三）销售增长率指标

1. 销售增长率

该指标是衡量企业经营状况和市场占有能力、预测企业经营业务拓展趋势的重要指标。不断增长的销售收入，是企业生存的基础和发展的条件。

销售增长率是指某一年度营业收入增加额与上年营业收入之比。它是评价企业发展能力的重要指标。其计算公式如下：

$$销售增长率 = \frac{本年营业收入 - 上年营业收入}{上年营业收入} \times 100\%$$

销售增长率是反映企业营业收入在一年之内增长幅度的比率。销售增长率大于零，说明企业本年的营业收入有所增加，本期销售规模扩大。销售增长率越高，说明企业营业收入增长得越快，销售情况越好，企业市场前景越好；反之，销售增长率小于零，则说明企业销售收入有所减少，销售规模减小，销售出现负增长，也就是企业的产品或者服务不适销对路，质次价高，或者是售后服务等方面存在问题，市场份额萎缩。

【例 8 - 24】　附录中 GL 公司的利润表显示，其 2015 年度营业收入为 7 660 万元，2014 年度营业收入为 7 343 万元。由此可见

$$2015 年度企业销售增长率 = \frac{7\ 660 - 7\ 343}{7\ 343} \times 100\% = 4.32\%$$

该指标大于零表示企业本年的产品适销对路，企业市场前景好，销售收入有所增长。

分析企业的销售增长率时，应该注意以下几个方面：

（1）销售增长率是衡量企业经营状况和市场占有能力的重要指标。不断增加的销售收入是企业生存的基础和发展的条件。世界 500 强企业就主要以销售收入的多少进行排序。分析销售增长率时要分析销售增长的效益，也就是要看一个企业的销售增长率与资产增长率哪个大。一般情况下，一个企业的销售增长率应高于其资产增长率。只有在这种情况下，才能说明企业在销售方面具有良好的成长性。如果营业收入的增加主要是通过资产的增加来实现的，也就是销售增长率低于资产增长率，说明企业的销售增长不具有效益性，同时也反映企业在销售方面可持续发展能力不强。

（2）可以利用某种产品销售增长率指标，来观察企业该种产品处于产品生命周期中的哪个时期。根据产品生命周期理论，每种产品的生命周期一般可以划分为四个阶段，产品在不同阶段反映出的销售情况也不同。在投入期，由于产品刚刚投入生产，产品销售规模较小，增长比较缓慢，这时这种产品的销售增长率较低；在成长期，由于产品市

场不断扩大，生产规模不断扩大，销售迅速增加，产品销售增长较快，这时这种产品销售增长率较高；在成熟期，由于市场已经饱和，销售量趋于稳定，产品销售将不再有大幅度地增长，这时产品销售增长率与上一期相比变化不大；在衰退期，由于市场开始萎缩，产品销售增长速度放慢甚至出现负增长，即这种产品销售增长率较上期变动非常小，甚至表现为负数。企业的产品结构由处于不同生命周期的产品系列组成。对一个具有良好发展前景的企业来说，较为理想的产品结构是"成熟一代，生产一代，储备一代，开发一代"。对于一个所有产品都处于成熟期或者衰退期的企业来说，其发展前景令人担忧。

（3）要全面、正确地分析企业销售收入的增长趋势和增长水平。由于某个时期的销售增长率可能会受到一些偶然因素影响，仅仅就某个时期的情况而言，这些比率分析并不全面。因此，应结合企业历年的销售水平、企业市场占有情况、行业未来发展及其他影响企业发展的潜在因素进行前瞻性预测，或者结合企业前三年的销售收入增长率作出趋势性分析判断。

2. 三年销售平均增长率

该指标表明企业主营业务收入连续三年增长的情况，体现了企业的持续发展态势和市场扩张能力。

$$三年销售平均增长率 = \left(\sqrt[3]{\frac{当年主营业务收入总额}{三年前主营业务收入总额}} - 1 \right) \times 100\%$$

该指标越高，表明企业销售收入持续增长势头越好，企业积累和发展的基础越稳固，市场扩张能力越强。若指标低，则情况相反。

【例8-25】 根据附录中 GL 公司的利润表，分别计算该公司2013年、2014年和2015年的销售增长率指标。其销售增长率指标计算如表8-27所示。

表8-27 GL 公司销售增长率指标计算表 单位：万元

项目	2012年	2013年	2014年	2015年
营业收入	4 720	5 969	7 343	7 660
本年营业收入增长额	—	1 249	1 374	317
销售增长率（%）	—	26.46	23.02	4.32

首先，分析 GL 公司销售收入的发展趋势和发展水平。从表8-27可以看出，该公司自2012年以来销售规模不断增大，营业收入从2013年的5 969万元增加到2015年的7 660万元。但从增长幅度来看，这三年来的销售增长率却一直呈下降的趋势，尤其是2015年的下降幅度很大，这说明该公司的销售增长速度已经开始放慢，逐渐趋于稳定的水平。

其次，利用表8-26的资产增长率指标，结合表8-27分析公司各年销售增长是否具有效益性。2013年、2014年、2015年这三年的资产增长率分别为11.30%、31.13%、19.54%。可见除了2013年，后两年的销售增长率均低于当年的资产增长率，这说明 GL 公司这两年的销售增长主要是依靠资产的相应增加取得。因此，该公司销售增长不具有效益性。

（四）净利润增长率指标

由于净利润增长率是企业经营业绩的结果，所以净利润的增长是企业成长性的基本表现。净利润增长率是某一年度内税后净利润增加额与上年税后净利润之比。其计算公式是

$$净利润增长率 = \frac{本年税后净利润 - 上年税后净利润}{上年税后净利润} \times 100\%$$

净利润增长率是反映企业税后净利润在一年内增长幅度的比率。一般情况下，净利润增长率大于零时，说明企业本期净利润增加，企业的发展前景较好；净利润增长率小于零时，说明企业本期的净利润减少，企业的发展前景不好。

【例 8 - 26】　附录中 GL 公司的有关资料显示，该公司 2015 年度税后净利润为 1 810 万元，2014 年度税后净利润为 1 191 万元，则该公司 2015 年度净利润增长率计算如下：

$$净利润增长率 = \frac{1\ 810 - 1\ 191}{1\ 191} \times 100\% = 51.97\%$$

通过计算可知，该公司的净利润增长率大于零，说明 2015 年该公司的净利润增加。

在分析企业净利润增长率时，应注意以下几点：

（1）分析净利润增长率时应该结合企业的营业利润增长率来进行。企业的净利润除了来自主营业务收入之外，还包括公允价值变动损益、资产减值损失、营业外收入等这些非主营业务收入。要全面地认识企业的发展能力，需要结合企业的营业利润增长率进行分析。一个企业如果销售收入增长，但是利润并没有增长，则从长远看，它并没有创造经济价值。同样，一个企业如果利润增长，但是销售收入并未增长，也就是说利润的增长不是来自其正常经营业务，这样的增长是不能持续的，随着时间的推移就会消失。所以，利用营业利润增长率可以较好地考察企业的成长性。营业利润增长率是某一年度内营业利润增加额与上年营业利润之比，其计算公式为

$$营业利润增长率 = \frac{本年营业利润 - 上年营业利润}{上年营业利润} \times 100\%$$

该公式反映的是营业利润增长情况。

【例 8 - 27】　附录中 GL 公司的有关资料显示，该公司 2015 年度营业利润为 2 070 万元，2014 年度营业利润为 1 366 万元，则该公司 2015 年度营业利润增长率如下：

$$营业利润增长率 = \frac{2\ 070 - 1\ 366}{1\ 366} \times 100\% = 51.54\%$$

通过计算可知，该公司 2015 年度的营业利润与 2014 年度相比增长了 51.54%。营业利润增长率大于零，说明企业本期营业利润增加；营业利润增长率越大，则说明企业收益增长得越多。营业利润增长率小于零，说明企业本期营业利润减少，收益降低。

（2）为了正确地反映企业净利润的增长趋势，应将企业连续多期的净利润增长额、净利润增长率、营业利润增长率进行对比分析，这样可以排除个别时期偶然性或者特殊性因素的影响，从而全面、真实地揭示企业净利润的增长情况，反映企业发展能力的稳

定性。

【例8-28】 以附录中 GL 公司的有关资料为基础,分析该公司的净利润发展能力。

首先,利用相关数据分别计算该公司2013年、2014年、2015年的营业利润增长率和净利润增长率等指标。计算结果如表8-28所示。

表8-28   GL 公司净利润增长率指标计算表   单位:万元

项目	2012 年	2013 年	2014 年	2015 年
营业利润	595	855	1 366	2 070
本年营业利润增加额	—	260	511	704
营业利润增长率（%）	—	43.70	59.77	51.54
净利润	510	747	1 191	1 810
本年净利润增加额		237	444	619
净利润增长率（%）	—	46.47	59.44	51.97

其次,根据表8-28分析 GL 公司的营业利润增长率。从表中可以看出,该公司自2012年以来,其营业利润不断增加,营业利润从2013年的855万元增加到2015年的2 070万元。结合表8-27,该公司2013年、2014年、2015年三年的销售增长率分别是26.46%,23.02%,4.32%,而该公司这三年的营业利润增长率分别为43.70%,59.77%,51.54%。公司的营业利润增长率高于销售增长率,说明该公司这三年的营业收入和投资净收益的增长超过了营业成本、营业税费、期间费用等成本的增加,说明公司正处于成长期,业务不断拓展,其盈利能力较强。

再次,分析该公司的净利润增长率。结合公司的营业利润增长率来看,该公司2013年、2014年、2015年营业利润增长率分别是43.70%,59.77%,51.54%,而该公司2013年、2014年、2015年净利润增长率分别是46.47%、59.44%、51.97%。除了2014年净利润的增长幅度稍稍低于营业利润的增长幅度以外,2013年、2015年净利润的增长幅度都超过营业利润的增长幅度,说明这两年净利润的增长主要来源于营业利润的增长,企业具有良好的发展能力。

最后,综合以上分析,GL 公司在营业利润方面具有较强的发展能力,在净利润方面也具有一定的增长能力。

本章小结

财务比率是指反映会计报表内在联系的比较分析指标,能够揭示会计报表所提供的财务数据不能直接反映的相互关系,并据此对企业历史的偿债能力、盈利能力、营运能力及发展能力作出判断。企业的偿债能力分为短期偿债能力和长期偿债能力。短期偿债能力是指企业运用流动资产偿还流动负债的能力。用于反映企业短期偿债能力的比率指标主要有流动比率、速动比率和现金比率等;长期偿债能力是指企业运用自己的所有有效资产偿还全部负债的能力，用于反映企业长期偿债能力的比率指标主要有资产负债率、权益乘数和利息保障倍数等。

盈利能力是决定企业最终运营状况的根本因素，是企业经营管理水平的综合体现，一般由销售毛利率、营业利润率和销售净利率、净资产收益率、总资产收益率等指标来衡量企业盈利能力的大小，但要真正揭示一个企业的盈利能力，还需对其盈利的质量进行深入分析，通过盈利指标中的现金含量等指标分析其盈利质量。

企业营运资产的主体是流动资产和固定资产。企业营运资产的利用及其能力如何，从根本上决定了企业的经营状况和经济效益。企业营运能力财务分析的比率主要包括存货周转率、存货周转天数、应收账款周转率、应收账款周转天数（平均收现期）、营业周期、流动资产周转率、固定资产周转率和总资产周转率等。这些比率揭示了企业资金运营周转的情况，反映了企业对经济资源管理、运用的效率高低。

发展能力分析主要分析企业未来生产经营的发展趋势和发展水平，包括资本、资产、销售和收益等方面的增长趋势和增长速度。与盈利能力、营运能力、偿债能力分析相比，企业发展能力分析更全面，是从动态的角度评价企业的成长性。

思考与练习

1. 企业的利益相关各方为何重视短期偿债能力？

2. 企业长期偿债能力分析常用的财务比率有哪些？应如何应用它们来评价企业的长期偿债能力？

3. 产权比率与资产负债率两个指标有何区别？

4. 分析企业短期偿债能力的指标有哪些？

5. 企业的盈利能力从哪几个方面评价，各自的侧重点是什么？

6. 列举能影响企业盈利能力的各种因素。

7. 如何利用销售净利率分析企业的盈利能力？

8. 什么是应收账款周转率？在对其分析时应注意哪些问题？

9. 应收账款周转天数是否越短越好？

10. 影响企业存货周转率的主要因素是什么？

11. 为什么存货周转率、应收账款周转率会影响企业的短期偿债能力？

12. 分析评价企业的资产管理效率的指标有哪些？计算公式如何表示？

13. 固定资产周转率总是越高越好吗？固定资产周转率低说明了什么问题？

14. 影响固定资产周转率的因素有哪些？

15. 影响总资产周转率的因素有哪些？

16. 影响流动资产周转率的因素有哪些？

17. 总资产营运能力与各类资产营运能力之间的关系如何？

18. 如何评价固定资产更新率指标？在分析时为何要结合固定资产成新率一起考虑？

19 企业发展能力分析的内容有哪些？

20. 企业要想提高股东权益增长率可以采取哪些措施？

21. 如何正确分析企业资产增长的来源？
22. 如何利用某种产品的销售增长率指标来分析企业的成长性？
23. 影响可持续增长率的因素有哪些？
24. 当实际增长率高于可持续增长率时，会带来哪些问题，可采取哪些措施？
25. 当实施增长率低于可持续增长率时，企业可采取哪些策略？

第九章

企业经营与财务综合分析

学习目标

通过本章的学习，理解财务综合分析的目的和意义；了解财务综合分析的方法体系，重点掌握财务比率综合评分法和杜邦分析法的基本原理和应用方法；掌握经济增加值法中 EVA 的计算和评价方法，熟悉平衡计分卡的指标设计和应用程序；理解各种财务综合分析方法的优势和不足，并能够运用财务综合分析法，以全局的观点对企业财务状况做综合分析和评价。

第一节　财务综合分析概述

一、财务综合分析的意义

（一）财务综合分析的概念

在前面各章中，我们已经介绍了企业偿债能力、营运能力、盈利能力和发展能力以及现金流量等各种财务分析指标。但单独分析任何一项财务指标，就跟盲人摸象一样，都难以全面评价企业的经营与财务状况。要做全面的分析，必须采取适当的方法，对企业财务进行综合分析与评价。所谓财务综合分析，就是将企业偿债能力、盈利能力和营运能力等方面的分析纳入一个有机的分析系统之中，全面地对企业财务状况、经营状况进行解剖和分析，从而对企业经济效益作出较为准确的评价与判断。

（二）财务综合分析信息需求者

财务综合分析信息需求者主要包括权益投资者、债权人、经理人员、政府机构和其他与企业有利益关系的人士。他们出于不同的利益考虑使用财务报表，对财务信息有着不同的要求。

1. 债权人

债权人是指借款给企业并得到企业还款承诺的人。债权人关心企业是否具有偿还债务的能力。债权人可以分为短期债权人和长期债权人。

债权人的决定是否给企业提供信用，以及是否需要提前收回债权。他们进行财务综合分析是为了回答以下几方面的问题：（1）公司为什么需要额外筹集资金；（2）公司还本付息所需资金的可能来源是什么；（3）公司对于以前的短期和长期借款是否按期偿还；（4）公司将来在哪些方面还需要借款。

2. 投资者

投资者是指公司的权益投资者，即普通股股东。普通股股东投资公司的目的是扩大自己的财富。他们所关心的是资本的保值增值状况、获利能力及风险等。

权益投资者进行财务综合分析，是为了回答以下几方面的问题：（1）公司当前和长期的收益水平高低，以及公司收益是否容易受重大变动的影响；（2）目前的财务状况如何，公司资本结构决定的风险和报酬如何；（3）与其他竞争者相比，公司处于何种地位。

3. 经理人员

经理人员是指由被所有者聘用的、对公司资产和负债进行管理的个人所组成的团体，有时称为管理当局。

经理人员关心的是公司的财务状况、盈利能力和持续发展的能力。经理人员可以获取外部使用人无法得到的内部信息。他们分析报表的主要目的是改善报表。

4. 政府机构有关人士

政府机构有关人士也是公司财务报表的使用人，包括税务部门、国有企业的管理部门、证券管理机构、会计监管机构和社会保障部门的有关人士。他们使用财务报表是为了履行自己的监督管理职责。

5. 其他人士

其他人士是指除以上各方面以外的其他与企业有利益关系的相关人士。

（三）财务综合分析的目的和意义

财务综合分析正是要满足以上所述报表使用人的需求。一般来说，财务报表分析从偿债能力、营运能力、盈利能力和发展能力等角度对企业各项经济活动进行了深入的分析，对各个报表使用者了解企业的财务状况与财务成效，判断企业在某一方面的状况与业绩是十分有用的，但又很难对企业财务总体状况作出总体结论，因此有必要在会计报表分析的基础之上进行财务综合分析。财务综合分析不仅可以明确企业盈利能力、营运能力、偿债能力及发展能力之间的相互联系，找出制约企业发展的瓶颈所在，而且财务报表综合分析是财务综合评价的基础，通过财务综合分析有利于综合评价企业经营业绩，明确企业的经营水平与位置。

二、财务综合分析的特点

财务综合分析的特点体现在其财务指标体系的要求上。一个健全有效的综合财务指标体系必须具备三个基本素质：

1. 指标要素齐全适当

这是指所设置的评价指标必须能够满足对企业营运能力、偿债能力和盈利能力等诸方面总体考核的要求。

2. 主辅指标功能匹配

这里要强调两个方面：（1）在确立营运能力、偿债能力和盈利能力诸方面评价的主要指标与辅助指标的同时，进一步明晰总体结构中各项指标的主辅地位；（2）不同范畴的主要考核指标所反映的企业经营状况、财务状况的不同侧面与不同层次的信息有机统一，应当能够全面而翔实地揭示出企业经营理财的实绩。

3. 满足多方面信息需要

这要求评价指标体系必须能够提供多层次、多角度的信息资料，既能满足企业内部管理当局实施决策的需要，又能满足外部投资者和政府经济管理机构凭以决策和实施宏观调控的要求。

三、财务综合分析的方法体系

（一）传统财务分析评价体系

运用较广泛的传统财务分析评价方法主要包括杜邦财务评价体系和沃尔比重评分法。杜邦财务评价体系是利用各财务指标间的内在关系，对企业综合经营理财及经济效益进行评价的方法。其中，净资产收益率是一个综合性最强的财务指标，是杜邦指标系统的核心。沃尔比重评分法将流动比率、产权比率、固定资产比率、存货周转率、应收账款周转率、固定资产周转率与自有资金周转率等七项财务比率用线性关系结合起来，并分别给定各自的分数比重，然后通过与标准比率进行比较，确定各项指标的得分及总体指标的累计分数，从而对企业的信用水平作出评价。

（二）现代财务分析评价方法

自亚历山大·沃尔创建沃尔比重评分法以来，财务评价问题一直是国外财务学界研究的热点，并出现了诸多财务评价方法，如平衡计分卡、经济增加值及供应链绩效衡量等，虽然中国的很多企业已将它们运用于实践，但仍存在问题。

四、财务综合分析方法的应用原则

1. 信息资料充分原则

信息资料充分原则是进行综合分析评价的前提，只有拥有充分的资料，才能使分析结果具有可靠性，充分说明分析结果。

2. 定性分析与定量分析相结合原则

定性分析就是对研究对象进行质的方面的分析。具体地说，是运用归纳和演绎、分析与综合以及抽象与概括等方法，对获得的各种材料进行思维加工，从而能去粗取精、去伪存真、由此及彼、由表及里，达到认识事物本质、揭示内在规律的目的。而在财务分析中，定量分析可以使人们对研究对象的认识进一步精确化，更加科学地揭示规律，把握本质，理清关系，预测事物的发展趋势。进行财务综合分析时，定量分析同样是必不可少的。定性分析是对事物质的判断，而定量分析是通过一定的量去反映质的状态和变化。两者充分结合，从而全面系统地作出分析结论，提高分析结果的全面性和可使用性。

3. 静态分析与动态分析相结合原则

静态分析就是分析经济现象的均衡状态以及有关的经济变量达到均衡状态所具备的条件，它完全抽象掉了时间因素和具体的变化过程，是一种静止地、孤立地考察某种经济事物的方法。静态分析法只分析经济现象达到均衡时的状态和均衡条件，而不考虑经济现象达到均衡状态的过程。而动态分析是对经济变动的实际过程进行的分析，其中包括分析有关变量在一定时间过程中的变动，这些经济变量在变动过程中的相互影响和彼此制约的关系，以及它们在每一个时点上变动的速率等。动态分析法的一个重要特点是考虑时间因素的影响，并把经济现象的变化当做一个连续的过程看待。静态分析能说明某一时点上的状态，动态分析能反映某一时间段上相关数据的变动方向及发展趋势，两者结合运用，为进行预测、决策等多方面分析提供了很好的依据。

第二节　财务综合分析方法

一、财务比率综合评分法

（一）财务比率综合评分法的原理

财务比率综合评分法是由美国银行家亚历山大·沃尔在20世纪初提出并使用的方法，又叫沃尔比重评分法。

在进行财务分析时，人们遇到的一个主要困难就是计算出财务比率之后，无法判断它是偏高还是偏低。与本企业的历史比较，也只能看出自身的变化，却难以评价其在市场竞争中的优劣地位。为了弥补这些缺陷，亚历山大·沃尔在其于20世纪初出版的《信用晴雨表研究》和《财务报表比率分析》中提出了信用能力指数概念，将流动比率、产权比率、固定资产比率、存货周转率、应收账款周转率、固定资产周转率、自有资金周转率等七项财务比率用线性关系结合起来，并分别给定各自的分数比重，然后通过与标准比率进行比较，确定各项指标的得分及总体指标的累计分数，从而对企业的信用水平作出评价。

原始意义上的沃尔比重评分法存在两个缺陷：一是所选定的七项指标缺乏证明力；二是当某项指标严重异常时，会对总评分产生不合逻辑的重大影响。现代社会与沃尔时代已经发生很大的变化。沃尔最初提出的七项指标已难以完全适应当前企业评价的需要。其实，不同的行业有不同的特点，可能需要不同的指标来评价才能全面反映其真实的状况。在运用沃尔比重评分法时，应根据不同情况，确定不同的评价标准。后来的财务比率综合评分法在沃尔比重评分法的基础上又有所改进，使之更加合理。

（二）财务比率综合评分法的基本程序

1. 选定评价企业财务状况的财务指标。财务指标的选择首先要符合现行财务制度的规定，所选择的指标要能反映财务特征，数量既要充分，又要适当。所选各项指标应尽量保持方向上的一致性，尽量选择正指标，不要选择负指标。评价企业的财务状况，不外乎从盈利能力、偿债能力、营运能力和发展能力等各方面考虑，所以指标的选择也是要囊括这几个方面。例如，1995年财政部颁布了一套企业经济效益评价指标体系，主要包括：

（1）销售利润率＝利润总额÷产品销售收入净额

（2）总资产报酬率＝息税前利润总额÷平均资产总额

（3）资本收益率＝净利润÷实收资本

（4）资本保值增值率＝期末所有者权益总额÷期初所有者权益总额

（5）资产负债率＝负债总额÷资产总额

（6）流动比率（速动比率）＝流动资产（速动资产）÷流动负债

（7）应收账款周转率＝赊销净额÷平均应收账款余额

（8）存货周转率＝产品销售成本÷平均存货成本

（9）社会贡献率＝企业社会贡献总额÷平均资产总额

（10）社会积累率＝上交国家财政总额÷企业社会贡献总额

上述指标可以分成四类：（1）～（4）为获利能力指标，（5）～（6）为偿债能力指标，（7）～（8）为营运能力指标，（9）～（10）为社会贡献指标。

2. 确定重要性系数。重要性系数是指某项指标达到其标准值（行业平均水平或理想值）时可以得到的分数，或称标准评分值，也就是各项财务指标得分的权数比重。各项财务指标的标准评分值之和应等于 100 分。

重要性系数的确定是财务比率综合评分法的一个重要问题，它直接影响到对企业财务状况的评分多少。重要性系数应根据各项财务指标的重要程度加以确定。某项指标的重要性程度应根据企业的经营活动性质、生产经营规模、市场形象和分析者的分析目的等因素来确定。例如，上述财政部颁布的企业经济效益评价指标体系标准值的重要性权数总计为 100 分，其中销售利润率为 15 分，总资产报酬率为 15 分，资本收益率为 15 分，资本保值增值率为 10 分，资产负债率为 5 分，流动比率（速动比率）为 5 分，应收账款周转率为 5 分，存货周转率为 5 分，社会贡献率为 10 分，社会积累率为 15 分。

3. 确定各项财务指标的标准值。财务指标的标准值是指各指标在本行业现实条件下的理想的数值。标准的财务指标是指特定的国家、行业、时期的财务指标，通常是行业平均指标。行业平均指标一般是根据行业中部分企业抽样调查得来的，因为行业中不同公司所采用的会计方法不一定相同，每个企业的经营状况也可能存在较大差异，这些都会影响指标限值的代表性。因此，要根据实际情况对行业平均财务指标进行必要的修正，尽量保证财务指标限值的科学性、代表性。

4. 计算企业在一定时期各项财务指标的实际值。

5. 计算出各项财务指标实际值与标准值的比率，即关系比率。关系比率总的说来等于财务指标的实际值与标准值的比值，具体计算方法要区分三种情况：

（1）凡实际值大于标准值为理想的，其计算公式为

$$关系比率 = 1 + \frac{实际值 - 标准值}{标准值}$$

或

$$关系比率 = \frac{实际值}{标准值}$$

（2）凡实际值小于标准值为理想的，其计算公式为

$$关系比率 = 1 + \frac{标准值 - 实际值}{实际值}$$

（3）凡实际值脱离标准值均为不理想的，其计算公式为

$$关系比率 = 1 - \frac{|实际值 - 标准值|}{标准值}$$

6. 计算出各项财务指标的实际得分。各项财务指标的实际得分是关系比率和标准评分值（权数）的乘积，每项财务指标的得分都不得超过上限或下限，所有各项财务指标实际得分的合计数就是企业财务状况的综合得分。如果综合得分接近或大于 100 分，说明企业财务状况良好，符合或高于行业平均水平。如果综合得分低于 100 分，说明企业财务状况存在问题，各项财务能力较差。综合实际得分的计算公式如下：

$$综合实际得分 = \sum（权数 × 关系比率）$$

财务比率综合评分法是评价企业总体财务状况的一种比较可取的方法，但这一方法的正确性取决于指标的选定、标准值的合理程度、标准值重要性权数的确定等。

（三）财务比率综合评分法应用举例

【例9-1】 现仍以GL公司的资料为例，说明GL公司财务比率综合评分法的具体应用。GL公司2013年和2014年资产负债表和利润表资料见附录。

根据GL公司资产负债表和利润表资料，GL公司2014年相关指标的计算如表9-1所示。

表9-1　　　　　　　　　　　　财务比率综合评分法　　　　　　　　　　单位：次

项数	指　　标	评分值	标准值	实际值	关系比率	得分值
		（1）	（2）	（3）	（4）＝（3）÷（2）	（5）＝（1）×（4）
1	流动比率	15	2	2.96	1.48	22.20
2	速动比率	10	1	2.42	2.42	24.20
3	资产负债率（%）	10	50	21.88	0.44	4.40
4	应收账款周转率	5	6	3.52	0.59	2.95
5	存货周转率	10	5	6.90	1.38	13.80
6	资产周转率	15	1	1.07	1.07	16.05
7	销售利润率（%）	10	20	23.63	1.18	11.80
8	资产收益率（%）	10	15	25.37	1.69	16.90
9	净资产收益率（%）	15	28	33.24	1.19	17.85
	合计	100				130.15

表9-1中的指标，1~3项为评价企业偿债能力的指标，4~6项是评价企业营运能力的指标，7~9项是评价企业盈利能力的指标。这9项指标为沃尔比重评分法的主要指标，但在实际操作时还可以根据实际情况进行适当增减。另外，在这些指标中，还缺少反映企业贡献能力和成长能力的指标，也应该加以考虑。

在最终评价时，如果综合得分大于100，则说明企业的财务状况比较好；反之，则说明企业的财务状况比同行业水平或者本企业历史先进水平低。从表9-1可以看出，该公司得分为130.15分，说明其财务状况良好。除了资产负债率和应收账款周转率以外，其他指标都高于行业平均水平。这说明该公司盈利能力很强，盈利水平较高。资产负债率反映企业偿还债务的综合能力。一般情况下，资产负债率越小表明企业长期偿债能力越强，如果该指标过小则表明企业对财务杠杆利用不够。GL公司21.88%的资产负债率是很低的，不及标准值的一半。这一方面说明该公司资产安全性较高，权益资本较多，资产对负债的保障程度较高，长期偿债能力较强，降低了公司的财务风险；另一方面说明构成利用较多的自有资本投资形成生产经营用资产，财务杠杆利用不充分。GL公司流动比率和速动比率都高于标准值，说明企业短期偿债能力较强，符合短期债权人的利益。但从企业经营角度看，过高的流动比率通常意味着企业闲置现金的持有量过多，必然造成企业机会成本的增加和获利能力的降低。一般情况下，应收账款周转率越高越好。应收账款周转率高，表明收账迅速，账龄较短；资产流动性强，短期偿债能力强；可以减少收账费用和坏账损失，从而相对增加企业流动资产的投资收益。GL公司3.52次较低的应收账款周转率应引起公司足够的重视，这是否会影响公司的短期偿债能力需要公司加以关注。较低的应收账款周转率，将增加公司的收账费用和坏账损失，降低公司资产的营运能力和流动资产的投资收益。

这里，实际上也显出沃尔比重评分法的弱点。在企业的盈利能力相当好时，利用财务杠杆会给企业带来额外收益，资产负债率高一些并不是坏事。但是在企业的盈利状况不是很理想时，负债的增加的确是个不利因素。而沃尔比重评分法在分析过程中，不论企业的盈利状况如何，只要资产负债率高，就会增加企业最后得分，这是不合理的。如果所选指标数值越大对企业来说越有利是非常肯定的，就不会出现这种状况。但这样的话所选指标就不一定具有代表性，这是沃尔比重评分法难以克服的缺陷。另外，在技术上，沃尔比重评分法还有一个问题：当某一个指标严重异常时，会对总评分产生不合逻辑的影响，这是由于关系比率与评分值相乘引起的。关系比率提高一倍，其评分增加100%；而缩小一半，其评分减少50%。

尽管沃尔比重评分法在理论上还有待证明，在技术上也不完善，但因为沃尔比重评分法操作简单，并能够在一定程度上说明问题，所以实际应用还是比较广泛的。不过在应用沃尔比重评分法进行分析时，还要注意定量分析和定性分析相结合，努力克服其弱点和不足。耐人寻味的是，很多理论上相当完善的经济计量模型在实践中往往很难应用，而企业实际使用并行之有效的模型却又在理论上无法证明。这可能是由人类对经济变量之间数量关系的认识相当肤浅所造成的。

（四）我国竞争性工商企业评价指标体系简介

不同行业的企业，财务综合分析的指标体系虽不尽相同，但对竞争性工商企业评价指标体系却大体一致。1999年财政部、国家经贸委、人事部和国家计委在评价国有资本金绩效时，对竞争性工商企业评价指标体系作了规定，这对于其他相关的非国有企业具有很大的参考价值（见表9-2）。

表9-2　　　　　　　　　　竞争性工商企业评价指标体系

定量指标（权重80%）			定性指标（权重20%）
指标类别（100分）	基本指标（100分）	修正指标（100分）	评议指标（100分）
一、财务效益状况（38分）	净资产收益率（25分） 总资产报酬率（13分）	资本保值增值率（12分） 主营业务利润率（8分） 盈余现金保障倍数（8分） 成本费用利润率（10分）	1. 经营者基本素质（18分） 2. 产品市场占有率（16分）
二、资产营运状况（18分）	总资产周转率（9分） 流动资产周转率（9分）	存货周转率（5分） 应收账款周转率（5分） 不良资产比率（8分）	3. 基础管理水平（12分） 4. 在岗员工素质（10分） 5. 技术装备更新水平——服务硬环境（10分） 6. 经营发展战略（12分） 7. 发展创新能力（14分） 8. 综合社会贡献（8分）
三、偿债能力状况（20分）	资产负债率（12分） 已获利息倍数（8分）	速动比率（10分） 现金流动负债比率（10分）	
四、发展能力状况（24分）	销售增长率（12分） 资本积累率（12分）	三年销售平均增长率（8分） 三年资本平均增长率（9分） 技术投资比率（7分）	

其评价的过程可以分为五个步骤：

1. 基本指标的评价

基本指标反映企业的基本情况，是对企业业绩的初步评价。基本指标评价的参照水平及标准值由财政部定期颁布，分为五档，分别为优秀（标准系数为1）、良好（0.8）、平均值（0.6）、较低值（0.4）、较差值（0.2）。不同行业、不同规模企业有不同的标准值。例如，大型普通机械制造业的净资产收益率标准为：优秀——16.5；良好——9.5；平均值——1.7；较低值——-3.6；较差值——-20。

$$单项基本指标得分 = 本档基本分 + 本档调整分$$

式中，
$$本档基本分 = 指标权数 \times 本档标准系数$$

$$调整分 = \frac{实际值 - 本档标准值}{上档标准值 - 本档标准值} \times (上档基本分 - 本档基本分)$$

$$上档基本分 = 该指数权数 \times 上档标准系数$$

$$基本指标总分 = \sum 各类基本指标得分$$

$$= \sum (\sum 类内各项指标得分)$$

如，A公司为一大型普通机械制造企业，净资产收益率为8%，则计算过程为：

$$本档基本分 = 25 \times 0.6 = 15$$

$$上档标准分 = 25 \times 0.8 = 20$$

$$调整分 = \frac{8\% - 1.7\%}{9.5\% - 1.7\%} \times (20 - 15)$$

$$= 4.04$$

$$净资产收益率指标得分 = 15 + 4.04 = 19.04$$

2. 修正系数的计算

基本指标具有较强的概括性，但是不够全面。为了更全面地评价企业绩效，需要根据修正指标的高低计算修正系数，修正基本指标得分。修正指标分为五个区段，每个区段对应一个基本指标的得分区间，即5——100~80分，4——80~60分，3——60~40分，2——40~20分，1——20~10分。对于每一个修正指标，在五个区段中分别的得分标准也由财政部定期颁布。对基本指标得分的修正，按照四类指标的类别得分分别进行。

$$基本修正系数 = 1 + (实际值所处区段 - 修正指标应处区段) \times 0.1$$

"实际值所处区段"为该修正指标的实际值所在区间对应的区段，"修正指标应处区段"为某一类别基本指标的得分值所在的区间对应的区段。

例如，财务效益状况的修正指标之一资本保值增值率每区段的标准值为：5——118%，4——106%，3——100%，2——90%，1——65%。若某一企业资本增值率为110%，则"实际值所在区段"为4；该企业财务效益状况指标的基本得分为85分，则"修正指标应处区段"为5，此时：

$$基本修正系数 = 1 + (4 - 5) \times 0.1 = 0.9$$

由于实际值高于第4段的标准值，需要进行调整。

$$调整修正系数 = \frac{指标实际值 - 本档标准值}{上档标准值 - 本档标准值} \times 0.1$$

在该例中

$$调整修正系数 = \frac{110\% - 106\%}{118\% - 106\%} \times 0.1$$

$$= 0.033$$

$$调整后的修正系数 = 基本修正系数 + 调整修正系数$$

$$= 0.9 + 0.033 = 0.933$$

$$单项修正指标的综合修正系数 = 单项指标调整后的修正系数$$

$$\times 该指标在本类指标中的权数$$

以资本增值率指标为例，资本增值率的综合修正系数 $= 0.933 \times 12/38 = 29.46\%$。

对每一类别的各项修正指标的综合修正系数分别求和，得到某一类基本指标的综合修正系数。

3. 修正后总得分的计算

$$修正后的总得分 = \sum（分类综合修正系数 \times 分类指标得分）$$

4. 定性指标的计分方法

定性指标以评议的方式取得分值，每个指标都被分为五个等级，每个等级对应一个分数，即优——1，良——0.8，中——0.6，低——0.4，差——0.2。

$$单项评议指标分数 = \frac{\sum（单项评议指标权数 \times 各评议员给定的等级参数）}{评议员数}$$

以经营者基本素质评议指标为例，5 人参加评议，2 人选择优，3 人选择良。

$$则经营者基本素质评议指标得分 = （18 \times 1 \times 2 + 16 \times 0.8 \times 3）/5 = 14.88$$

$$评议指标总分 = \sum 单项评议指标得分$$

5. 综合评价的计分和最终评价结果的分级

$$综合评价得分 = 定量指标修正后得分 \times 80\% + 定性指标得分 \times 20\%$$

综合评价的结果用 4 等 10 级制表达，具体分级标准如表 9 - 3 所示。

表 9 - 3　　　　　　　　　　综合评价得分的等级划分

等级	级别	分数
A	A + +	100 ~ 95 分
	A +	94 ~ 90 分
	A	89 ~ 85 分
B	B + +	84 ~ 80 分
	B +	79 ~ 75 分
	B	74 ~ 70 分
C	C	69 ~ 60 分
	C -	59 ~ 50 分
D	D	49 ~ 40 分
	D -	39 分以下

二、杜邦分析法

财务比率综合评分法主要用于综合财务评价，在综合评价上是一种科学有效的方法。但它只能说明企业综合财务状况是否达到标准财务比率的水平及其程度，不能很好地说明企业财务状况好与不好的原因，所以财务比率综合评分法是外部综合评价的一种方法。作为企业内部对自身财务状况的综合评价，其目的除了了解企业综合财务状况好与不好外，更重要的是了解企业综合财务状况好与不好的原因是什么，以便发现问题，采取措施，改善企业的财务状况，提高企业的盈利能力。为此，企业内部综合财务状况的评价一般采用杜邦分析法。

（一）杜邦分析法的概念和特点

1. 杜邦分析法的概念

杜邦分析法亦称杜邦分析体系，是利用各财务指标之间的内在联系，建立财务指标间的综合分析模型，对企业的财务状况进行分析和评价的方法。这一方法是由美国杜邦公司首先设计和使用的，所以叫做杜邦分析法。杜邦分析模型反映了各财务指标间的相互关系，并通过一定的方式将其联结在一起，使各财务指标形成一个有机的指标体系。其分解公式如下：

$$股东权益（净资产）收益率 = \left(\frac{净利润}{总资产平均余额}\right) \times \left(\frac{总资产平均余额}{所有者权益平均余额}\right)$$

$$= 总资产收益率 \times 权益乘数$$

式中，总资产收益率 = 销售净利率 × 总资产周转率

$$销售净利率 = \frac{净利润}{营业收入}$$

$$总资产周转率 = \frac{营业收入}{总资产平均余额}$$

所以

$$净资产收益率 = \frac{净利润}{营业收入} \times \frac{营业收入}{总资产平均余额} \times \frac{总资产平均余额}{股东权益平均余额}$$

即

$$股东权益报酬率 = 销售净利率 \times 总资产周转率 \times 权益乘数$$

杜邦分析体系改善了原有分析方法的不足，使单方面分析变为整体分析。如果只对企业的偿债能力、盈利能力以及资产的营运能力等进行单方面的分析，得出的结论往往是片面的，而且有可能三个不同方面的结论相互矛盾，使企业难以作出科学的决策。例如，通过资产负债率、流动比率等指标发现企业负债过高，隐藏着极大的财务风险，在这样的情况下，应该作出缩小负债规模的决策。通过资产利润率、销售利润率等指标的分析，又发现企业的盈利能力很强，盈利率很高，在这样的情况下，又会使管理者作出加大投资力度的决策。所以，如果只进行企业单方面状况的分析，将一些孤立的财务分析指标堆积在一起，彼此毫无联系地去观察、分析，违背了事物普遍联系的观点，很难得到企业真实、正确、全面的信息，会影响企业的经营决策。杜邦分析体系恰恰是弥补了这种分析方法的不足。

2. 杜邦分析法的特点

杜邦分析法最显著的特点是将若干个用以评价企业经营效率和财务状况的比率按其内在联系有机地结合起来，形成一个完整的指标体系，并最终通过权益收益率来综合反映。采用这一方法，可使财务比率分析的层次更清晰、条理更突出，为报表分析者全面仔细地了解企业的经营和盈利状况提供方便。

杜邦分析法有助于企业管理层更加清晰地看到权益资本收益率的决定因素，以及销售净利率与总资产周转率、债务比率之间的相互关联关系，给管理层提供了一张明晰的考察公司资产管理效率和是否最大化股东投资回报的路线图。

（二）杜邦分析法的步骤

1. 从净资产收益率开始，根据会计资料（主要是资产负债表和利润表）逐步分解计算各指标。由于杜邦分析法已经找出各个主要指标的内在关系，因此我们首先要把这些指标分解，直接从资产负债表或者利润表上取得数据并计算得出结果。

2. 将计算出的指标填入杜邦分析图。杜邦分析图清楚地列示了各个指标之间的关系，把计算出的结果填入图中更有利于进行综合分析。

3. 逐步进行前后期对比分析，也可以进一步进行企业间的横向对比分析。取得各指标数据后，就可以采用各种方法来评价企业各个期间以及不同企业间的财务差异。

（三）杜邦分析法的图解

图9-1是杜邦分析法的图解，从中可以看到指标的分解过程及各指标间的联系。它给出了一个相对完整的指标体系。

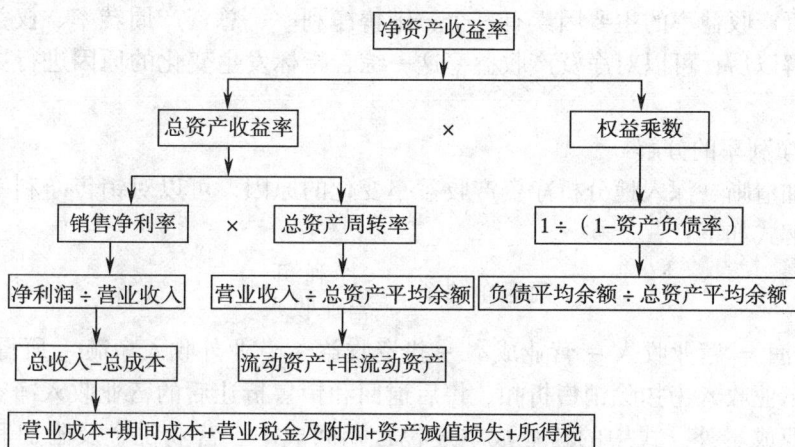

图9-1　杜邦分析法的图解

1. 净资产收益率的分解

净资产收益率是杜邦分析体系中一个最具综合性的指标，也是杜邦分析指标金字塔中处于塔尖的指标。杜邦分析图中第一层次的分解，是把净资产收益率分解为总资产收益率和权益乘数的乘积。那么，总资产收益率和权益乘数与净资产收益率成正比例关系。无论是提高总资产收益率还是提高企业的权益乘数，都能达到提高企业的净资产收益率的目的。进而把总资产收益率分解为净利润和资产总额两个因素,把权益乘数分解为资产总额和所有者权益两个因素,揭示出净利润的提高和所有者权益的相对减少会提高净资产收益率;反之则相反。其中,权益乘数的提高则意味着企业负债的增加,反映出财务杠杆的正效应对企业的有利影响。

2. 总资产收益率的分解

总资产收益率在杜邦分析体系中属于第二层次的指标,综合性也很强。对它的分解如下:

$$总资产收益率 = 销售净利率 \times 总资产周转率$$

把总资产收益率分解为销售净利率和总资产周转率两个指标,并且两个指标和总资产收益率也是正比例关系。销售净利率提高,总资产收益率提高;总资产周转速度加快,总资产收益率提高。而资产周转速度加快的原因是营业收入增加或资产总额减少。在资产总额不变的情况下销售净利润提高,或者在销售净利润不变的情况下资产规模降低,同样会使总资产收益率提高。在实际管理决策过程中,一般采用增加企业利润和加快资产周转的方法来提高总资产收益率,降低资产规模的方式只有在特殊情况下才会采用。

3. 净资产收益率的进一步分解

通过上述指标的初步分解后,得出下面分解式:

$$净资产收益率 = 总资产收益率 \times 权益乘数$$
$$= 销售净利率 \times 总资产周转率 \times 权益乘数$$

决定净资产收益率的主要因素有三个:销售净利率、总资产周转率、权益乘数。这样进一步分解以后,可以对净资产收益率这一综合指标发生变化的原因进行更具体、更细化的分析。

4. 销售净利率的分解

为了更加清晰、深入地分析净资产收益率变化的原因,可以对销售净利率做更细致的分解,分解式如下:

$$销售净利率 = \frac{净利润}{营业收入}$$

$$净利润 = 营业收入 - 营业成本 + 投资收益 + 营业外收入净额 - 所得税$$

式中的营业收入为扣除销售折扣、售后退回和销售折让后的营业收入净额,除了通常意义的营业成本外,式中的营业成本还包含期间成本、营业税金及附加和资产减值损失。

对销售净利率的分解实际上也就是间接地对净资产收益率的分解,这样,就对净资产收益率进行了部分的层层分解。当然,这种分解还可以继续进行下去。之所以进行这样的分解实际上是要找出引起净资产收益率变动的真正原因,然后发扬优势、改进劣势,使企业向着更健康的方向发展。

5. 权益乘数的分解

权益乘数表示企业的负债程度,反映了公司利用财务杠杆进行经营活动的程度。资产负债率高，权益乘数就大，则公司负债程度高，公司会有较多的杠杆利益，但风险也高；反之，资产负债率低，权益乘数就小，则公司负债程度低，公司会有较少的杠杆利益，但相应所承担的风险也低。权益乘数的分解式如下：

$$权益乘数 = \frac{资产总额}{股东权益总额}$$

$$= \frac{1}{1 - 资产负债率}$$

从计算公式可以看出，负债比重越高，资产负债率越大，权益乘数越高，即权益乘数与负债比重同方向变动。

（四）杜邦分析法信息解读

从杜邦分析体系可以了解到下面的财务信息：

1. 净资产收益率又称股东权益报酬率，是一个综合性最强的财务比率，是杜邦分析体系的核心指标。其他各项指标都是围绕这一核心，通过研究彼此间的依存制约关系，揭示企业的获利能力及其前因后果。财务管理的目标是使所有者财富最大化。净资产收益率反映所有者投入资金的获利能力，反映筹资、投资、资产运营等活动的效率，提高净资产收益率是实现财务管理目标的基本保证。净资产收益率取决于企业总资产收益率和权益乘数。总资产收益率主要反映企业在运用资产进行生产经营活动的效率如何，而权益乘数则主要反映了企业的资金来源结构如何。

2. 总资产收益率又称总资产净利率，是反映企业获利能力的一个重要财务比率，它揭示了企业生产经营活动的效率，综合性也极强。企业的营业收入、成本费用、资产结构、资产周转速度以及资金占用量等各种因素，都直接影响到总资产净利率的高低。总资产净利率是销售净利率与总资产周转率的乘积。因此，可以从企业的销售活动与资产管理两个方面来进行分析。

3. 反映企业盈利能力、生产能力、成本管理水平等信息的指标是销售净利率（也称销售利润率）。销售净利率反映了企业净利润与营业收入的关系，是提高净资产收益率的关键指标，也是企业生存的关键因素之一。在企业的销售净利率为正数时，企业营业收入和净利润增加。但是，要提高企业的销售净利率，单单靠提高营业收入是不行的。

销售净利率是一个相对指标，它的提高主要靠改变成本总额与营业收入的比例，也就是降低成本费用。杜邦分析体系分析列示了各项成本费用。通过分析成本费用的结构是否合理，可以发现企业在成本费用方面存在的问题，为加强成本费用管理提供依据。同时，通过对成本费用的分析，找出降低成本费用的关键所在，降低耗费，增加利润。提高企业的销售收入是一个复杂的问题。要提高销售收入，必然要占领市场。而要占领市场，一定要有较强的生产能力、产品创新能力、产品质量保证能力和产品营运能力。

4. 在企业资产方面，主要应该分析以下两个方面：

（1）分析企业的资产结构是否合理，即流动资产与非流动资产的比例是否合理。资产结构实际上反映了企业资产的流动性，它不仅关系到企业的偿债能力，也会影响企业的获利能力。一般说来，如果企业流动资产中货币资金占的比重过大，就应当分析企业现金持有量是否合理，有无现金闲置现象，因为过量的现金会影响企业的获利能力；如果流动资产中的存货与应收账款过多，就会占用大量的资金，影响企业的资金周转。

（2）结合营业收入，分析企业的资产周转情况。资产周转速度直接影响到企业的获利能力。如果企业资产周转较慢，就会占用大量资金，增加资金成本，减少企业的利润。资产周转情况的分析，不仅要分析企业总资产周转率，更要分析企业的存货周转率与应收账款周转率，并将其周转情况与资金占用情况结合分析。

从上述两方面分析，可以发现企业资产管理方面存在的问题，以便加强管理，提高资产的利用效率。

总之，从杜邦分析体系可以看出，企业的获利能力涉及生产经营活动的方方面面。净资产收益率与企业的筹资结构、销售规模、成本水平、资产管理等因素密切相关，这些因素构成一个完整的系统，系统内部各因素之间相互作用。只有协调好系统内部各个因素之间的关系，才能使净资产收益率得到提高，从而实现企业价值最大化的理财目标。

（五）杜邦分析法的应用

杜邦分析体系可以从企业规模、成本水平、资产营运与资本结构方面分析净资产收益率变动原因。我们可以利用分析的结论协调企业资本经营、资产运营和商品经营关系，促使净资产收益率达到最大化，实现财务管理目标。

在运用杜邦体系进行分析时，还可以采用因素分析法，即首先确定销售净利率、总资产收益率和权益乘数的基准值，然后顺次代入这三个指标的实际值，分别计算这三个指标变动对净资产收益率的影响方向和程度；还可以使用因素分析法进一步分解各个指标分析深层次原因，从而找出解决办法。

【例 9 - 2】 以附录中 GL 公司 2014 年的资产负债表与利润表为例，说明杜邦分析法的应用。利用 GL 公司 2014 年的资产负债表与利润表可以计算得到该公司 2014 年的各项财务指标，建立杜邦分析体系如图 9 - 2 所示。

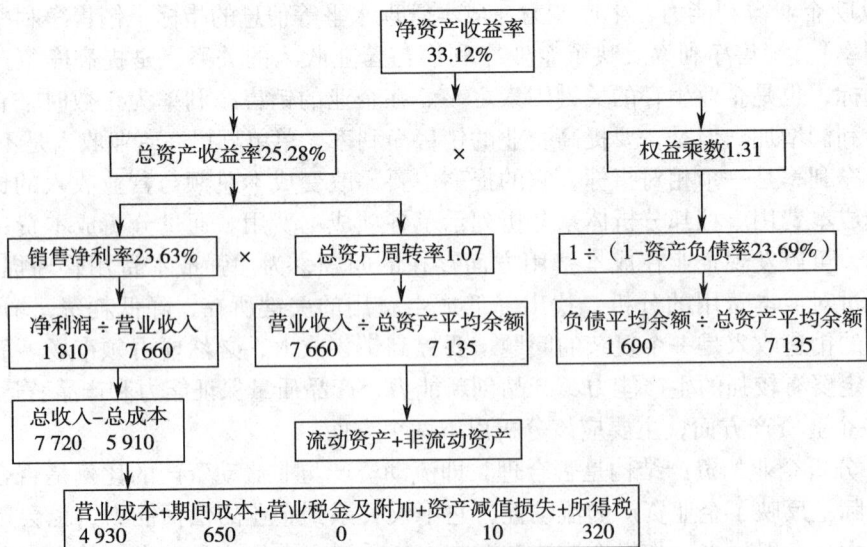

图 9 - 2　杜邦分析体系

计算结果表明，GL 公司 2014 年净资产收益率为

净资产收益率 = 销售净利率 × 总资产周转率 × 权益乘数

$$33.12\% = 23.63\% \times 1.07 \times 1.31$$

同理，GL 公司 2013 年净资产收益率为

净资产收益率 = 销售净利率 × 总资产周转率 × 权益乘数

$$27.20\% = 16.22\% \times 1.28 \times 1.31$$

$$33.12\% - 27.20\% = 5.92\%$$

GL 公司 2014 年净资产收益率比 2013 年增长了 5.92 个百分点。

现在运用连环替代法对 GL 公司 2014 年的净资产收益率进行分析。

净资产收益率 = 销售净利率 × 总资产周转率 × 权益乘数

2013 年指标为 A：$16.22\% \times 1.28 \times 1.31 = 27.20\%$

第一次替代结果为 B：$(23.63\% - 16.22\%) \times 1.28 \times 1.31 = 12.43\%$

第二次替代结果为 C：$23.63\% \times (1.07 - 1.28) \times 1.31 = -6.50\%$

第三次替代结果为 D：$23.63\% \times 1.07 \times (1.31 - 1.31) = 0$

经过分析，销售净利率的上升和总资产周转率的下降都对净资产收益率的变化起到了作用，每个指标的影响程度如以上计算结果所示。销售净利率的上升所起作用最大，使净资产收益率上升了 12.43 个百分点；总资产周转率的下降使净资产收益率减少了 6.50 个百分点；权益乘数的变化基本平稳，对净资产收益率的影响较小。

因为杜邦分析体系的作用是揭示指标变动的原因和变动的趋势，为采取措施指明方向，所以，在进行企业内部财务状况分析时应该采用至少两年的资料进行分析，计算出相同的比率以便进行比较，分析差异形成的原因。另外，通过对同行业或同类企业的平均指标进行比较，杜邦分析体系有助于解释同行业或同类企业财务状况的变动趋势，以便对行业前景进行判断。

企业可使用杜邦分析体系来分析提高经营业绩的方法。市场营销人员可关注杜邦分析图的左方，即销售净利率，可以研究提高销售价格（或降低销售价格以扩大销售量）、转产利润更高的产品和市场等的效果。公司的成本会计人员可研究各项支出，并与工程师、采购人员和其他经营人员共同探讨降低成本的方法。在"周转"一方，财务分析师和生产、营销人员可共同研究降低各类资产投资的方法。同时，财务人员可分析不同融资战略的效果，寻找降低利息开支和负债风险，同时仍能使用杠杆作用提高净资产收益率的方法。

杜邦分析体系还可以用于企业生产经营目标的分解。企业在经营活动中要规划企业的生产经营目标，当然，企业年度的生产经营目标的确定是根据企业目前的资源（包括财务资源的约束及企业发展战略）来确定的。由于净资产收益率反映了中小企业股东财富的增值状况，符合股东财富最大化的理财理念，同时又能够反映企业经营管理的绩效和财务政策的影响，可以作为企业生产经营的目标并分解落实到企业生产经营的每一个基层单位。确定落实经营目标的步骤是：

（1）根据企业发展的战略规划、公司目前的资源所能够支持的公司增长情况、市场

情况、企业过去的业绩等因素确定企业下一个生产经营年度的生产经营目标——净资产收益率及构成净资产收益率的税后净利润和净资产的规模。

（2）将净资产收益率分解为销售净利率、总资产周转率、权益乘数等指标，确定营销部门应完成的营业收入及支持销售增长所需要的资金、销售费用控制指标，确定保证营业收入生产部门应完成的产量、采购部门应完成的采购量及采购的质量和采购成本的控制指标，确定企业各管理部门为完成目标所应进行的年度工作计划及费用控制水平，确定企业存货、应收账款、固定资产等利用水平及保证设备等资产正常运营的技术管理部门的责任指标，将年度经营目标落实分解到各责任部门，形成考核各责任部门的具体指标。

（3）将各责任指标汇总，形成企业经营目标的考核体系。

利用杜邦分析体系分解企业的生产经营目标，如表9-4所示。

表9-4　　　　　　　　　　生产经营目标分解表

总目标	分解指标	责任指标	责任部门
净资产收益率	总资产周转率	处置无用设备	设备技术部
		保证设备全年正常运转	设备技术部
		存货周转率	供产销部门
		应收账款周转率	销售部
		货币回笼率	销售部
		退货率	销售部
		废品率	生产部
	销售净利率	营业收入	营销市场部
		支持销售增长措施：	
		新产品开发	研发部
		广告及促销	营销市场部
		人员培训及招聘	人力资源部
		制造成本控制在销售的百分率	生产部
		销售费用率	销售部
		管理费用率	管理部门
		财务费用率	财务部
		税费率	财务部
	权益乘数	资产负债率	财务部
		负债规模	财务部

需要指出的是，在对企业生产经营目标分解落实后，结合目标的完成情况，制定相应的奖励与惩罚措施，是企业特别是人力资源部门的一项重要工作。同时，目标分解后，各部门应制定完成规定目标的各项具体措施、计划。

【例9-3】　企业A和企业B杜邦分析法的案例分析。企业A和企业B的炼油能力分别为630万吨/年和550万吨/年，乙烯生产能力分别为73万吨/年和79万吨/年。两家企业规模大体相当，现以两企业2014年财务报表数据为例进行分析。

```
                          净资产收益率
                            10.7%

        总资产收益率                              权益乘数
          4.64%          ×                        2.31

   销售净利率    ×    总资产周转率
     4.13%              1.12

 净利润      ÷   营业收入       ÷    资产总额        ÷    所有者权益
62 514.92      1 514 922.43       1 347 350.69          584 349.04

营业收入    -   成本总额          流动资产           长期资产
1 514 922.43   1 452 407.51      382 558.2          964 792.49

              销售成本            货币资金            长期投资
             1 343 305.42        46 718.89          48 361.5
              期间成本            有价证券            固定资产
             69 021.06           67 144.36          907 975.38
              税金                应收及预付款        无形资产
             39 152.37           30 883.96          8 455.61
              其他支出            存货                递延及其他资产
             928.66              237 759.12          0
                                 其他流动资产
                                 51.88
```

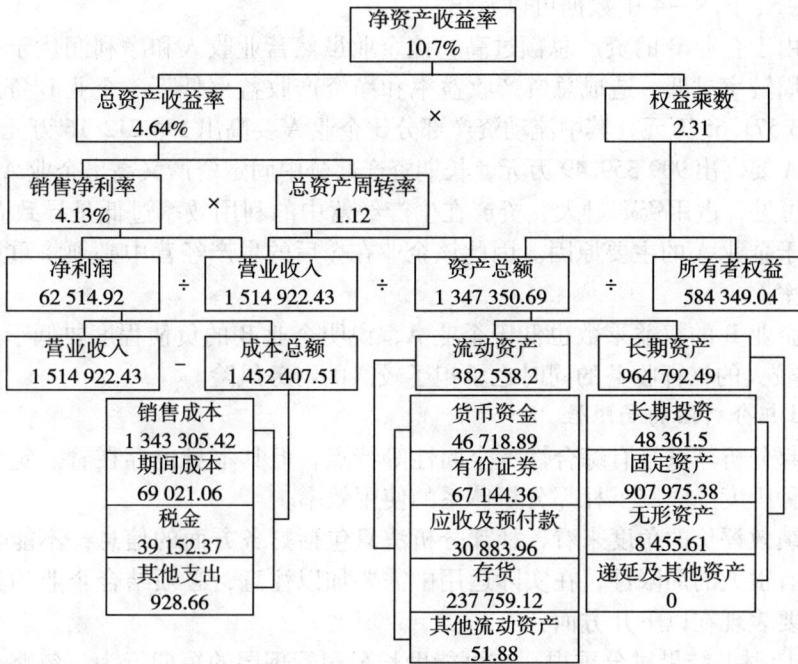

图 9 - 3　企业 A 的杜邦分析体系（单位：万元）

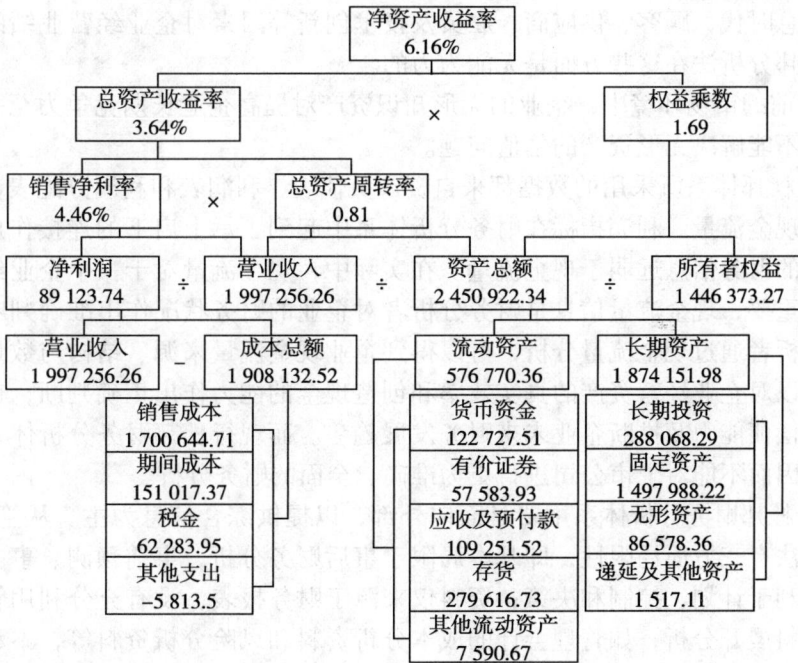

```
                          净资产收益率
                            6.16%

        总资产收益率                              权益乘数
          3.64%          ×                        1.69

   销售净利率    ×    总资产周转率
     4.46%              0.81

 净利润      ÷   营业收入       ÷    资产总额        ÷    所有者权益
89 123.74      1 997 256.26       2 450 922.34          1 446 373.27

营业收入    -   成本总额          流动资产           长期资产
1 997 256.26   1 908 132.52      576 770.36         1 874 151.98

              销售成本            货币资金            长期投资
             1 700 644.71        122 727.51         288 068.29
              期间成本            有价证券            固定资产
             151 017.37          57 583.93          1 497 988.22
              税金                应收及预付款        无形资产
             62 283.95           109 251.52         86 578.36
              其他支出            存货                递延及其他资产
             -5 813.5            279 616.73         1 517.11
                                 其他流动资产
                                 7 590.67
```

资料来源：百度文库/专业文献，http://wenku.baidu.com/view/el7cea2de2bd960590c67794.html。

图 9 - 4　企业 B 的杜邦分析体系（单位：万元）

从图 9 - 3、图 9 - 4 中数据可以看出：

第一，由于企业 B 的资产总额过高，该企业虽然营业收入和净利润优于企业 A，但由于总资产周转率过低，造成总资产收益率和净资产收益率低下。企业 B 资产总额比企业 A 高 1 103 571.65 万元，其中流动资产部分比企业 A 要高出 194 212.16 万元，长期资产部分比企业 A 要高出 909 359.49 万元，长期资产部分中固定资产又高出企业 A 590 012.84 万元。由此可见，占用资产过大、资产在生产经营中的利用效率过低是导致企业 B 净资产收益率低于企业 A 的主要原因。因此该企业在今后的生产经营中必须将重点放在提高资产运作效率上。

第二，企业 B 的权益乘数也低于企业 A，说明企业 B 的负债程度要低于企业 A，企业 A 在获得较大的杠杆收益的同时也承担了较高的财务风险。

（六）杜邦分析法的局限性

虽然杜邦分析体系具有综合性、全面性等特点，但其本身也存在着一定的问题，这些问题在某种程度上限制了杜邦分析体系的使用效率。

从企业绩效评价的角度来看，杜邦分析法只包括财务方面的信息，不能全面反映企业的实力，有很大的局限性，在实际运用中需要加以注意，必须结合企业的其他信息加以分析。主要表现在以下几方面：

1. 对短期财务结果过分重视，有可能助长公司管理层的短期行为，忽略企业长期的价值创造。

2. 财务指标反映的是企业过去的经营业绩，衡量工业时代的企业能够满足要求。但在目前的信息时代，顾客、供应商、雇员及技术创新等因素对企业经营业绩的影响越来越大，而杜邦分析法在这些方面是无能为力的。

3. 在目前的市场环境中，企业的无形知识资产对提高企业长期竞争力至关重要，杜邦分析法却不能解决无形资产的估值问题。

4. 现行杜邦体系所采用的数据都来自资产负债表、利润表和利润分配表，完全没有反映企业的现金流量。利润指标在财务分析体系中起到了承上启下的连接作用，但是利润指标提供的财务信息远弱于现金流量。在实际中，现金流量对于一个企业经营活动是否顺畅至关重要，现金流量信息是财务分析者对企业的财务状况作出准确判断的重要依据。财务分析者通过现金流量分析，可以得到企业现金流量来源、结构与数量等重要信息，从而可以对企业经营资产的真实效率和创造现金的能力作出正确判断，也可以由此认识企业的偿债能力及推断企业未来财务发展趋势。而现行杜邦财务分析体系缺少现金流量数据，因而不能对上市公司进行更为准确、全面的财务分析。

5. 现行杜邦财务分析体系主要是面向外部，以提供综合信息为主。从管理角度看，这种分析方法有三方面局限性，即基本局限于事后财务分析，事前预测、事中控制的作用较弱，不利于计划、控制和决策；资料仅来源于财务报表，没有充分利用管理会计提供的数据资料展开分析，如管理会计的成本分析资料和风险分析资料等，不利于加强内部控制；没有按照成本形态反映成本信息，不利于成本控制。

（七）杜邦分析法广泛应用的原因

1. 符合公司的理财目标

关于公司的理财目标，欧美国家的主流观点是股东财富最大化，日本等亚洲国家的主流观点是公司各个利益群体的利益有效兼顾。在我国，公司的理财目标经历了几个发展时期，每一个时期都有它的主流观点：计划经济时期，产值最大化是公司的理财目标；改革开放初期，利润最大化是公司的理财目标；计划经济向市场经济转轨时期，有人坚持认为利润最大化仍然是公司的理财目标，有人则提出所有者权益最大化是公司的理财目标，但也有人提出公司价值最大化才是公司的理财目标，至今还没有形成主流观点。有学者认为我国公司的理财目标应该是投资者、债权人、经营者、政府和社会公众这五个利益群体的利益互相兼顾，在法律和道德的框架内使各方利益共同达到最大化，任何一方的利益遭到损害都不利于公司的可持续发展，也不利于最终实现股东财富的最大化。只有各方利益都能够得到有效兼顾公司才能够持续稳定协调地发展，最终才能实现包括股东财富在内的各方利益最大化。这是一种很严密的逻辑关系，它反映了各方利益与公司发展之间相互促进、相互制约、相辅相成的内在联系。

从股东财富最大化这个理财目标我们不难看出，杜邦公司把净资产收益率作为杜邦分析法核心指标的原因所在。在美国，股东财富最大化是公司的理财目标，而净资产收益率又是反映股东财富增值水平最为敏感的内部财务指标，所以杜邦公司在设计和运用这种分析方法时就把净资产收益率作为分析的核心指标。

2. 有利于委托代理关系

广义的委托代理关系是指财产拥有人包括投资人和债权人等将自己合法拥有的财产委托给经营者，依法经营而形成的，包含双方权、责、利关系在内的一种法律关系。狭义的委托代理关系仅指投资者与经营者之间的权、责、利关系。从狭义的委托代理关系来解释经营者为什么也青睐杜邦分析法，首先，由于存在委托代理关系，无论是在法律上还是在道义上，经营者都应该优先考虑股东的利益，这一点与股东的立场是一致的。其次，由于存在委托代理关系，委托人（投资者、股东）和代理人（经营者）之间就必然会发生一定程度的委托代理冲突。为了尽量缓解这种委托代理冲突，委托人和代理人之间就会建立起一种有效的激励与约束机制，将经营者的收入与股东利益挂起钩来，在股东利益最大化的同时也能实现经营者的利益最大化。在这种机制的影响下，经营者必然会主动地去关心净资产收益率及其相关的财务指标。

投资者使用杜邦分析法，其侧重点主要在于净资产收益率的多少和净资产收益率的升降，影响净资产收益率升降的原因，相关财务指标的变动对净资产收益率将会造成什么影响，应该怎么样去激励和约束经营者的经营行为才能确保净资产收益率达到要求，当确信无论怎样激励和约束都无法使经营者的经营结果达到所要求的净资产收益率时将如何控制等。而经营者使用杜邦分析法，其侧重点主要在于经营结果是否达到了投资者对净资产收益率的要求，如果经营结果达到了投资者对净资产收益率的要求，经营者的薪金将会达到多少以及职位是否会稳中有升；如果经营结果达不到投资者对净资产收益率的要求薪金将会降为多少以及职位是否会被调整，应该重点关注哪些财务指标采取哪些有力措施才能使经营结果达到投资者对净资产收益率的要求，才能使经营者薪金和职位都能够做到稳中有升等。

三、经济增加值评价法

（一）经济增加值的基本概念

1991 年，美国思腾思特咨询公司（Stern&Stewart Co.）提出并实施了经济增加值（Economic Value Added，EVA)指标。从算术角度说，EVA 等于税后经营利润减去债务和股本成本，是所有成本被扣除后的剩余收入。其公式如下：

经济增加值（EVA）＝调整后的公司税后净营业利润－企业的加权平均资本成本－调整后的公司期初资本（包括负债和所有者权益）的经济价值

应用 EVA 评价公司经营业绩的基本思路是：企业的投资者可以通过股票市场自由地将其投资企业的资本加以变现，进而转做其他投资。因此，投资者至少应从企业获得投资的机会成本，即企业加权平均资本成本。这就意味着，如果 EVA 为正值，即调整后的净营业利润大于产生此利润的全部资本成本，公司才产生经济利润，并为股东创造财富；反之，若 EVA 为负值，则表示公司虽然有会计利润，但却没有产生经济利润，公司在消耗股东的财富。因此，EVA 是对真正"经济"利润的评价，或者说是表示净营运利润与投资者用同样资本投资其他风险相近的有价证券的最低回报相比，超出或低于后者的量值。相对于人们重视的企业会计利润而言，EVA 理念认为，企业所占用股东资本也是有成本的，所以在衡量企业业绩时，必须考虑到股东资本的成本。EVA 实质是股东考核企业经营水平，进行投资决策时的最好工具，同时也是企业经营者加强公司战略、财务管理、衡量员工业绩、设定奖罚机制的最佳手段。

（二）EVA 的计算

EVA 的计算是应用经济增加值指标的第一步。公司每年创造的经济增加值等于税后净营业利润与全部资本成本之间的差额。其中，资本成本既包括债务资本的成本，也包括股本资本的成本。

在实务中 EVA 的计算要相对复杂一些，这主要是由两方面因素决定的：一是在计算税后净营业利润和投入资本总额时需要对某些会计报表科目的处理方法进行调整，以消除根据会计准则编制的财务报表对企业真实情况的扭曲；二是资本成本的确定需要参考资本市场的历史数据。

1. EVA 的三个基本要素计算

由上可知，EVA 的计算结果取决于三个基本变量，即税后净营业利润、资本总额和加权平均资本成本。

（1）税后净营业利润。税后净营业利润等于税后净利润加利息支出部分（如果税后净利润的计算中已扣除少数股东损益，则应加回），即公司的营业收入减去利息支出以外的全部经营成本和费用（包括所得税费用）后的净值。因此，它实际上是在不涉及资本结构的情况下，公司经营所获得的税后利润，即全部资本的税后投资收益，反映了公司资产的盈利能力。除此之外，还需要对部分会计报表科目的处理方法进行调整，主要目的是为了消除会计的稳健主义，消除或减少管理当局进行盈余管理的机会，使业绩计量免受过去会计计量误差的影响。调整的主要内容包括：递延所得税、先进先出利得（存货利润）调整，研发费用及广告支出的会计调整，商誉摊销、资产租赁、物价变化调整，折旧调整，等等。思腾思特咨询公司列出了多达 164 个调整项目，以指导公司准确得出真正的经济收益。但是，即便是调整项目如此之多也不能保证 EVA 调整的完全性，所以思腾思特咨询公司也不得不承认，即使经过调整，各种偏差仍可能存在。

（2）资本总额。资本总额是指所有投资者投入公司经营的全部资金的账面价值，包括债务资本和股本资本。其中，债务资本是指债权人提供的短期和长期贷款，不包括应付账款、应付单据、其他应付款及其他商业信用负债；股本资本不仅包括普通股，还包括少数股东权益。因此，资本总额还可以理解为公司的全部资产减去商业信用债务后的净值。同样，计算资本总额时也需要对部分会计报表科目的处理方法进行调整，以纠正对公司真实投入资本的扭曲。在实务中既可以采用年初的资本总额，也可以采用年初与年末资本总额的平均值。

（3）加权平均资本成本。加权平均资本成本是指债务资本的单位成本和股本资本的单位成本，是根据债务和股本在资本结构中各自所占的权重计算的平均单位成本。

企业的加权平均资本成本可通过以下公式得出：

加权平均资本成本 = 股本资本/全部资本占用 × 股本资本成本率 + 债务资本/全部资本占用 × 债务资本成本率（税后）

2. 报表项目调整原则

如前所述，由于根据会计准则编制的财务报表对公司真实情况的反映存在部分失真，在计算 EVA 时需要对其会计报表科目的处理方法进行调整。实践中选择调整项目时应该遵循的原则有：

（1）重要性原则，即拟调整的项目涉及金额应该较大，如果不调整会严重扭曲公司的真实情况；

（2）可影响性原则，即经理层能够影响被调整项目；

（3）可获得性原则，即进行调整所需的有关数据可以获得；

（4）易理解性原则，即非财务人员能够理解；

（5）现金收支原则，即尽量反映公司现金收支的实际情况，避免管理人员通过会计方法的选取操纵利润。

（三）EVA 的评价

EVA 是一个流量指标，因为它是利润的度量标准，而所有的利润指标都是流量指标。EVA 是把超额回报这样的存量指标转变为流量指标的一种手段。EVA 类似于传统的利润计算方法，但又与其有着重要区别：一是 EVA 考虑所有资本的成本，而公司的损益表仅考虑多数可见的资本成本和利润成本，忽视了权益资本成本。尽管估算权益资本成本是一个主观概念，但忽视了这种成本的公司，其业绩考核就不能揭示该公司在为其股东创造价值上所取得的成就。二是 EVA 不受通用会计原则的限制。由于 EVA 明确扣除了所有资本的机会成本，而且事先将会计数字转换为经济数字，所以它对任何时段的企业业绩都能作出较为准确的评价。

1. 经济增加值评价法的优点

经济增加值评价法强调了权益资本成本在企业经营业绩评价中的作用，从而克服了传统会计利润忽略权益资本成本的缺陷。EVA 体系在企业的评价指标、管理体系、激励制度和观念体系方面比起传统的基于会计利润的业绩评价指标有很多优越性。这些优越性主要体现在：

（1）无论处于何种时间段的企业业绩，EVA 体系都可以作出较为准确、恰当的评价。它明确了扣除所有资本的机会成本，明确了股东权益的回报要求。同时，在计算EVA 的过程中，先要对传统的会计数字进行一系列调整，这样就消除了会计扭曲，使业绩评价结果能够尽量地与经济现状吻合。例如，EVA 将研发支出进行了资本化处理，不再一次性计入费用，而是作为可摊销的无形资产，在适当的时间内分期摊销。这种处理鼓励了研发、培训等能为公司带来长期效益的行为，克服了传统会计的缺陷。

（2）建立在 EVA 基础之上的评价体系密切关注股东财富的创造，并以此指导企业决策的制定和营运管理，使战略企划、资本分配、并购或出售等行为更加符合股东利益，使资本运作计划更加有效。

（3）EVA 考虑了有关公司价值创造的所有因素和利益关系平衡，其不仅仅是一种公司业绩核定方法，还有一个财务管理的全面架构，是一种经理人薪酬的激励机制。经理人为自身谋取更多利益的唯一途径就是为股东创造更大的财富，从而在企业的经营管理和决策方面，不再是只注意短期效果，而是从企业发展的长远利益出发。

（4）EVA 还为企业带来了一种全新的经营管理观念。在 EVA 制度下，企业经营的唯一目标即是提升 EVA，各部门之间会自动建立联系，加强合作，引导和鼓励管理人员和普通员工为股东的利益思考和工作。

2. 经济增加值评价法的缺陷

对于我国的上市企业，使用 EVA 体系评价其经营业绩并不是一件简单的事情，因为EVA 体系仍有诸多缺陷和不足之处。

（1）权益资本成本无法准确计算。无论是上市公司还是非上市公司，权益资本成本的计算还没有一个能反映实际情况的计算方法。尤其是上市公司，我国还缺乏有效完善的资本市场，上市公司也存在着流通股和非流通股之分，股票的一级市场和二级市场价格存在着数倍的差额等。在这种情况下，准确计算上市公司的资本成本和价值是非常困难的。权益资本成本通常使用资本成本定价模型（CAPM）来计算。但由于我国的股票市场投机气氛浓厚，股票价格的高低在很大程度上是庄家炒作的结果，并不是公司经营业绩的真实反映，从而影响权益资本成本和加权平均资本成本的准确性。

（2）企业的有关财务数据无法确定，或其真实性受到质疑。在计算 EVA 时，要对税后净营业利润和资本进行一系列的调整，包括调整坏账准备、调整存货、摊销商誉、将研发费用和培训费用资本化等。这其中许多数据无法从企业公开的会计报表中获得，即使可以获得也具有很强的内部控制性，数据的真实性难以确定。在会计信息披露不规范和透明度较低的情况下，EVA 具有较大的弹性，从而影响到 EVA 指标的可信度。

（3）经济增加值忽视了股东应占的利润。在计算税后净营业利润时，没有剔除少数股东权益。在大股东控制的情况下，可将集团利润通过关联交易转移到非全资拥有的控股子公司，这样，这家获利的子公司的一部分利润就可以归于与大股东相关联的少数股东占有。作为常识，投资者不是获得所有税后的净利润，而是获得剔除少数股东权益后的净利润，即股东应占利润。

（4）经济增加值忽视了非国民待遇问题。中国有近90%的上市公司没有按法定税率缴纳所得税，然而经济增加值评估指标并没有这方面的揭示。经济增加值在对税后净营业利润进行税收调整时，采用了"利润表上的所得税"这一数据。按照经济增加值计算公式，这个利润表上的所得税与经济增加值的关系是相逆的，即前者多则后者少，或者前者少则后者多。它意味着按利润表上的所得税计算的所得税实际负担率，如果低于法定税率，该上市公司的经济增加值就高，同等公司如果交足所得税，其经济增加值就低。这显然违反了国民待遇原则的评估方法，不能说明经营者真实的盈利运作能力。

（5）EVA是绝对指标，不适合不同行业、不同企业之间的比较。因此，对我国企业经营业绩进行评价，单独采用某一个指标是无法完成的。需要建立一套多元的评价指标体系，将财务指标和非财务指标结合起来，将量化指标和非量化指标结合起来，才能对企业的经营业绩进行全面、科学的评价。

四、平衡计分卡法

（一）平衡计分卡法的内涵

平衡计分卡（Balance Score Card，BSC）法最先是由美国著名的管理大师卡普兰（Robert S. Kaplan）和复兴方案国际咨询企业总裁诺顿（David D. Norton）在总结了12家大型企业业绩评价体系的成功经验基础上提出的，它是利用平衡计分卡来综合评价企业经营情况的一种分析方法。平衡计分卡是一个综合评价企业长期战略目标的指标评价系统，它把企业及其内部各部门的任务和决策转换为多样的、相互联系的目标，然后再把目标分解成多项指标的多元业绩评价系统。相对于传统的以财务指标为主的业绩评价系统，平衡计分卡法更强调非财务指标的重要性，通过对财务、客户、内部业务流程、学习与成长四个各有侧重又相互影响的业绩进行评价来沟通目标、战略和企业经营活动的关系，可以综合反映企业战略与短期目标、财务与非财务指标、滞后和先行指标以及外部与内部指标等方面的综合绩效评价情况。

（二）平衡计分卡的指标设计

平衡计分卡在实际应用过程中，需要结合企业自身的经营特点，并综合考虑企业的各种影响因素，制定适合其发展需要的指标体系。为了使企业战略有效实施，我们可逐步把组织战略转化为财务、客户、内部业务流程、学习与成长四个方面的衡量指标。

1. 为重要的财务绩效变量设置衡量指标

其目标是解决"我们怎样满足股东"这一类问题。财务衡量指标告诉企业管理者，他们的努力是否对企业的经济收益产生了积极的作用，因此财务方面是其他三个方面的出发点和归宿。

从财务的角度看，公司包括"成长""保持"及"收益"三大战略方向。与此相配合，就会形成三个财务性主题："收入增长组合""成本降低，生产力改进""资产利用—投资战略"。企业所重视的战略方向及战略主题不同时，其财务指标的衡量内容及重点就会发生变化。企业应根据所确定的不同的战略方向、战略主题采用不同的业绩衡量指标。企业也可以根据具体要求，设置更加具体的指标，如营业利润、资本报酬率、经济增加值、现金流量、销售增长率、投资报酬率等。

2. 为重要的客户绩效变量设置衡量指标

其目标是解决"客户如何看待我们"这一类问题。企业竞争能力和未来发展能力取决于能否为客户提供所需要的创新产品和优质服务。

客户方面的业绩指标可分为核心指标和其他指标。核心指标包括市场占有率、客户保持率、客户获得率、客户满意程度和客户盈利率。市场占有率指标反映企业在出售商品的市场上所占的业务比例，显示一个企业在目标市场上的占有情况；客户保持率指标反映客户的保持和忠诚程度，可以通过考察经营单位与客户关系程度的方法来进行计量；客户获得率指标反映新客户的获得能力，可以用经营单位赢得新客户及业务的比率来计量；客户满意程度指标反映了客户的需要，可较好地预测企业前景；客户盈利率，即企业为客户提供产品或劳务后所取得的利润水平。其他指标指的是满足客户期望，有代表性的满足客户期望的指标是时间（交货周期）、质量和价格。通过客户的眼睛来看一个企业，从时间、质量和价格几个方面关注市场份额以及客户的需求和满意程度。

3. 为重要的内部业务流程绩效变量设置衡量指标

其目标是解决"我们必须擅长什么"这一类问题。这类指标报告企业的内部效率，关注影响企业整体绩效的过程、决策和行动，特别是对客户满意度有重要影响的企业过程。

内部过程是企业改善其经营业绩的重点，内部过程的好坏是企业目标能否实现的基础，同时也是一个企业未来业绩的主要影响因素。企业的内部经营过程包括研发、经营和售后服务三方面。众多企业从不断地研发新的产品和服务中获得竞争优势，因此，研制和开发过程成为价值链上的重要一环。创新可用研发费用增长、成果转化能力、新产品开发时间、损益平衡时间和新产品销售收入占总收入的比例等指标衡量。经营是把现有的产品生产出来并出售给客户的过程。在商品竞争中，质量是保证企业持续发展的一项必不可少的要素，厂商应尽量提供高质量的产品或服务。与此同时，厂商还应注意过程成本，包括订单执行、购买材料、编制生产计划、使用资源等。质量和成本这两个指标可用于检验经营过程。评价企业售后服务业绩的指标有企业对产品故障的反应时间和处理时间、售后服务的一次成功率、客户付款的时间等。

4. 为重要的学习与成长变量设置衡量指标

其目标是解决"我们能否持续提升并创造价值"这一类问题。基本上，达成财务、客户和内部业务流程目标的能力取决于组织的学习与成长能力。

企业如果想将注意力引向企业未来成功的基础，就会涉及人员、信息系统和市场创新等一系列问题。在人员方面，只有充分发挥职工的积极性和创新能力才能使企业立于不败之地，其使用的主要指标有职工的满意程度、职工的稳定性和职工的创新性。职工满意是提高企业生产率和产品市场占有率的前提条件，该指标应结合职工的稳定性和创新性考虑。职工的稳定性指标以保持员工长期被雇用为目标。因为企业在职工身上进行了长期投资，职工辞职则是企业在人力资本投资上的损失，尤其是掌握了企业经营过程的高级雇员。职工的创新性指标反映企业的发展潜力，可用职工每年申请的专利或研制出的非专利技术数计量，也可用职工获得的奖金额计量。信息系统的生产能力可以通过及时准确地把关键客户和内部经营的信息传递给制定决策和工作的一线雇员所用的时间来计量。

平衡计分卡的四个方面并不是相互独立的，而是一条因果链，展示了业绩和业绩动因之间的关系。为提高经营成果，必须使产品或服务赢得客户的信赖；要使客户信赖，必须提供客户满意的产品，为此要改进内部生产过程；改进内部生产过程，必须对员工进行培训，开发新的信息系统。这四部分内容共同构筑了一个完整的平衡计分卡评价体系，具体结构关系如图9-5所示。

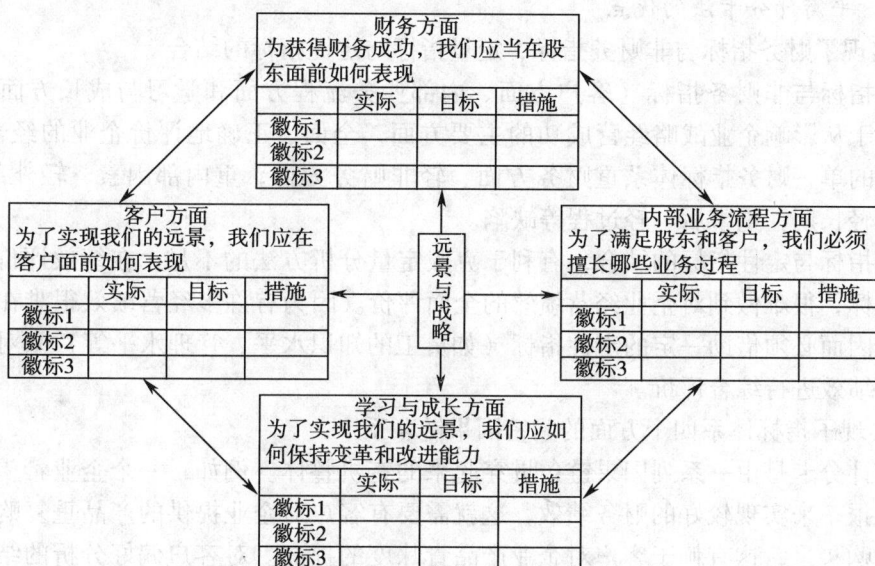

图9-5 平衡计分卡的四个方面

（三）平衡计分卡法的实施程序

通常企业应用平衡计分卡法来建立业绩评价体系时，需经过以下三个阶段。

1. 设计阶段

本阶段的主要任务是依据企业的战略目标，结合企业长短期发展的需要，设计出平衡计分卡的各方面指标。对所设计的指标要自上而下、从内部到外部进行交流，征询各方面的意见，吸收各方面、各层次的建议。这种沟通与协调完成之后，使所设计的指标体系达到平衡，从而能全面地反映和代表企业的战略目标。

2. 应用贯彻阶段

这个阶段是应用平衡计分卡的最关键阶段。根据企业具体情况选择合适的信息系统，应注意确定年、季、月企业业绩衡量指标的具体数字，并与企业的计划和预算相结合，建立数据库。注意各类指标间的因果关系、驱动关系与连接关系，在评价指标与数据库和信息系统之间建立联系。这一过程的最终结果是通过执行信息系统，把反映财务、客户、内部业务流程、学习与成长方面的评价指标向下贯彻，与各部门及现场的评价指标联系起来。还应注意的是，应将每年的报酬奖励制度与平衡计分卡挂钩，促使员工尽一切努力去实现指标，进而实现企业的战略目标。

3. 完善与提高阶段

这一阶段应重点考查指标体系的设计是否科学，是否能真正反映本企业的实际。注意经常采用员工的意见修正平衡计分卡衡量指标并改进企业战略。还要关注采用平衡计分卡后，对于业绩评价中的不全面之处，补充新的测评指标，从而使平衡计分卡不断完善。必要时，可根据实际情况变动评价指标，完善平衡计分卡指标体系，使其更好地为企业战略管理服务。

（四）平衡计分卡法的优点

1. 实现了财务指标与非财务指标、定量指标与定性指标的结合

财务指标与非财务指标（客户方面、内部业务流程方面和学习与成长方面）的结合，有利于从影响企业战略经营成功的主要方面，全面、正确地评价企业的经营绩效，克服传统的单一财务指标体系重财务方面、轻非财务方面，重内部因素、轻外部因索，重短期、轻长期，重事后、轻过程等缺陷。

定量指标与定性指标的结合，有利于克服定量分析方法的不足。在绩效评价中，单有定量指标，很难做到对企业经营绩效的全面评价。因为有许多经营绩效很难在量上反映出来，因而必须借助一定的定性指标（如员工的知识水平、管理水平等）来对企业的战略经营绩效进行综合评价。

2. 实现了指标体系四个方面的紧密因果链联系

平衡计分卡是由一系列因果链条贯穿起来的有机整体。例如，一个企业希望通过提高资本回报率来实现较好的财务绩效，这就需要有客户对企业提供的产品重复购买并增加每次的购买量，这有赖于客户对企业产品青睐度的提高。对客户偏好分析的结果可能会显示客户重视产品交付的及时性。为保证产品按时交付，企业有必要缩短经营过程和提高内部生产过程的质量，而这又有赖于企业高质量、高素质的职员的努力奋斗，又需要职员进行不断的学习和接受培训。就这样，一条因果关系链贯穿着平衡计分卡的各个方面。

3. 实现了战略目标的战术转换

平衡计分卡将企业的战略目标转化为分阶段的战术目标，即将战略目标分解为分阶段的、具体的、可操作的指标体系，使各个层次的经营者和各个职员能较好地理解企业的目标和战略，以便实施。它体现了短期目标与长期目标相结合，短期目标为长期目标服务的特征。

财务方面的指标使管理者和执行者明确企业所要达到的具体财务目标；客户方面的指标使执行者懂得保护原有客户和吸引新客户的重要性；内部业务流程方面的指标使管理者明白如何通过开发新产品、提高服务质量来满足客户的要求，从而扩大企业的市场份额，实现企业的财务目标；学习与成长方面的指标使企业的管理者、职员明白，只有

不断学习新知识、新技能，才能提高自身素质，以适应不断变化的经营环境，提高自身胜任工作的能力，使客户和股东满意，最终实现企业的战略目标。

把经营绩效同企业的战略联系在一起是平衡计分卡的灵魂。正如卡普兰所说："平衡计分卡制度不仅来源于企业的战略，它也应反映出企业的战略。实行平衡计分卡制度的企业不仅应看到平衡计分卡的表面现象，也应看到它的本质，看到平衡计分卡的目标和衡量手段背后的企业战略。如果平衡计分卡制度表现出足够的透明度，则足以把企业战略转换为一整套绩效评估手段。"

4. 实现了对企业战略目标的管理

制定战略与实施战略之间往往存在着差距，这种差距多半是由传统的管理体制造成的。传统的管理体制的管理目的在于确立和向下传达战略与经营目标，分配人力与物力，确定各部门、小组和各位职员的目标和方向，提供反馈。平衡计分卡是对企业战略目标的一种自上而下的沟通、分解与管理过程，它使企业具体执行人员懂得他们的决策和行动的财务结果，使高级管理人员清楚达到长期战略目标的关键要素。

（五）平衡计分卡法的局限

除了上述优势外，平衡计分卡也存在着四大障碍：第一，思想和战略无法操作。其主要原因是企业无法使职员理解并参照执行企业的想法和战略，而造成各部门各行其是，缺乏整体的协调性。第二，经营战略与各部门、小组和各位员工的目标之间没有建立很好的联系。第三，经营战略同长期或短期的人力和物力分配没有联系。第四，反馈是战术性的而非战略性的。

第三节　杜邦财务分析案例

一、公司概况

光明玻璃股份有限公司是一个拥有 30 多年历史的大型玻璃生产基地。该公司管理层颇有战略头脑，十分重视新产品和新工艺的开发，重视对老设备进行技术改造，引进国外先进技术，拥有国内一流的浮法玻璃生产线。该公司生产的浮法玻璃、汽车安全玻璃以及高档铅质玻璃器皿在国内具有较高的市场占有率。该公司还十分重视战略重组，大力推行前项一体化和后项一体化，使公司形成了一条由原材料供应到产品制造再到产品销售一条龙的稳定的价值生产链。由于该公司战略经营意识超前，管理得法，公司规模迅速扩展，销量和利润逐年递增，跃居国内排头兵位置。但由于近两年企业扩展太快，经营效率有所下降。

该公司为了把握未来，对公司未来几年面临的市场和风险进行了预测。预测结果表明，在未来的几年里，伴随国民经济的快速发展、安居工程的启动以及汽车工业的迅猛崛起，市场对各种玻璃的需求剧增，这种市场发展势头给公司带来了千载难逢的发展机会。预测结果还表明，公司未来面临的风险也在逐步加大。国内介入浮法生产线的企业逐渐增多，国外玻璃生产公司意欲打入中国市场，石油和能源的涨价等，这些都会给公司的未来市场、生产经营和经济效益提出严峻的挑战。

二、案例问题及资料

公司为了确保在未来市场逐渐扩展的同时，使经济效益稳步上升，维持行业排头兵的位置，拟对公司近两年的财务状况和经济效益情况，运用杜邦财务分析方法进行全面分析，以便找出公司在这方面取得的成绩和存在的问题，并针对问题提出改进措施，扬长避短，以利再战，实现公司的自我完善。公司近三年的资产负债表和利润表资料如表9-5和表9-6所示。

表9-5　　　　　　　　　　　　　资产负债表　　　　　　　　　　单位：千元

资产				负债及所有者权益			
项目	金额			项目	金额		
	前年	上年	本年		前年	上年	本年
流动资产合计	398 400	1 529 200	1 745 300	流动负债合计	395 000	493 900	560 000
长期投资	14 200	68 600	20 900	长期负债合计	31 400	86 200	128 300
固定资产净值	313 200	332 300	473 400	负债总计	426 400	580 100	688 300
在建工程	21 510	31 600	129 500				
递延资产			6 900				
无形及其他资产		147 500	155 500	所有者权益合计	320 910	1 629 100	1 843 200
资产总计	747 310	2 209 200	2 531 500	负债及所有者权益合计	747 310	2 209 200	2 531 500

表9-6　　　　　　　　　　　　　利润表　　　　　　　　　　　单位：千元

项目	金额		
	前年	上年	本年
一、产品销售收入	881 000	948 800	989 700
减：产品销售成本	316 400	391 000	420 500
产品销售费用	9 900	52 700	43 500
产品销售税金	95 300	99 600	89 000
二、产品销售利润	459 400	405 500	436 700
加：其他业务利润			
减：管理费用	164 900	107 000	97 200
财务费用	13 400	3 600	18 500
三、营业利润	281 100	294 900	321 000
加：投资收益			
营业外收入			
减：营业外支出			
四、利润总额	281 100	294 900	321 000
减：所得税	84 330	88 470	96 300
五、净利润	196 770	206 430	224 700

三、案例分析要求

1. 计算该公司上年和本年的净资产收益率，并确定本年较上年的总差异。

2. 对净资产收益率的总差异进行总资产收益率和权益乘数的两因素分析，并确定各因素变动对总差异影响的份额。

3. 对总资产收益率的总差异进行销售净利率和总资产周转率的两因素分析，确定各因素变动对总资产收益率的总差异影响的份额。

4. 对两年销售净利率的总差异进行构成比率因素分析，找出各构成比率变动对总差异的影响份额。

5. 运用上述分析的结果，归纳影响该公司净资产收益率变动的有利因素和不利因素，找出产生不利因素的主要问题和原因，并针对问题提出相应的改进意见，将这些改进建议付诸实施，促使该公司的生产经营管理更加完善，竞争力更加提高。

四、案例分析结论

（一）计算该公司上年和本年的净资产收益率并确定本年较上年的总差异

1. 上年净资产收益率 = 206 430/［（320 910 + 1 629 100）/2］

       = 21.17%

2. 本年净资产收益率 = 224 700/［（1 629 100 + 1 843 200）/2］

       = 12.94%

3. 净资产收益率本年较上年总差异 = 12.94% − 21.17% = −8.23%

计算结果表明本年较上年净资产收益率下降了 8.23%。

（二）对净资产收益率的总差异进行总资产收益率和权益乘数两因素分析，并确定各因素变动对总差异影响的份额

1. 上年净资产收益率 = 上年总资产收益率 × 上年权益乘数

$$= \frac{206\ 430}{(747\ 310 + 2\ 209\ 200)\ /2} \times \frac{(747\ 310 + 2\ 209\ 200)\ /2}{975\ 000}$$

= 21.17%

2. 本年净资产收益率 = 本年总资产收益率 × 本年权益乘数

$$= \frac{224\ 700}{(2\ 209\ 200 + 2\ 531\ 500)\ /2} \times \frac{(2\ 209\ 200 + 2\ 531\ 500)\ /2}{1\ 736\ 150}$$

= 12.94%

3. 总资产收益率变动对净资产收益率的影响 = （9.48% − 13.96%）× 1.5162

       = −6.79%

4. 权益乘数变动对净资产收益率的影响 = 9.48% ×（1.3653 − 1.5162）

       = −1.43%

（三）对总资产收益率的总差异进行销售净利率和总资产周转率的两因素分析，确定各因素变动对总资产收益率的总差异影响的份额

1. 上年总资产收益率 = 上年销售净利率 × 上年总资产周转率

    = （206 430/948 800）×（948 800/1 478 255）

    = 13.96%

2. 本年总资产收益率 = 本年销售净利率 × 本年总资产周转率

$$= （224\,700/989\,700） × （989\,700/2\,370\,350）$$

$$= 9.84\%$$

3. 总资产收益率本年较上年总差异 = 9.48% − 13.96% = −4.48%

4. 销售净利率变动对总差异的影响 = （22.70% − 21.76%） × 0.6418 = 0.60%

5. 总资产周转率变动对总差异的影响 = 22.70% × （0.4175 − 0.6418） = −5.09%

（四）对两年销售净利率的变动总差异进行构成比率分析，找出各构成比率变动对总差异的影响份额

1. 本年较上年销售净利率总差异 = 22.70% − 21.76%

$$= 0.94\%$$

2. 由于销售成本率变动率影响 = （391\,000/948\,800） − （420\,500/989\,700）

$$= −1.28\%$$

3. 由于销售费用率变动率影响 = （52\,700/948\,800） − （43\,500/989\,700）

$$= 1.15\%$$

4. 由于产品销售税金率变动率影响 = （99\,600/948\,800） − （89\,000/989\,700）

$$= 1.51\%$$

5. 由于销售管理费用率变动率影响 = （107\,000/948\,800） − （97\,200/989\,700）

$$= 1.46\%$$

6. 由于销售财务费用率变动率影响 = （3\,600/948\,800） − （18\,500/989\,700）

$$= −1.49\%$$

7. 由于销售所得税金率变动率影响 = （88\,470/948\,800） − （96\,300/989\,700）

$$= −0.41\%$$

8. 汇总差异 = （−1.28%） + 1.15% + 1.51% + 1.46% + （−1.49%） + （−0.41%）

$$= 0.94\%$$

通过上述分析可知，该公司的净资产收益率本年较上年减少了8.23%。影响此总差异的直接原因主要有总资产收益率和权益乘数。计算结果表明，此两种因素从总体看均为不利因素，其中总资产收益率下降影响份额为6.79%，权益乘数下降影响份额为1.43%。对于权益乘数下降对净资产收益率的影响，今后可考虑适当增加负债，利用财务杠杆来改善权益乘数，以提高净资产收益率。引起总资产收益率下降的主要原因是总资产周转率的延缓，对于这个不利因素，今后要通过强化企业管理，优化资源管理，缩短生产经营周期，以加强资金周转来解决。在总资产收益率下降这个不利因素中也有积极的一面，即销售净利率提高，但其积极影响被总资产周转率下降所产生的消极影响所掩盖。销售净利率总体来看是积极因素，起主导作用，引起其上升的有利因素主要有三个：销售费用率下降、销售税金率下降和销售管理费用率下降。但是也应该注意，在销售净上升的积极因素中，也包含三个不利因素，即销售成本率、销售财务费用率和销售所得税金率的升高，只是这三个因素的升高对销售净利率的负影响被前三个有利因素的正影响抵消。由于税金因素是客观因素，企业主要是适应，所以提高销售净利率，企业

主要应从其他四个方面挖掘潜力。具体建议是：继续巩固和扩展销售费用率和销售管理费用率降低的成果，今后的工作重点应放在狠抓销售成本率的降低上。至于销售财务费用率的上升问题，应把它与利用财务杠杆引起的销售净利率的提高加以对比才能作出正确的判断。

资料来源：百度文库/专业文献，http://wenku.baidu.com/view/4e4ea322482fb4daa58d4b10.htm1.

本章小结

财务综合分析是以企业绩效评价为最终目的，将各方面财务指标作为一个整体，系统、全面、综合地对企业财务状况和经营业绩进行剖析、解释和评价。财务综合分析方法主要有杜邦分析法、财务比率综合分析法、经济增加值评价法及平衡计分法等。杜邦分析法将净资产收益率指标逐层分解为由若干存在内在联系的财务比率构成的指标体系，为决策者如何提高净资产收益率提供了基本思路。沃尔比重评分法是综合评分法最早的尝试，我国企业绩效评价体系也遵循综合评分法的思路。经济增加值简称 EVA，是税后净营运利润减去投入资本的机会成本后的所得。EVA 克服了会计利润未考虑企业股权资本成本的缺陷，不能正确地反映企业的真实经营业绩，但能够反映信息时代财务业绩衡量的新要求，是一种广泛用于企业内部和外部业绩评价的指标。平衡计分卡法是结合非财务指标、经营战略进行企业绩效衡量的典范。

思考与练习

1. 综合分析评价的方法有哪些？综合分析的作用及其局限性是什么？
2. 沃尔比重评分法的难点是什么？
3. 杜邦分析法的特点和优势是什么？
4. 杜邦分析法的目标是什么？程序有哪些？
5. 平衡计分卡法的优势和缺陷有哪些？
6. 经济增加值的三个变量分别怎样计算？

案例选读

从财务分析视角看格林柯尔案

一、格林柯尔引发科龙危机

格林柯尔从 2005 年 8 月 1 日起停牌，于 2007 年 5 月 18 日退市，顾雏军资产从此灰飞烟灭。顾雏军从注册成立顺德格林柯尔的那一刻开始，就已经瞄准了科龙。他先是利用从科龙电器划拨的 1.87 亿元资金，采取反复对倒、反复划账的方式注册顺德格林柯尔，并使其从表面上符合《公司法》的相关出资规定。打造好了顺德格林柯尔这一并购平台后，科龙电器的梦魇从此开始。2001 年 10 月 31 日，科龙电器在香港发布公告：公司大股东容声集团与顺德格林柯尔（顾雏军的私人公司）订立买卖协议，后者将以 5.6 亿元的总代价获得科龙电器 20.64% 的股权。一个月后的临时股东大会上，顾雏军等 8 人被正式委任成为董事。新一届的董事会中共 9 名董事，其中 5 名执行董事全部来自格林柯尔。中国最优秀的家电生产巨头科龙电器已经在顾雏军的掌控之中了，而此时顾雏军仅支付了 1.5 亿元，20% 的股权也只是质押还没有过户。2002年 4 月，科龙电器公告：原单一大股东容声集团向格林柯尔出售 2.05 亿股科龙电器股票（占已发行股本的 20.64%）的总代价减至 3.48 亿元人民币。在顾雏军率管理团队进驻科龙电器几个月后，出台巨亏 15 亿元的 2001 年年报，使掌控科龙的代价顺势降了 2.12 亿元。2005 年 4 月 26 日科龙电器公告预亏 4 000 万元（按国际会计师准则），并给出了两点原因：一是华意压缩机连年亏损，需将相关 7 100 万元商誉撤除；二是 4 700 万元存货拨备。2004 年前三个季度科龙电器的盈利已达 2 亿元，投资机构纷纷作出乐观的预计。后来突然曝出亏损令国内外舆论哗然，连科龙的大股东格林柯尔及顾雏军本人都被置于难堪的焦点。2005 年 4 月 29 日，科龙电器公布 2004 年年报：亏损 6 000 多万元，这与上一年盈利 2 亿多元的业绩形成巨大反差。5 月，中国证监会就此问题立案调查，科龙危机爆发，国内投资者眼看着科龙股票从 25 元掉到了 1 元多。据有关资料指出，科龙电器与格林柯尔系公司或怀疑与格林柯尔系公司有关的公司之间进行的不正常现金流出总额约为 40.71 亿元，不正常现金流入总额约为 34.79 亿元，至少给科龙带来 5.92 亿元的损失。顾雏军本人遭遇四面楚歌，于 2005年 7 月底被捕。

二、从财务分析视角看格林柯尔案

（一）财务舞弊发生前的"征兆"

1. 运用基本财务指标进行分析发现端倪

格林柯尔报表的确有些蹊跷。在资产结构方面，账上现金非常巨大，占总资产的64%，占净资产比例更是高达 74%。从关联公司购入制冷剂形成的存货也相当可观，至2004 年底存货价值高达 1.18 亿元。另外，账上虽然有超过 10 亿元现金及银行存款，格林柯尔却把一部分存款抵押在银行以取得年息约 5% 的短期贷款。我们都知道把存单抵押在银行可以得到的贷款比率是相当高的（接近 100%），格林柯尔贷到的金额却不到抵押存款金额的 60%，银行如此小心不免让人产生怀疑。

2. 比较合并财务报表及母子公司报表找出猫腻

仅从科龙的合并报表以及母公司报表可以看出，科龙有大额的资金被母公司（格林柯尔）侵占。2003 年，科龙母公司报表中其他应收款达 16 亿元之巨，而合并报表中该项目仅为 1.3 亿元；2004 年科龙母公司报表中其他应收款为 17 亿元，而合并报表中该项目仅为 1.2 亿元。如果投资者认真地分析一下这些奇怪的现象，就可以推断出格林柯尔严重侵占科龙资金问题。根据毕马威的报告，科龙部分所属公司的资金与格林柯尔系公司的资金均是在无任何业务支持的情况下从账内或账外银行账户被直接划拨的，现金流入流出总金额达 75 亿元之多。

3. 纵向比较年报不难发现数字游戏

从格林柯尔公开的财务报表看出，1998 年公司收入仅 11 万元，利润为 - 800 万元，而 2000 年年报显示的收入则达到 3.64 亿元，3 年里增长了 3 300 多倍。自 2000 年上市以后，格林柯尔的业绩一路高歌猛进，2001 年度达到了巅峰。2000 年、2001 年的营业额分别达到 3.64 亿元和 5.16 亿元；纯利润分别为 2.69 亿元和 3.39 亿元，毛利润率竟达到了 80%，让行业内外都很吃惊！格林柯尔于 1999—2001 年连续 3 年盈利，纯利累计超过 6 亿元，外界看来完全符合香港主板上市的硬性条件（连续 3 年盈利且 3 年的盈利累计超过 5 000 万港元）。事后，科龙电器原财务部副部长在佛山市中级人民法院的庭审供词：2002—2004 年间，顾雏军都会下达财务指标，商业承兑汇票的交易量就是根据指标套算出来的。科龙电器在收到客户的商业承兑汇票后，就相应地封存了大量库存产品。但是这些商业票据到期都会原样退还给原客户，根本没有现金收入。销售发生在年底，虚增收入的目的是显然奏效的。这或许可以解释这一系列有趣数字的产生。

4. 会计师事务所屡玩"谦让"须提高警惕

格林柯尔上市时聘请的会计师事务所是安达信。2001 年安达信因丑闻"告退"，其在香港的业务转给了普华永道。科龙与格林柯尔的审计机构都应当是普华永道，但是普华永道却将二者拱手相让与德勤。在格林柯尔入主美菱之后，普华永道也辞去了美菱的审计工作。直到 2005 年，德勤为科龙出具 2004 年的"保留意见"后，德勤也推掉了科龙的审计业务。从会计师事务所的行为来看，其中必有问题。事务所了解比投资者多得多的信息，它们的行为正好解释了格林柯尔可能存在问题。我国审计市场一直存在着僧多粥少的局面，经济上严重依赖于少数客户。同时，我们也能从中看出国际所审计质量与其实力也名不副实。国际"五大"（安达信当时未退出）在对亚洲公司进行审计时，采用较低的审计标准，而同时又以其令人尊敬的会计师事务所签署审计报告，实际并未提供与其收费相符的服务品质。长此以往，这将是整个审计行业的悲哀。

（二）格林柯尔财务舞弊的特征

1. 现金舞弊的"高端运作"

通常上市公司会选择不易被发现的资金运作，运用高技术的舞弊手段。它们通过集团内部的债权债务互转，通过中间公司使关联交易非关联化，通过银行或集团内部财务公司配合资本运作等，而技术含量最高且难以识别证明的就是现金舞弊。被曝光者往往是资金链断裂被逼现形，或者被监管机构调查后才得以曝光。这类公司虽然手段高明、造假过程复杂，但都有一个共同的特征：上市公司处于一个关系复杂的集团当中，而且频繁担保与被担保；集团的实际控制人资金链断裂，十分迫切需要现金；上市公司有莫名其妙的资金往来，特别是现金往来非常复杂，尤其是与关联方的资金流入流出量非常大；现金流量表中"收到（支付）其他与经营活动有关现金"金额巨大。这类公司往往处于关系复杂的集团当中，尤其是多家公司组成的一个"系"。如果该集团的实际控制方资金匮乏陷入困境，那么，马上应该引起警惕，它们随时会想尽各种办法挖走上市公司的现金。格林柯尔是一个"系"，而科龙危机的爆发正是其不小心掉的"链子"。两者之间不正常的现金流入流出总额高达 70 多亿元，这实在是格林柯尔的"货币转换中心"。

2. 审计机构的串通舞弊

现行的财务舞弊不光是单纯的企业管理层或员工的舞弊，而与银行、证券管理机构、会计师事务所等单位或部门串通舞弊的情况时有发生。格林柯尔是典型代表。虽说审计不可能发现所有的财务舞弊，但德勤在格林柯尔审计中显然没有尽职。格林柯尔存在太多违背常识的现象，其造假手法非常低劣。德勤没有发现"水面上的造假"，不但有未勤勉尽责之嫌，还有审计合谋之嫌。事务所起码一定要把审计程序做足，以便东窗事发能够及时免责。专业人士认为，四大会计师事务所审计技术及程序也要顺应中国上市公司财务舞弊特点而作实质性调整，不要追求形式上的完善及程序上的完美，而要根据常规舞弊手法设计有效的审计程序。发现重大舞弊才是审计的终极目标，而不是完善工作底稿。企图以审计工作底稿对抗审计失败的指控，那是一种形式主义。可是这种情况在证券审计市场比比皆是，绝不是德勤独家所有。

3. 隐蔽的财务造假行为

随着监管机构打击力度的加大，某些公司的财务造假行为也更加隐蔽多样。而格林柯尔的造假手段就更是丰富多彩，涉及伪造身份证、虚假注资、造假账、诈骗国家土地等多种手段。在对顾雏军及其格林柯尔系的一系列财务调查与分析中，我们可以看到，在"国退民进"以及"产业国际化"这两大背景下，格林柯尔代表着这样一种全球化资本运作的典范：它以香港资本市场为融资终端，以开曼等海外银行中心为资本运作平台，以退出中的国有企业为并购对象。通过一系列堪称精巧的报表操纵与资本运作手法，充分利用不同地区的制度差异与监管空隙，将全球化的资本链搭建在正企盼国际化的国内产业体系上。同时操作者准确地把握住了国企改革过程中国有产权退出的时机，并在深刻理解政府"非卖价目标"内涵的基础上，利用自身大股东的有利地位，在与政府讨价还价的过程中获得充分的资本转让溢价。格林柯尔系正是利用这一资本杠杆，在短短五年内建立起了规模庞大的产业体系，同时也为顾雏军自己带来了惊人的财富。这与我们所理解的种种"黑幕"最大的不同之处在于，它充分利用了不同制度的合法性——内地不合法的不表示香港不能做，而香港要谴责的也不表示在开曼群岛不允许做。

资料来源：百度文库/高等教育/经济学，http://wenku.baidu.com/view/a2684b1cfad6195f312ba69b.html.

第十章

企业财务分析报告

学习目标

明确什么是财务分析报告，财务分析报告的特点、类型；掌握财务分析报告的内容以及编写方法；理解财务分析的目的以及不同财务分析主体财务分析目的的差异。

第一节　财务分析报告概述

一、财务分析报告的含义和特点

（一）财务分析报告的含义

财务分析是以国家法规和经济政策为指导，以各种经济信息为依据，通过利用会计核算、统计核算和业务核算等资料，对一定时期内企业生产、流通、经营管理等经济活动过程、行为进行系统的调查、研究、分析，寻求生产、流通、经营管理活动规律的行为。根据分析的结果所写出的报告被称为财务分析报告。

财务分析报告是财务独立的企事业单位定期或不定期对财务收支情况进行总结、分析后而撰写的书面报告。

财务分析报告通常在年度和季度编写，它是一定时间内企业经营活动在财务上的综合反映。

（二）财务分析报告的特点

1. 指导性。总结经验教训，采取措施，加强财政管理，在政策和领导指导下，使企业有序健康发展。

2. 综合性。财务分析报告主要运用各种会计、统计及有关业务资料，分析单位的财务情况，包括资金运用、财务收支和指标完成，在此基础上进行综合分析。

3. 分析的目的和作用的内向性。财务分析根本目的是挖掘内部潜力，提高经济效益，改进和加强财务管理水平，改善经营。财务分析报告主要作用于内部，具有内向性的特点。

二、财务分析报告的类型

（一）按内容、范围分类

财务分析报告按其内容、范围不同，可分为综合分析报告、专题分析报告和简要分析报告。

1. 综合分析报告

综合分析报告又称全面分析报告，是企业依据会计报表、财务分析表及经营活动和财务活动所提供的丰富、重要的信息及其内在联系，运用一定的科学分析方法，对企业的经营特征，利润实现及其分配情况，资金增减变动和周转利用情况，税金缴纳情况，存货、固定资产等主要财产物资的盘盈、盘亏、毁损等变动情况及对本期或下期财务状况将发生重大影响的事项做出客观、全面、系统的分析和评价，并进行必要的科学预测而形成的书面报告。它具有内容丰富、涉及面广，对财务报告使用者做出各项决策有深远影响的特点。它还具有以下两方面的作用：

（1）为企业的重大财务决提供科学依据。由于综合分析报告几乎涵盖了对企业财务计划各项指标的对比分析和评价，能使企业经营活动的成果和财务状况一目了然，及时反映出存在的问题，这就给企业的经营管理者做出当前和今后的财务决策提供了科学依据。

（2）全面、系统的综合分析报告，可以作为今后企业财务管理进行动态分析的重要历史参考资料。

综合分析报告主要用于半年度、年度进行财务分析时撰写。撰写时必须对分析的各项具体内容的轻重缓急做出合理安排，既要全面，又要抓住重点。

2. 专题分析报告

专题分析报告又称单项分析报告，是指针对某一时期企业经营管理中的某些关键问题、重大经济措施或薄弱环节等进行专门分析后形成的书面报告。它具有不受时间限制、一事一议、易被经营管理者接受、收效快的特点。因此，专题分析报告能总结经验，引起领导和业务部门重视所分析的问题，从而提高管理水平。

专题分析的内容很多，比如关于企业清理积压库存，处理逾期应收账款的经验，对资金、成本、费用、利润等方面的预测分析，处理母子公司各方面的关系等问题均可进行专题分析，从而为各级领导做出决策提供现实的依据。

3. 简要分析报告

简要分析报告是对主要经济指标在一定时期内存在的问题或比较突出的问题，进行概要的分析而形成的书面报告。

简要分析报告具有简明扼要、切中要害的特点。通过分析，能反映和说明企业在分析期内业务经营的基本情况，企业累计完成各项经济指标的情况并预测今后发展趋势。主要适用于定期分析，可按月、按季进行编制。

（二）按时间分类

财务分析报告按其分析的时间，可分为定期分析报告与不定期分析报告。

1. 定期分析报告

定期分析报告一般是由上级主管部门或企业内部规定的每隔一段相等的时间应予编制和上报的财务分析报告。如每半年、年末编制的综合财务分析报告就属定期分析报告。

2. 不定期分析报告

不定期分析报告，是从企业财务管理和业务经营的实际需要出发，不做时间规定而编制的财务分析报告。如上述的专题分析报告就属于不定期分析报告。

三、财务分析报告的内容

（一）重点披露衍生金融工具产生的收益和风险信息

由于金融创新，诸如期货、期权之类没有实际交易而仅是未来经济利益的权利或义务的衍生金融工具种类日益繁杂，这类衍生金融工具可能会引起企业未来财务状况、盈利能力的剧变。如不对这类衍生金融工具的风险加以披露，极有可能导致财务报告使用者在投资和信贷方面的决策失误。虽然我国现阶段资本市场尚不成熟，衍生金融工具尚不多见，对企业的影响还不大，但我们也应该及早着手进行这方面的研究，以配合我国资本市场的发展和完善。

（二）重点披露人力资源信息

随着知识经济时代的逐步来临，把信息披露重点放在存货、机器设备等实物资产上的现行财务报告的局限性已日益显示出来，这主要表现在实物性资产价值量的大小与企业创造未来现金流量的能力之间的相关性减弱，甚至与企业现行市场价值之间的相关性也减少。在现行会计体制下，投资于人力方面的支出，不管金额多大，一律作为当期费用，这就使人力资产被大大低估，而费用则大幅度提高。这也是现行财务分析报告受到越来越多批评的主要原因之一。解决对人力资源信息的披露，除了需要深入研究人力资源计量的理论和方法，还进一步涉及人力资本的确认问题，以及由此而产生的利益分配等问题。因此具有很大的难度，应作为会计学科的一个重要课题来研究。

（三）重点披露股东权益稀释方面的信息

随着股份公司成为企业组织形式的主流和证券市场的发展，特别是由金融创新所引起的权益交换性证券品种的增多及其普及化，使股东经济利益的来源并不局限于公司利润，而更多地来自于股份的市价差异。这就使股东十分关心股份的市场价值。由于公司股票的账面值往往与股票的市场价值存在着较大差异，且多是股票市价高于股票账面值（这种情况在我国的 A 股市场上特别明显），这就给公司经营者提供了通过权益交换方式来增加利润的机会。比如公司发行可转换债券，可以通过降低转换价格的方式来降低债券利息，因利息率降低而减少的利息费用就转化为了企业利润。

（四）重点披露企业全面收益的信息

现行财务报告中的收益是建立在币值不变假定基础之上的，这在经济活动相对简单，在币值变化不大的情况下，该收益与全面收益差异不大，财务报告的使用者用这种收益也可作出较为正确的决策。但随着经济活动的复杂化，市值变化频繁化，这种传统会计收益与企业真实的全面收益差异日益扩大。这样，如用传统的会计收益作为基础进行决策，就有可能作出错误的决策。全面收益除了包括在现行损益表中已实现并确认的损益之外，还包括未实现的利得或损失，如未实现的财产重估价盈余、未实现商业投资利得/损失、净投资上外币折算差异。

（五）重点披露对公司未来价值的预测信息

按一般观念，财务报告的相关性具有重要意义。传统财务报告本身的设计也试图做到这一点。在经济环境变化不显著的情况下，人们可以简单地用反映企业过去经营结果以及行为的因果联系的财务报告去推论企业的未来，但在经济环境剧烈变化的条件下，人们已不可能直接用过去的财务报告去推论企业未来。这就导致财务报告的相关性降低。解决这一问题的思路是向财务报告的使用者提供企业未来价值趋势的预测信息。

（六）重点披露企业对社会贡献的信息

现行企业财务报告的服务主体主要是投资者和债权人，所披露的内容主要是与投资者和债权人的投资和信贷决策相关的盈利能力与财务状况，在这些报表中不能反映企业对社会的真实贡献额，即企业所提供的增值额或增加值，更不能反映贡献额的分配状况。当前，传统财务报告在这方面的不足之处日益凸显。第一，货币资本的支配力逐渐减弱，人力、知识资本的贡献比例却日趋增长，这就要求财务报告要为这些信息使用者服务；第二，货币资本的支配者应公布企业对社会的贡献额以及贡献额的分配，以利于社会对企业的监督；第三，公布企业对社会的真实贡献额及其分配状况，有利于协调劳资双方、各种资本供应者，以及企业与社会、国家政府的关系，从而在化解利益分配中的矛盾、增加利益创造中的合力等方面起到积极的作用；第四，国家了解企业对社会的真实贡献，有利于国家科学地制定宏观调控措施，促进经济的发展。正因为如此，英国于1975年发布的《公司报告》中增加了增值表，并将它作为继资产负债表、损益表、现金流量表之后的第四会计报表。继英国之后，诸如荷兰、西德、丹麦、法国、意大利、挪威、瑞士、瑞典、澳大利亚等国家也开始编制该表。

（七）重点披露企业对环境影响的信息

企业既是社会财富的创造者，又是环境的主要污染者，它与环境存在着密切的关系。环境对企业生存和发展的影响可从如下两个方面来考察：一是环境本身对企业生存和发展的影响；二是因环境而引起的社会原因对企业生存和发展的影响。了解环境对企业生存和发展影响状况的信息对投资者、债权人、管理者和其他与企业相关的利益集团来讲均有着重要意义。首先，生存这是关系到一个企业能否持续经营的问题，如一个企业不能持续经营，那么，基于持续经营基础上的会计信息就毫无意义；其次，了解因环境因素而产生的或有负债、治理污染的成本、资产价值的贬值和其他环境风险损失等影响企业发展方面的信息，有利于投资者、债权人、管理者等做出正确的决策。现行财务会计忽视了对这方面信息的披露，已不适应环保要求日益提高、措施日益严格的社会经济形势的要求。因此，披露企业环境影响方面的信息应作为改进财务报告的内容。

第二节　财务分析报告的编写

一、财务分析报告的格式要求

严格地讲，财务分析报告没有固定的格式和体裁，但要求能够反映要点、分析透彻、有实有据、观点鲜明、符合报送对象的要求。一般来说，财务分析报告均应包含以下几个方面的内容：提要段、说明段、分析段、评价段和建议段，即通常说的五段论式。但在实际编写分析时要根据具体的目的和要求有所取舍，不一定要囊括这五部分内容。

现具体说明如下：

第一部分提要段，即概括公司综合情况，让财务报告接受者对财务分析说明有一个总括的认识。

第二部分说明段，是对公司运营及财务现状的介绍。该部分要求文字表述恰当、数据引用准确。对经济指标进行说明时可适当运用绝对数、比较数及复合指标数。特别要关注公司当前运作上的重心，对重要事项要单独反映。公司在不同阶段、不同月份的工作重点有所不同，所需要的财务分析重点也不同。如公司正进行新产品的投产、市场开发，则公司各阶层需要对新产品的成本、回款、利润数据进行分析的财务分析报告。

第三部分分析段，是对公司的经营情况进行分析研究。在说明问题的同时还要分析问题，寻找问题的原因和症结，以达到解决问题的目的。财务分析一定要有理有据，要细化分解各项指标，因为有些报表的数据是比较含糊和笼统的，要善于运用表格、图示，突出表达分析的内容。分析问题一定要善于抓住当前要点，多反映公司经营焦点和易于忽视的问题。

第四部分评价段。作出财务说明和分析后，对于经营情况、财务状况、盈利业绩，应该从财务角度给予公正、客观的评价和预测。财务评价不能运用似是而非，可进可退，左右摇摆等不负责任的语言，评价要从正面和负面两方面进行，评价既可以单独分段进行，也可以将评价内容穿插在说明部分和分析部分。

第五部分建议段。即财务人员在对经营运作、投资决策进行分析后形成的意见和看法，特别是对运作过程中存在的问题所提出的改进建议。值得注意的是，财务分析报告中提出的建议不能太抽象，而要具体化，最好有一套切实可行的方案。

此外，财务分析报告在表达方式上可以采取一些创新的手法，如可采用文字处理与图表表达相结合的方法，使其易懂、生动、形象。

二、财务分析报告的编写要求

1. 要清楚明白地知道报告阅读的对象（内部管理报告的阅读对象主要是公司管理者尤其是领导）及报告分析的范围。

报告阅读对象不同，报告的写作应因人而异。比如，提供给财务部领导可以专业化一些，而提供给其他部门领导尤其对本专业相当陌生的领导的报告则要力求通俗一些；同时提供给不同层次阅读对象的分析报告，则要求分析人员在写作时准确把握好报告的框架结构和分析层次，以满足不同阅读者的需要。再如，报告分析的范围若是某一部门或二级公司，分析的内容可以稍细、具体一些；而分析的对象若是整个集团公司，则文字的分析要力求精练，不能对所有问题面面俱到，集中性地抓住几个重点问题进行分析即可。

2. 财务分析报告要了解读者对信息的需求，充分领会领导所需要的信息是什么。

例如，有一次一位分析人员与业务部门领导沟通，领导深有感触地谈到：你们给我的财务分析报告，内容很多，写得也很长，应该说是花了不少心思的。遗憾的是我不需要的信息太多，而我想真正获得的信息却太少。我们每月辛辛苦苦做出来的分析报告原本是要为业务服务的，可事实上呢？问题出在哪？我认为，写好财务分析报告的前提是财务分析人员要尽可能地多与领导沟通，捕获他们"真正了解的信息"。

3. 财务分析报告写作前，一定要有一个清晰的框架和分析思路。

财务分析报告的框架具体如下：报告目录—重要提示—报告摘要—具体分析—问题重点综述及相应的改进措施。"报告目录"告诉阅读者本报告所分析的内容及所在页码；"重要提示"主要是针对本期报告在新增的内容或须加以重大关注的问题事先做出说明，旨在引起领导高度重视；"报告摘要"是对本期报告内容的高度浓缩，一定要言简意赅，点到为止。无论是"重要提示"，还是"报告摘要"，都应在其后标明"具体分析"所在页码，以便领导及时查阅相应分析内容。以上三部分非常必要，其目的是，让领导们在最短的时间内获得对报告的整体性认识以及本期报告中将告知的重大事项。"问题重点综述及相应的改进措施"一方面是对上期报告中问题执行情况的跟踪汇报，同时对本期报告"具体分析"部分中揭示出的重点问题进行集中阐述，旨在将零散的分析集中化，再一次给领导留下深刻印象。

"具体分析"部分，是报告分析的核心内容。"具体分析"部分的写作如何，决定了本报告的分析质量和档次。要想使这一部分写得很精彩，首要的是要有一个好的分析思路。例如，某集团公司下设四个二级公司，且都为制造公司。财务报告的分析思路是：总体指标分析—集团总部情况分析—各二级公司情况分析；在每一部分里，按本月分析—本年累计分析展开；再往下按盈利能力分析—销售情况分析—成本控制情况分析展开。如此层层分解，环环相扣，各部分间及每部分内部都存在着紧密的勾稽关系。

4. 财务分析报告一定要与公司经营业务紧密结合，深刻领会财务数据背后的业务背景，切实揭示业务过程中存在的问题。

财务人员在做分析报告时，由于不了解业务，往往闭门造车，并由此陷入就数据论数据的被动局面，得出来的分析结论也就常常令人啼笑皆非。因此，有必要强调的一点是：各种财务数据并不仅仅地通常意义上数字的简单拼凑和加总。每一个财务数据背后都寓示着非常生动的增减、费用的发生、负债的偿还等。财务分析人员通过对业务的了解和明察，并具备对财务数据敏感性的职业判断，即可判断经济业务发生的合理性、合规性，由此写出来的分析报告也就能真正为业务部门提供有用的决策信息。财务数据毕竟只是一个中介（是对各种业务的如实反映，或称为对业务的映射），如果就数据论数据，报告的重要质量特征"相关性"受挫，对决策的"有用性"自然就难以谈起。

三、财务分析报告的分析手法

这里仅介绍在报告写作过程中的常见分析手法：

1. 分析要遵循差异—原因分析—建议措施原则。因为撰写财务分析报告的根本目的不仅仅是停留在反映问题、揭示问题上，而是要通过对问题的深入分析，提出合理可行的解决办法，真正担负起"财务参谋"的重要角色。

2. 对具体问题的分析采用交集原则和重要性原则并存手法揭示异常情况。例如，某公司有 36 个驻外机构，为分析各驻外机构某月费用控制情况和工作效率，我们以"人均差旅费"作为评价指标之一。在分析时，采用比较分析法（本月与上月比较）在增长额（绝对数）、增长率（相对数）两方面比较以揭示费用异常及效率低下的驻外机构，分别对费用增长前十位（定义为集合 A）及增长率前十位（定义为集合 B）的驻外机构进行了排名，并定义集合 $C = A \cap B$，则集合 C 中驻外机构将是我们重点分析的对象之一，这就是"交集原则"。然而，交集原则并不一定能够揭示出全部费用异常的驻外机构，为此"重要性原则"显得必不可少。在运用交集原则时，头脑中要有重要性原则的意识；在运用重要性原则时，同样要有交集思想。总而言之，财务分析人员要始终"抓重点问题、主要问题"，在辩证法上体现为两点论基础上的重点论。

3. 问题集中点法亦可称为焦点映射法。这种分析手法主要基于以下想法：在各部分分析中，我们已从不同角度对经营过程中存在的问题进行了零散分析。这些问题点犹如一张映射表，左边是不同的分析角度，右边是存在问题的部门可费用项目。每一个分析角度可能映射一个部门或费用项目，也可能是多个部门或费用项目。由于具体到各部分中所分析出来的问题点还不系统，因而给领导留下的印象比较散乱，重点问题不突出；而领导通过月度分析报告，意在抓几个重点突出的问题就达到目的了。故财务分析人员一方面在具体分析时，要有意识地知道本月可能存在的重点问题（在数据整理时具有对财务数据敏感性的财务分析人员能感觉到本月可能存在的重大异常情况），另一方面要善于从前面零散的分析中筛选出一至两个焦点性问题。

四、财务分析报告在分析过程中应注意的其他问题

1. 对公司政策尤其是近期来公司大的方针政策有一个准确的把握，在吃透公司政策精神的前提下，在分析中还应尽可能地立足当前，瞄准未来，以使分析报告发挥"导航器"作用。

2. 财务人员在平时的工作当中，应多一点了解国家宏观经济环境尤其是尽可能捕捉、搜集同行业竞争对手资料。因为公司最终面对的是复杂多变的市场，在这个大市场里，任何宏观经济环境的变化或行业竞争对手政策的改变都会或多或少地影响着公司的竞争力甚至决定着公司的命运。

3. 勿轻易下结论。财务分析人员在报告中的所有结论性词语对报告阅读者的影响相当之大，如果财务人员在分析中草率地下结论，很可能形成误导。如目前在国内许多公司里核算还不规范，费用的实际发生期与报销期往往不一致，如果财务分析人员不了解核算的时滞差，则很容易得出错误的结论。

4. 分析报告的行文要尽可能流畅、通顺、简明、精练，避免口语化、冗长化。

五、财务分析报告范例

§1　报告目录

一、利润分析

（一）集团利润额增减变动分析

1. 利润额增减变动水平分析

2. 利润额增减变动结构分析及评价

（二）各生产分部利润分析

1. 一季度生产本部（含 QY 分厂）利润增减变动分析

2. 一季度 AY 分公司利润增减变动分析

二、收入分析

（一）销售收入结构分析

（二）销售收入的销售数量与销售价格分析

（三）销售收入的赊销情况分析

三、成本费用分析

（一）产品销售成本分析

（二）各项费用完成情况分析

四、现金流量表分析

（一）现金流量表增减变动分析

（二）现金流量数据分析

五、有关财务指标分析

（一）获利能力分析

（二）短期偿债能力分析

（三）长期偿债能力分析

六、存在问题及分析

（一）产品销售成本的增长率与上年同比大于产品销售收入的增长率

（二）负债增加，获利能力降低，偿债风险加大

七、意见和改进措施

（一）重点关注

现代企业竞争是管理的竞争。面对日益萎缩的利润空间，我们需要知道，居高不下的成本究竟是客观原因还是主观原因造成的？材料利用率能否控制？现销收入能否更多些？赊销收入资金回笼能否更快些？在目前产销两旺的形势下，企业资金能否良性循环？

（二）问题重点综述

由于人民币销售价格的同比下落，销售成本又居高不下，销售毛利率下降，利润总额同比减少 50.5 万元；赊销收入同比增加，不良及风险应收款项比例加大；经营现金净流量不足以抵付经营各项支出；负债及应付款项、利息增加，贷款还本付息压力加重；但销售、生产还较正常，资产负债率稍高，也算正常，目前短期还债能力较强。

2015 年一季度财务分析

一、利润分析

（一）集团利润额增减变动分析

1. 利润额增减变动水平分析

（1）净利润分析：一季度公司实现净利润 105.36 万元，比上年同期减少了 55.16 万元，减幅 34%。净利润下降原因：一是由于实现利润总额比上年同期减少 50.5 万元；二是由于所得税税率增长，缴纳所得税同比增加 4.65 万元，其中利润总额减少是净利润下降的主要原因。

（2）利润总额分析：利润总额 140.48 万元，同比上年同期 190.98 万元减少 50.5 万元，下降 26%。影响利润总额的是营业利润同比减少 67.24 万元，补贴收入增加 17 万元。

（3）营业利润分析：营业利润 123.18 万元，较上年 190.42 万元大幅减少，减幅

35%。主要是产品销售利润和其他业务利润同比都大幅减少所致，分别减少 46.53 万元和 20.71 万元。

（4）产品销售利润分析：产品销售利润 82.95 万元同比 129.48 万元，下降 36%。影响产品销售利润的有利因素是销售毛利同比增加 162.12 万元，增长率 27%；不利因素是三项期间费用 686.41 万元，同比增加 208.65 万元，增长率 43.67%。期间费用增长是导致产品销售利润下降的主要原因。

由于今年一季度淡季不淡，销售收入同比增长 53%，销售运费、工资、广告及相应的贷款利息、汇兑损失也比上年大幅增长。销售费用、管理费用、财务费用，同比增加额分别是 108.31 万元、8.32 万元和 92.19 万元，其中销售费用和财务费用同比增长最快，分别增长 98% 和 67%。

（5）产品销售毛利分析：一季度销售毛利 769.36 万元，销售毛利较上年增加 162.12 万元，增长率 27%；销售毛利同比增加的原因是收入、成本两项相抵的结果。产品销售收入同比增加 2 600.20 万元，增长 53%；产品销售成本同比增加 2 438.07 万元，增长 57%。

2. 利润增减变动结构分析及评价

从 2015 年一季度各项财务成果的构成来看，产品销售利润占营业收入的比重为 1.11%；比上年同期 2.66% 下降了 1.55%；本期营业利润占收入结构比重 1.65%，同比上年的 3.91% 下降了 2.26%；利润总额构成 1.88%，同比 3.92% 下降了 2.04%；净利润构成为 1.41%，比上年的 3.30% 下降 1.89%。

从利润构成情况看，盈利能力比上年同期都有下降，各项财务成果结构比重下降原因：

（1）产品销售利润结构比重下降，主要是产品销售成本和三项期间费用结构比重增长所致。目前降低产品销售成本，控制销售费用、管理费用和财务费用的增长是提高产品销售利润的根本所在。

（2）营业利润结构比重下降的原因除受产品销售利润影响以外，其他业务利润占结构比重同比下降也是不利因素之一。

（3）本期因补贴收入导致利润总额结构比重增加 0.25%，是利润总额增加的有利因素，而营业外收入结构比重下降，营业外支出结构比重增加及所得税率结构比重上升都给利润总额结构比重增长带来不利影响。

（二）各生产分部利润分析

1. 一季度生产本部（含 QY 分厂）利润增减变动分析

（1）本部利润总额 129.91 万元，同比减少 48.94 万元，下降 27.36%。利润总额下降主要是产品销售利润和其他业务利润同比减少 44.77 万元、20.89 万元，补贴收入增加 17 万元，以及营业外收入同比减少 0.26 万元增减相抵所致。

（2）本部产品销售利润 72.58 万元，较上年同期 117.35 万元减少 44.77 万元，减幅为 38.15%。其减少的原因是一季度销售收入的同比增加幅度抵消不了销售成本和期间费用的增加幅度，造成产品销售毛利空间缩小。其销售收入同比增加 2 312.68 万元，增长 55.97%；而销售成本、费用增加 2 357.44 万元，成本、费用率增长达 58.72%。其中，产品销售成本增加 1 603.44 万元，增长 70.52%；期间费用增加 214.46 万元，增长 47.61%。

2. 一季度 AY 分公司利润增减变动分析

（1）AY 分公司利润总额 10.56 万元，同比减少 1.56 万元，下降 12.91%。利润总额下降主要是产品销售利润减少 1.75 万元、其他业务利润同比增加 0.19 万元两项增减相抵所致。

（2）产品销售利润 10.38 万元，较上年同期 12.13 万元减少 1.75 万元，减幅为 14.48%。其减少的原因是主要原材料价格较上年同期上涨，产品销售毛利并未因业务量增大而增加。销售收入同比增加 287.52 万元，增长 38.95%；而销售成本增加 295.09 万元，增长 42.23%；产品销售毛利较上年减少 7.57 万元，减幅为 19%；期间费用 21.53 万元，同比减少 5.81 万元，费用率下降 21.25%。

二、收入分析

（一）销售收入结构分析

一季度集团完成销售收入 7 470.4 万元。出口 NSB、国内销售 NSB 及 PEX 材等收入与上年同期相比都有不同程度的增长，按销售区域划分：

1. 出口贸易创汇收入 602.8 万美元，同比增加 258.8 万美元，增长 42.9%，折合人民币销售收入 4 340 万元，完成年度计划的 31%；

2. 国内销售收入（包括 QY 分厂）2 104.7 万元，完成年度计划的 19.9%，同比增加 649.7 万元，增长 44.6%；

3. AY 分公司 PEX 材收入 1 025.7 万元，与上期的 738.20 相比，增加 287.5 万元，增长了 38.95%。

（二）销售收入的销售数量与销售价格分析

一季度集团销售收入中出口销售、国内销售、AY 分公司在收入结构所占比重分别是 58.1%、28.2%、13.7%。其中以本部出口业务量最大，其对销售总额、成本总额的影响也最大。

1. 本部一季度因销售业务量增加影响，销售收入（人民币）较上年同期增加 2 312.67 万元（含 QY 分厂），增长 55.97%；

2. 尽管 3 月始上调了部分出口产品售价，但汇率由 7.8 元/1 美元降到 7.2 元/1 美元，因汇率损失影响，一季度（人民币）销售价格比上年同期价格仍然减少，因价格降低影响同比销售收入减少 302.38 万元；

3. 本部由于一季度出口销售业务扩大，因销售量的变动影响同比增加销售收入 1831.83 万元。

（三）销售收入的赊销情况分析

2015 年一季度应收账款期末余额 3 768.7 万元；与上期的 3 337 万元相比，增加了 431.7 万元，应收账款增长了 12.9%。其中，应收账款账龄在三年以上的有 253.7 万元，占 7.66%，1～2 年的应收账款 3 058.3 万元，占赊销总额的 92.34%。说明销售收入中应收账款赊销比重在加大，其中值得注意的是：

（1）各代表处赊销收入 286.12 万元，占发货累计的 70.55%；超出可用资金限额 644.44 万元；

（2）代理商及办事处等赊销收入 2 011.35 万元，其不良及风险赊销款 872.53 万元，占其赊销收入的 43%（不良应收款占 28%，风险应收款占 15%）。

三、成本费用分析

（一）产品销售成本分析

1. 全部销售成本完成情况分析

集团全部产品销售成本 6 701.09 万元，较上年同期增加 2 438.07 万元，增长 57%。

（1）出口产品销售成本 3 877.22 万元，占成本总额的 57.9%，同比增加 1 603.44 万元，增长 71%，其成本增长率大大高于全部产品销售成本总体增长水平；

（2）本部国内产品销售成本 1 830.05 万元，占成本总额的 27.3%，同比上年增加 539.54 万元，增长 42%；说明国内产品销售成本增长率低于全部产品销售成本增长率；

（3）AY 分公司产品销售成本 993.81 万元，同比增加 295.08 万元，增长 42.23%，占成本总额的 14.8%；其销售成本占收入结构的 96.89%，同比上年增长 0.22%。

2. 各销售区域产品销售成本对总成本的影响

（1）出口产品销售成本对总成本的影响 66%。

（2）国内销售产品成本对总成本的影响 22%。

（3）AY 分公司销售产品成本对总成本的影响 12%。

一季度由于成本增长影响，出口产品销售毛利率同比下降 2%，这是销售毛利率下降的主因。国内产品销售收入同比增长 1%，成本并没有同比例增加。

3. 单位产品材料利用率同比下降对成本的影响

（1）0.5FC 利用率只有 78.62%，成本同比增加了 16.4 万元。其原因是 PEX 不合格 70 米，阿拉伯兰色 KQ 不良产生 145.5870 标准张降级。

（2）0.40FC 利用率达 83.78%，成本同比增加了 12 万元，主要是电源接触不良、拉闸停电损失。

（3）0.30FC 利用率达 92.28%，比上年的 94.21% 低约 2 个百分点，成本增加 6.2 万元。主要是出口 NSB 新生产工艺试验调整。

（4）0.50FC 比计划成本高 4.5 万元，因为 2 月有 PEX 材不合格 220 米，3 月有 X 材不合格致使 47.1468 张 BZB 降级。

（二）各项费用完成情况分析

三项期间费用共计 686.4 万元，总费用水平 9.19%，比上年同期的 9.81% 下降了 0.62%；其中销售费用、财务费用增加是费用总额增加的主要原因。

1. 销售费用分析

销售费用 218.5 万元，占费用总额的 32%；与上年同比增加 108.3 万元。销售费用变动的原因：一是运费、工资和其他项有较大增长，分别比上年同期增长 69.1 万元、21.5 万元、20.3 万元，增长幅度分别为 270.56%、110.75%、66.56%。由于公司销售业务量加大，其收入提成、运输费和包装材料等费用相应的增加，同时广告会务费、交际应酬费、差旅费等方面的开支也有一定的增加，但办公费比上年有所下降。

2. 管理费用分析

管理费用239.3万元，占费用总额的35%；与上年同比增加8.3万元，增长4%。管理费用变动的原因是工资同比增加19.1万元，增长34.09%。水电费增加7.9万元，增长62.98%，其他项增加8.7万元，同比增长48.98%。办公费等同比减少的项目有：无形资产摊销费用比上年同期下降41%，差旅费、修理费两项均下降72%，办公费下降36%，税金下降27%，交际应酬费下降16%。其中无形资产摊销减少12.6万元是与上年摊销期限不一致形成的。

3. 财务费用分析

一季度财务费用支出228.6万元，同比增加92万元，增长67.35%。其中，手续费支出同比增加3.1万元，增长40.79%；利息支出152.7万元，同比上年增加55.1万元，增长55%；汇兑损失65.2万元，同比31.4万元增加33.82万元，增长108%；其中利息支出和汇兑损失支出增加是财务费用总额同比增加的主要原因。

四、现金流量表分析

（一）现金流量表增减变动分析

1. 经营活动产生的现金流量净额11.41万元，同比增加597.08万元，增长102%；

2. 投资活动产生的现金流量净额－304.1万元，同比上年－175.92万元，净支出增加128.1万元；

3. 筹资活动产生的现金流量净额－157.38万元，同比上年621.6万元，净支出增加778.98万元；

4. 现金及现金等价物净增加额－450.08万元，同比上年－853.24万元，净支出减少403.16万元，现金及现金等价物净增加额上升47%。

经营活动产生的现金流量净额只有11.41万元，说明尚不足支付经营活动的存货支出，而投资活动未有回报，筹资活动现金流量是负数说明目前正处在偿付贷款时期。整个现金流量是负数说明公司的现金流量很不乐观。

（二）现金流量数据分析

1. 经营活动现金净流量表明经营的现金收入不能抵补有关支出。

2. 现金购销比率92%，接近于商品销售成本率90%。这一比率表明生产销售运转正常，无积压库存。

3. 销售收入回笼率91%，表明销售产品的资金赊销比例太高，此比率一般不能低于95%，低于90%则预示应收账款赊销现金收回风险偏大。

五、有关财务指标分析

（一）获利能力分析

长期资产报酬率2.1%，与上年同期比下降20.3%；总资产报酬率0.6%，降55.5%；毛利率10.3%；降17.4%；销售净利润率1.4%；降57.2%；成本费用利润率1.1%，降72%；说明销售收入成倍增长，但获利能力呈下降趋势。

（二）短期偿债能力分析

流动比率143.9%，与上年同期比增长29.3%；速动比率105.2%，增长79.1%；表明本期因贷款额的增加，用于流动的资金同比增长很快，企业短期偿债能力很强；现金比率42.1%，超出安全比率的20%。表明偿还短期债务的安全性较好，但同时说明资金结构不太合理，流动资金未能充分用于生产经营。

（三）长期偿债能力分析

与上年同期本相比，总资产负债率为53%，增长7.4%，尚在安全范围内；产权比率为31.1%，一般应在50%为好，该比率过低，说明财务结构不尽合理，未能有效地利用贷款资金；利息保障倍数192%，下降35.1%；表明因利润减少利息支出增加，长期偿债能力较上年同期下降。

六、存在问题及分析

（一）产品销售成本的增长率与上年同比大于产品销售收入的增长率

具体表现在：成本增长率大于收入增长率；毛利及毛利率下降；集团公司一季度出口产品销售收入同比上年增长34.15%，而其成本增长37.61%；AY分公司收入增长5.9%，而成本增长12.1%；只有国内产品销售呈良好发展态势收入增长大于成本增长。

（二）负债增加，获利能力降低，偿债风险加大

1. 对外负债总额一年内增长26.6%，其中以其他应收款、应付账款形式占用的外部资金有明显上升。其应收账款严重高于应付账款1.9倍，全部应收款也高于全部应付款的1.4倍，表明其对外融资（短期借款、应付票据、应付账款、其他应付款）获得的资金完全被外部资金（应收账款、其他应收款）占用。

2. 赊销收入占全部收入的比重大，造成营运资金紧张，严重影响了现金净流量。3月末应收账款余额2 297.4万元，其中，各代表处、发展部不良或风险应收账款为872.53万元，占其赊销收入总额的43%；代理商及办事处赊销收入占发货总数的70%。销售收回的现金流量少，不足以支付经营现金支出，加重了财务利息支出的负担。

3. 由于外汇比率等宏观经济环境的变化、市场供求关系的不确定性使得公司产品盈利空间在缩小，同时由于负债增大，偿债风险也在增加，目前偿债能力日趋下降，极易产生财务危机。

七、意见和改进措施

（一）成本费用利润率低是目前制约公司盈利能力的瓶颈。建议在扩大销售业务的同时狠抓产品成本节能降耗，分析产品原材料利用率增减变化原因，向管理、生产要利润。

（二）应收账款赊销比重过大，为有效控制财务风险，建议在加紧应收款项的催收力度的同时，适度从紧控制赊销比例。对于出现不良或风险欠款的销售区域，应对赊销收入特别关注。

谨防因汇率的波动、银行放贷政策等外部不利影响而产生的财务风险，应合理利用资金，时刻重视现金流量，降低财务风险。

资料来源：http://wenku.baidu.com/view/09ebba5377232f60ddcca181.html? re = view.

本章小结

财务分析报告是指对企业财务状况和经营成果进行比较、分析、评价并加以整理后撰写而成的书面报告。财务分析报告中主要包括偿债能力的分析、盈利能力的分析、营运能力的分析、本企业的财务变动趋势分析、本企业与所在行业的其他企业的比较分析等内容。

在撰写财务分析报告前，首先收集资料，再整理核实资料，拟定财务分析报告的标题后，确定财务分析报告的结构，进行具体全面的分析，最后还需要对财务分析报告进行修改和审定。这就是财务分析报告的撰写程序。

思考与练习

1. 什么是财务分析报告？如何分类？
2. 财务分析报告一般包括哪些内容？
3. 编写财务分析报告的具体要求有哪些？

第十一章

财务会计报告粉饰行为分析

学习目标

通过本章的学习，了解财务会计报告粉饰行为的动机；掌握财务会计报告粉饰行为的常用方法及财务会计报告粉饰的识别技术与防范要求。

第一节　财务会计报告粉饰行为概述

一、财务会计报告粉饰行为的内涵

（一）财务会计报告的内涵

财务会计报告（又称财务报告）是指企业对外提供的反映企业某一特定日期的财务状况和某一会计期间的经营成果、现金流量等会计信息的文件。财务会计报告至少包括以下几层含义：（1）财务会计报告应当是对外报告，其服务对象主要是投资者、债权人等外部使用者，专门为了内部管理需要的报告不属于财务会计报告的范畴；（2）财务会计报告应当综合反映企业的生产经营状况，包括某一时点的财务状况和某一时期的经营成果与现金流量等信息，以勾画出企业经营情况的整体和全貌；（3）财务会计报告必须形成一套系统的文件，不应是零星的或者不完整的信息。

财务会计报告是企业财务会计确认与计量的最终结果体现，是向投资者等财务会计报告使用者提供决策有用信息的媒介和渠道，是沟通投资者、债权人等使用者与企业管理层之间信息的桥梁和纽带。

财务会计报告包括财务报表和其他应当在财务会计报告中披露的相关信息和资料。财务报表是财务会计报告的核心内容。

（二）财务会计报告粉饰行为的内涵

财务会计报告粉饰是一个具有300多年历史，并一直令会计界头痛的问题。财务会计报告粉饰往往会导致会计信息的失真。在会计界看来，按照公认会计原则对特定经济业务进行会计处理，其加工形成的信息就是真实的会计信息，而违背公认会计原则进行会计处理所得到的会计信息是虚假的或不真实的会计信息。但是，不同研究者将会计信息的虚假或不真实归入到不同的概念中，或者说对会计信息的虚假与其他概念没有做积极有效的区分。在我国会计界，有研究者认为上市公司为逃脱管制或争取达标（如为配股达标），为避免特别处理（ST）、特别转让（PT）而作出的会计行为称为盈余管理。还有一种观点则提出会计信息失真的概念，从而将会计信息与实际经济交易或结果有出入的现象全部归纳到会计信息失真这一大概念当中。

财务会计报告粉饰是指企业管理当局为了自身利益，采用编造、变更、伪造等手段编制财务会计报告,有目的、有意图地向报表使用者传递虚假财务会计报告信息,以掩盖企业真实财务状况、经营成果与现金流量情况。它是一种人为的会计操纵,是一种有目的的欺骗或故意谎报重大财务事实的不诚实行为。

(三)财务会计报告粉饰行为的特征

财务会计报告粉饰行为通常具有以下特征:

1. 粉饰动机是有意识的,即粉饰者往往是为了获得其自身的某种利益而策划、制造粉饰行为,实现相应粉饰的结果,其动机是有意识的。

2. 粉饰的目的是为了获取一定利益。粉饰通常是为了获取一定的经济利益,如业绩考核、获得银行贷款、股票上市、偷漏税款等。

3. 粉饰的性质是违法或违规的。财务会计报告粉饰通常违反国家相应的操作规范,如《企业会计准则》的规定,甚至还会触犯《会计法》《公司法》等法律。

二、财务会计报告粉饰行为的类型

财务报告粉饰大致分为两大类型:粉饰经营业绩与粉饰财务状况。

(一)粉饰经营业绩

企业经营业绩以利润指标表示,根据粉饰经营业绩的需要,操纵利润的形式也呈现出多样化。具体分为以下几类:

1. 利润最大化

利润最大化的动机容易理解,它不外乎是希望通过提升企业业绩水平获取本不能获得的经济利益。操纵的典型做法有:提前确认收入、推迟结转成本、收益性支出混为资本性支出、减少各项准备的计提、增加折旧年限、亏损挂账、关联方交易等。

2. 利润最小化

利润最小化除了可减少纳税之外,还可以将以后年度的亏损前置于本年度,回避企业连续多年亏损的事实。典型的利润最小化的操纵方法有:推迟确认收入、提前结转成本、使用加速折旧法、减少折旧年限、增加各项准备的计提、将应予资本化的费用列入当期损益等。

3. 利润均衡化

企业将利润均衡化的主要目的是:塑造企业生产经营稳定的外部形象,以获取较高的资信等级,为对外筹措资金打下基础。典型的做法有:利用应收应付账户、跨期摊提账户和递延账户来调节利润,精心设计出企业利润稳步增长的趋势。

4. 利润清洗(利润巨额冲销)

利润巨额冲销的目的,一般是为了回避责任。典型做法有:将坏账、积压的存货、长期投资损失、闲置的固定资产、待处理资产盈亏等一系列不良或虚拟资产一次性处理为损失。

(二)粉饰财务状况

一个企业财务状况的好坏与其资产负债状况密切相关。因此,粉饰财务状况主要是从操纵企业的资产和负债入手。具体地看,有以下类型:

1. 高估资产

高估资产除可获得改善企业财务状况有利于对外筹资的利益之外，还可获得股权方面的潜在利益。

2. 低估负债

低估负债可从形式上降低企业财务风险，有利于对外筹措资金。典型做法是：将负债隐藏在关联企业、对或有负债不加以披露等。

综上所述，就粉饰财务报告对与企业相关利益主体经济利益的影响来看，危害性最大的财务报告粉饰是利润最大化，即所谓的虚盈实亏、隐瞒负债以及高估资产、低估负债的类型。

三、财务会计报告粉饰的动机分析

通过对我国一些上市公司和非上市公司的报表粉饰案例的分析发现，二者的财务会计报告粉饰动机存在一定的差异。

（一）上市公司财务会计报告粉饰的动机分析

上市公司主要围绕资本市场展开财务会计报告粉饰活动，其主要动机有以下三个：

1. 首次公开募股（IPO）动机

股市是一个公认的圈钱的好渠道，而且股票可以按模拟计算的改制前各年度每股税后利润作为定价依据。但是由于我国对于公司成立股份公司并上市有一定限制，公司的业绩必须达到一定的标准才能上市，所以公司为了满足发行条件和抬高发行价格，可能粉饰财务会计报告，提高经营业绩。如根据我国《公司法》和有关证券法规的规定，申请股票上市的公司必须经营三年以上，最重要的是："公司必须在最近三年内连续盈利"。这样，当企业为取得上市资格而本身又达不到要求时，往往就会通过财务会计报告粉饰对财务报表进行包装。

2. 配股动机

在我国，"壳"资源非常稀缺，配股资格对上市公司来讲有着十分重要的意义，而且我国的上市公司具有强烈的再融资需求。然而，证监会对上市公司再融资有最低条件的规定。例如，申请配股的上市公司最近三年每年的净资产收益率不得低于10%；1996年改为净资产收益率三年平均不低于10%，能源、原材料、基础设施类公司不低于9%；1999年又改为净资产收益率三年平均不低于10%，并且每年不低于6%；2001年又规定了新的配股条件，要求公司最近三个会计年度加权平均净资产收益率平均不低于6%。大量的研究和实证表明，为达到再融资的标准，上市公司会利用准备项目、应计项目、关联方交易、债务重组等手段实施财务会计报告粉饰行为。

3. 防亏、扭亏和保牌动机

根据《公司法》和中国证监会发布的《亏损上市公司暂停上市和终止上市实施办法》的规定，如果上市公司连续三年出现亏损，公司将被处以暂停股票上市并允许其申请一年的宽限期；若在宽限期内仍无法扭亏为盈，将被终止上市。在我国，由于"壳"资源的极度稀缺且上市相当不易，若上市公司因亏损而被特别处理、暂停上市乃至终止上市，对上市公司而言则意味着一种稀缺资源的浪费，公司及其管理者、投资者、债权人和其他利害关系人的利益都将遭受损失。因此，管理者就会通过财务报告粉饰行为以尽可能避免亏损或连续三年亏损，来避免被退市或停牌。

4. 操纵股票价格

在目前对内部交易的监管还有很多漏洞的情况下，许多上市公司直接或伙同他人炒自己公司的股票。此时，上市公司的实际控股股东利用其信息优势，通过对企业财务会计报告粉饰向投资者传达企业未来利好消息提高股价，然后从股票上涨中获得巨大利益。

（二）非上市公司财务会计报告粉饰的动机分析

一些非上市公司粉饰财务会计报告的动机则主要有以下几方面：

1. 为了业绩考核的需要

这种手法在国有企业中比较常见。由于管理者的业绩评定是用许多经济指标作为考核标准的，管理者是否可以晋升职务或者获得奖金的多少直接与企业的经营业绩有关，所以当企业的经营业绩无法达到考核指标的要求时，企业管理当局就会千方百计地通过粉饰财务会计报告来改变现有的业绩考核指标，使其达到考核指标的要求。

2. 为了获得银行及商业信用

经营状况不佳又急需资金的企业，要想获得银行及商业信用，必然要通过粉饰财务会计报告的方法来达到目的。这种情况在资金短缺且财务状况差的企业非常普遍。

3. 为了减少应纳税额

应纳税额对于企业来说是一项税收负担，将成为企业一项现金流出，因而一些企业为了达到少交税的目的，采取了做假账、粉饰财务会计报告的行为。有的企业甚至可能准备几套报表，以满足多方面的"需要"。

4. 为了隐瞒违法行为

在企业监督机制不健全的情况下，有些公司领导利欲熏心，采取贪污、挪用公款、转移公司财产等手段以谋求个人私利；或者公司非法拆借资金、擅自改变募集资金的用途等。这些行为公司均不敢对外如实披露，为了隐瞒此类违法行为，企业就要粉饰财务会计报告。

以上是我国企业粉饰财务会计报告的主要动机，非上市公司财务会计报表粉饰的动机也会在上市公司出现。由于各类企业追求的目标不同，粉饰财务会计报告的做法也不尽相同，但是这些行为都会对社会利益造成危害，影响信贷资金的安全性。

第二节　财务报告粉饰常见手段及防范措施

一、财务会计报告粉饰常见手段

（一）财务会计报告粉饰的传统手段

虚构经济事项的方法是最古老，也是最常用的一种手段，即所谓的"真实地反映虚假的经济业务"。这种方法可以最直接地粉饰财务状况和业绩。从会计循环的角度分析，这类粉饰行为基本上是沿着虚构会计凭证、会计账簿、会计报告来进行的。具体方法如下：

1. 虚构会计凭证

具体手法有：开具或索取不符合正规凭证要求的原始凭证；伪造、篡改或者不如实填制原始凭证；使用虚假发票或记载虚假交易内容；自制假单据、虚开发票；虚构经济业务，编造虚假记账凭证。

2. 调整或操纵会计账簿记录

调整或操纵会计账簿记录，使得账账不符、账证不符、账实不符、账表不符。例如，隐匿收入，不入账，来达到建立小金库甚至侵吞公司财产的目的；提前或推迟结账，或者虚假调账。在伪造或编造了一系列虚假原始凭证后，假账真算。这种方式尽管古老，却是长盛不衰的手法之一。因为企业提供给银行的仅仅是会计报表，信贷人员很少能接触到原始凭证、记账凭证或账簿，更不用说逐一核对检查了。尤其是"一条龙造假"的手法更是厉害，因为"一条龙造假"一般能做到"证证相符、账务处理正确"。审计中对交易的实质性测试主要是测试"原始凭证与记账凭证是否相符、账务处理是否正确"，在这种情况下，交易测试可能会失灵，而且如果虚增收入同时没有虚增资产，那针对余额的实质性测试也会失灵。深圳中天勤会计师事务所就是被银广夏的虚构业务拖下了水。

3. 隐蔽核算或真账假算

相对假账真算，更让信贷人员无奈的要算是真账假算了。顾名思义，真账假算就是用真实的记账依据或原始凭证，经过后期加工造假的方法，使得最终会计数据严重失真。例如，企业在会计核算过程中人为地把收入和支出列为两套账，一本是对外公开的会计报表账，一本是供企业内部人使用的小金库账。有的企业甚至根据不同目的肆意造假，编造出多本账。对付税务是一套账、对付银行是一套账；贷前是一套盈利的账，贷后却是一套连年亏损的账，使得贷款银行无法及时收回贷款，只能一再延期，一拖再拖，收回的可能性更小，甚至造成了许多的呆账、坏账、不良贷款。商业银行对此深恶痛绝，无奈的银行信贷人员戏称之为"猴皮筋账"。企业之所以可以屡屡得手的原因，在很大程度上是因为企业认为银行不懂会计专业知识，不熟悉企业的会计核算流程而造成的。

4. 调整或编造会计报告

（1）直接采用"自下而上"的编表方式。一些企业为了达到申请贷款或履行贷款合同中有关财务指标要求的目的，随意调整会计报表的金额，虚报资产、调整利润。这些企业在编表时不是根据正常会计程序，自上而下根据利润表的多步式计算企业的利润和净利润，而是在编制利润表时，先确定企业应达到的业绩水平，如净利润、利润总额是多少，再自下而上地确定企业应有的费用和收入水平。在此基础上，再比较企业实际发生的收入和费用，消除与预计之间的差额，做出一份相当漂亮的会计报表来。如果当期发生的费用超过了当期预期业绩的承受能力，则将差额部分费用资本化为资产，一般采用待摊费用或长期待摊费用的方式，留到以后各期继续消化。如果企业的收入水平达不到要求，可以采用上述几种虚增销售的方法，一方面增加收入，另一方面增加应收账款等债权。

（2）根据行业平均比率指标，直接在报表中进行数据调整。企业知道，一般分析者都会将企业的财务比率与企业所处的行业平均比率进行比较，并据此评价企业业绩。所以企业为了使自己的报表比率不让分析者挑出毛病，自己提前计算各种比率，然后根据结果，比较同行业比率水平，对会计报表中的某些项目进行调整。比如，将长期资产转化为短期资产，将流动负债转化为长期负债，以提高流动比率等偿债能力指标，使其接近或高于同行业指标，以套取银行贷款。

（3）编制合并报表时，任意调整合并范围。一些公司在编制合并报表时，故意将符合合并报表条件的亏损子公司排除在合并范围之外，而将盈利的但是不在控制中的企业纳入合并报表。

（二）财务会计报告粉饰的新方法

各类企业财务会计报告粉饰的手法有很多。为确保会计信息质量和资本市场更加有序运行，我国财政部于2006年至2015年陆续颁布了一系列新的《企业会计准则》（以下简称新准则），并要求上市公司从2007年1月起实施。因此，最终除小企业和行政事业单位外均要以新准则指导实务，以提高会计信息的透明度，实现国际接轨。新准则的施行尽管使许多曾经滥用一时的手段渐渐失去了效用，但由于新的会计准则在会计处理上与原有标准的不同，使得实施新准则的企业财务会计报告粉饰手段又有了新的变化，银行信贷人员应密切关注。新准则实施后财务会计报告粉饰行为的常用方法主要有：

1. 利用公允价值粉饰财务会计报告

新会计准则的最大的一个创新点就是全面引入了公允价值的计量方法，使其能真实地反映企业价值。但是公允价值的确定，新会计准则却把它留给了企业会计人员。目前，会计诚信机制还没有完全建立的情况下，许多企业可能通过非货币性资产交换等公允价值的确定来进行报告粉饰，主要是利用这些资产的公允价值很难合理评估的特点。许多企业在进行非货币性资产交换前资产的公允价值就已经定好了，再请其他的评估机构对其评估只不过是走一个形式。而企业外部的审计人员很难估算其资产交换的公允价值。因此，公允价值仍然可能成为企业报告粉饰的一个手段。

2. 利用各项减值粉饰财务会计报告

尽管新的会计准则规定对于上市公司的长期资产如固定资产、无形资产和商誉等一旦发生减值，就作为永久性的减值，一概不得转回，只有在对资产进行处置时才能转回，这在很大程度上大大降低了上市公司粉饰报表的可能性。但是新的会计准则仍允许流动资产如应收款项、存货计提减值，并允许其在价格回升后转回。众所周知，计提减值资产价值减少，利润降低，减值转回资产价值恢复，利润升高，计提、恢复在实务中有很大的自由度，企业仍可通过流动资产减值粉饰报表。此外，新准则还扩大了资产减值的范围，增加了金融资产，投资性房地产等项目。如果它们的价值经过一段时间后恢复了，这些减值是可以转回的。况且长期资产的减值尽管不能通过市价恢复转回，但出售仍可迅速转回减值，提高利润。

3. 利用费用资本化粉饰财务会计报告

费用资本化的结果是资产价值上升，利润上升。新准则实施后，突出表现在无形资产和借款费用准则上，利用无形资产研发费用的确认、借款费用用途、借款费用资本化起止时间的确定都会达到粉饰报告的效果。

（1）利用无形资产。新会计准则对无形资产研究开发费用的费用化进行了修订，将企业无形资产的研发划分成两个阶段，并允许将开发支出予以资本化，这将增加企业资产价值，增加开发企业的收益。这一准则操作的关键是正确划分两个阶段。研究是指为获取并理解新的科学或技术知识而进行的独创性的有计划调查。开发是指在进行商业性生产或使用前，将研究成果或其他知识应用于某项计划或设计，以生产出新的或具有实质性改进的材料、装置、产品等。企业内部研究开发项目研究阶段的支出，应当于发生时计入当期损益；开发阶段的支出，只有在满足了一定的条件时，才能够确认为无形资产。将开发支出计入无形资产，与以前全部计入管理费用的处理相比，虽然新准则对公司研究阶段和开发阶段的定义进行了明确区分，但是，在实际操作中，由于无形资产研发业务复杂，将很难明确划分研究和开发两个阶段。有的上市公司可能通过划分研究阶段和开发阶段，决定研发支出费用化还是资本化，从而操纵企业业绩。另外，在新准则中，对无形资产的摊销不再仅仅局限于直线法，提出了按照反映与该无形资产有关的经济利益的方式摊销其价值的方法，并且摊销年限也不再固定。因此，企业可能会通过调节无形资产的摊销年限或方法来粉饰财务会计报告。

（2）利用借款费用。新会计准则规定，借款费用资本化范围由原来仅限于"为购建固定资产的专门借款所发生的借款费用"扩大到"为需要经过相当长的时间的购建或者生产活动才能达到预定可使用或可销售状态的固定资产、存货、投资性房地产等的专门借款和一般借款的借款费用"。由于企业的借入资金借入后是混合使用的，企业上述符合资本化条件的资产到底占用了多少一般借款，为符合资本化条件的资产而借入的专门借款到底有多少被用于短期投资性运作、产生了多少投资收益，企业外部人很难准确了解。其中一种更隐秘的做法是，利用自有资金和借入资金难以界定的事实，直接通过人为划定资金来源和资金用途，将用于非资本性支出的利息资本化。因此借款费用是费用化还是资本化，数量上如何分配，企业管理层选择的空间有所增大。

4. 利用企业合并粉饰企业财务会计报告

新准则将企业合并分为同一控制下的企业合并和非同一控制下的企业合并。同一控制下的企业合并是指参与合并的企业在合并前后均受同一方或相同的多方最终控制且该控制并非暂时性的。同一控制下的企业合并，会计准则采用的是权益结合法，合并方在企业合并中取得的资产和负债，按照合并日在被合并方的账面价值入账，没有商誉形成。合并资产负债表中被合并方的各项资产、负债按其账面价值计量。合并利润表和合并现金流量表不仅要包括合并后的利润和现金流量，而且要包括被合并企业合并前所实现的利润和现金流量。这样，上市公司有可能在年底突击合并当年经营业绩较好的企业，通过将其利润合并入公司财务报表，拉升公司业绩。此外，在权益结合法下，由于不需要重估购入资产的价值，上市公司可以通过合并资产价值被低估的企业，在合并后处置价值被低估的资产，从而获取收益。

当参与合并的各方在合并前后不受同一方或相同的多方最终控制时，为非同一个控制下的企业合并。对于非同一个控制下的企业合并，会计准则采用的是购买法，购买方对合并成本大于合并中取得的被购买方可辨认净资产公允价值份额的差额，确认为商誉。经复核合并成本仍小于合并中取得的被购买方可辨认净资产公允价值份额的，其差额计入当期损益。在合并报表编制上，因企业合并取得的被购买方可辨认各项资产负债以公允价值列示。由于购买方在购买日对作为企业合并对价付出的资产、发生或承担的负债按照公允价值计量，公允价值与其账面价值的差额，计入当期损益，购买企业可借此增加利润。利用合并利润表不包含被购买企业前期损益的特点，购买方企业可以在合并前在被购买企业那里储备利润。如被购买企业合并前通过计提巨额存货跌价准备、坏账准备等手段报出巨额亏损，合并后再予以转回，从而达到粉饰财务会计报告的目的。

5. 利用关联交易粉饰企业财务会计报告

关联交易是指在关联方之间发生的转移资源或义务的事项，而不论是否收取价款，如关联方之间的购销业务、股权投资及股权转让和资产置换等。根据会计准则规定，关联交易应当遵循等价、公平的原则，按照公允价值进行计价。但是由于历史和体制上的原因，我国上市公司与其母公司、控股股东之间存在千丝万缕的关系，关联交易已经成为上市公司进行报表粉饰或利润转移的常用工具。其实质是通过合法不合理的方式达到粉饰财务会计报告的目的，将关联交易产生的利润向企业转移，而亏损则转出企业。关联交易粉饰企业财务会计报告的方式主要包括以下五种：（1）虚构经济业务，人为抬高公司业绩和效益。如通过将其商品高价出售给关联企业，使其主营业务收入和利润"脱胎换骨"。（2）采用大大高于或低于市场价格的方式，进行购销活动、资产置换和股权置换。（3）以旱涝保收的方式委托经营或受托经营，抬高公司业绩。如媒体曾经报道的某股份公司，以800万元的代价向关联企业承包经营一个农场，在不到一年的时间里获利7 200万元。（4）以低息或高息发生资金往来，调节财务费用。如某股份公司将12亿元的资金（占其资产总额的69%）拆借给其关联企业。虽然我们不能肯定其资金拆借利率是否合理，但是有一点是可以肯定的，该股份公司的利润主要来自于关联企业资金往来的利息收入。（5）以收取或支付管理费用或分摊共同费用调节利润。如某集团公司替其控股的上市公司承担了4 500多万元的广告费，理由是上市公司的广告有利于提升整个集团的企业形象。

二、财务会计报告粉饰的识别与防范

（一）财务会计报告粉饰的识别

可见，无论是传统手段还是新会计准则出台后的新的变化，企业财务会计报告粉饰行为都会产生严重的后果，危及信贷资金的安全。我们应怎样识别企业的财务会计报告粉饰行为，防患于未然呢？

1. 关注财务指标异动

财务会计报告的相关数据存在着对应的关系，如果企业企图粉饰财务会计报告，只能采取拆东墙补西墙的方法，所以可以通过关注财务指标是否异动来识别企业财务会计报告行为。如流动比率上升，但应收账款周转率却明显下降，很可能是企业为了获得短期信用，通过宽松的信用政策，甚至是虚构的收入，来增加赊销收入，提高流动比率的粉饰行为。总之，这种造假手段最有效的方法是银行信贷人员把企业的经济活动事项与企业的财务信息结合起来分析，过分夸大的财务业绩就是粉饰的信号。

2. 关注公允价值计量模式

新准则中涉及公允价值的包括存货、长期股权投资、投资性房地产、固定资产、生物资产、无形资产、非货币性资产交换、资产减值、股份支付、债务重组、收入、建造合同、政府补助、企业合并、金融工具确认和计量、金融资产转移、套期保值等17个具体准则，其中应特别关注的有投资性房地产中的公允价值、非货币性资产交换中的公允价值、债务重组中的公允价值、非同一控制下的企业合并中的公允价值、金融工具中的公允价值等。利用公允价值的财务会计报告粉饰手段的识别就是尽可能地关注、找出与企业商品或资产的市场价格或同行业相类似商品的市场价格，保持市场信息通畅，企业披露的公允价值的信息完整、及时，资产评估机构的职业独立客观等。

3. 关注审计报告及注册会计师的变更

注册会计师作为独立行使经济鉴证功能的经济警察，具有丰富的会计、审计及管理知识、经验，能够对公司的财务状况及其变动和经营成果进行分析和考察，形成自己的专业判断。他们的意见应是投资者判断企业是否进行财务会计报告粉饰的主要线索。不能说其出具了无保留意见的审计报告，就可以断定企业没有进行财务会计报告粉饰。但注册会计师出具了带有解释性的无保留意见、保留意见、拒绝表示意见和否定意见的审计报告，通常表示该公司的财务报告有问题，就有理由怀疑公司可能进行了财务会计报告粉饰。如注册会计师若强调"应收账款金额巨大"时，就很可能意味着这些应收账款很难收回或者指提取的坏账准备金过低。此外，出具审计报告的注册会计师的变动也应当引起人们的警觉，因为二者在审计意见上产生了分歧。如果更换前的会计师出具的不是标准的无保留审计意见报告，而后任会计师出具了标准的无保留审计意见报告，那么很有可能是前任注册会计师与公司没有在审计意见上达成一致，而后任注册会计师为了招揽业务与公司在审计意见上形成妥协。当然，若前后两任注册会计师出具的都不是标准的无保留审计意见报告，那么该公司的财务报告就更值得怀疑了。

4. 关注关联交易

关联交易也是公司进行财务会计报告粉饰的重要手段之一，因此应关注关联交易的真实合法，并将来自关联交易的营业收入与利润额从该公司的营业收入总额与利润总额中予以剔除，有利于分析公司的盈利能力在多大程度上依赖于关联企业，以及判断公司盈利基础是否扎实，利润来源是否稳定。因为该盈利并不是企业本身的能力，而是借助于关联方的支持。运用该法时可以从两个方面进行：一是阅读报表附注分析上市公司关联交易的金额及其比例、未结算金额及其比例以及定价政策，特别是应关注公司是否以不等价交换的方式与关联方发生交易进行盈余管理。在关联方交易准则出台后的今天，由于对关联方交易产生的收益加强了限制，从而关注的重点应注意利用关联方交易制造损失。二是将上市公司的会计报表与其母公司编制的合并会计报表进行对比分析。如果母公司合并会计报表的利润总额（应剔除上市公司的利润总额）大大低于该上市公司的利润总额，就意味着母公司可能通过关联交易将利润包装注入上市公司。

5. 关注非经常性损益

将投资收益、政策有效期短于三年的补贴收入、营业外收入等非经常性损益从企业利润总额中剔除，以分析和评价企业利润来源的稳定性，作为分析公司是否存在财务会计报告粉饰的一个线索。非经常性损益虽然是公司利润总额的一部分，但它不具备长期性和稳定性，因而对利润的影响是暂时的。非经常性损益的特殊性质，为财务会计报告粉饰提供了机会。如果公司的主营业务利润比例较小而非经常性损益比例过大，这就要考虑公司是否在利用资产重组、股权转让或政府补贴等方法进行财务会计报告粉饰。

6. 关注公司盈利与现金股利分配的对比

公司在实现利润之后，为了回报股东往往要进行利润分配。企业要进行利润分配必须具备两个前提条件：一是要有足够的分配利润，二是要有足够的现金。通常企业的利润可以通过调节虚构实现，但现金却是实实在在的，无法通过调节产生。企业有足够的利润，但一直未进行利润分配的一种解释就是企业的利润是管理出来的。当然，盈利企业可进行利润分配还有其他的原因，如现金调转、发展机会、股利政策等。但管理出来的利润无法进行利润分配，丰厚的利润与微薄的股利对比为我们寻找企业财务会计报告粉饰证据提供了一条线索。

（二）财务会计报告粉饰的防范

为了使企业的财务报告能真实地反映企业财务状况和经营成果，还原企业真正价值，应该加强企业内部、外部制度建设，使企业减少报告粉饰现象。

1. 进一步完善会计准则

新准则对防范财务报告粉饰有一定的作用，但这些准则还不完善。新准则只是提供了一些原则性的意见，而具体的会计政策、会计估计等要依靠企业高层管理人员的专业知识和经验来判断。新准则实际上是把会计政策的选择权留给了企业的高管，在公司利益的驱动下极有可能出现报告粉饰的现象。因此，尽量减少新准则中不明确的或者是含糊不清的定义或者界定，使企业尽量少地拥有选择会计政策权利。同时还要积极参与国际会计准则的发展，逐渐与国际接轨，及时修改新准则存在的问题和缺陷，使企业利用会计政策手段达到粉饰目的的空间减小。

2. 健全法律责任

我国已经建立了一套比较完整的会计法律法规，但是我国对财务报告粉饰的处罚力度还不够。健全财务报告粉饰的法律责任，不但要对财务粉饰的公司进行处罚，而且要对公司的高层管理人员给予重罚。可以建立高管档案制度，及时披露并公布参与财务报告粉饰的高层管理人员的档案；高层管理人员参与舞弊次数达到一定时，永不能聘为企业的高层管理人员，使企业的高层管理人员舞弊成本增加。同时对参与舞弊的注册会计师也要重罚。只要能证明注册会计师参与财务舞弊的都应承担相应的法律责任，并对屡次不改的取消其执业资格，使注册会计师舞弊成本增加，使违规者无利可图。

3. 完善公司治理结构

公司的治理结构是公司制度有效运行的核心。建立公司治理结构的目的在于明确划分权力、责任和利益，形成相关的制衡关系，最终保证公司制度的有效运行。因此要防止公司的财务会计报告粉饰的行为，必须完善公司的治理结构。尤其应当明确各职责之间的协调运转和相互制衡，形成抑制公司财务会计报告粉饰的内部约束机制。同时也要完善公司内部的监管体制，形成一个行之有效的监督方法。对于企业内部的人事制度也要形成一种激励和监督机制。特别是在公司中存在一股独大的情况下，更加要做科学和合理的安排，通过对公司内部人事起到监督作用来防范公司的财务会计报告粉饰。

4. 加强会计人员职业道德建设

在公司财务会计报告粉饰的过程中，真正利用会计准则进行财务会计报告粉饰行为的是企业的会计从业人员，因为会计准则仅仅是一种技术规范，本身不会产生虚假行为。在已经实施和执行的新准则中，许多会计业务的处理都依赖于会计人员的职业经验和判断、知识水平等，不同知识背景和工作经验的会计人员对某项会计业务的处理是大相径庭的。同时，新准则的变化较大，客观上增加了会计人员执行的难度，这样必然影响会计实务操作过程中的稳定性和新准则的执行力，给公司财务会计报告粉饰带来很多潜在的手段。因此应加强会计人员实务操作能力的专业培训，使企业会计从业人员尽快掌握新准则。与此同时，还必须加强会计人员的职业道德培训，提高其职业道德素质，从源头上使新准则对财务会计报告粉饰起到积极的防范作用。

本章小结

财务会计报告粉饰往往会导致会计信息的失真。在会计界看来，按照公认会计原则对特定经济业务进行会计处理，其加工形成的信息就是真实的会计信息，而违背公认会计原则进行会计处理所得到的会计信息是虚假的或不真实的会计信息。财务报告粉饰大致分为粉饰经营业绩与粉饰财务状况两大类型。虚构经济事项是最古老、最常用的粉饰手段，新准则实施后企业通常会利用公允价值、各项减值、费用资本化、会计政策和会计估计变更及企业合并等手段粉饰财务会计报告。为了使企业的财务报告能真实地反映企业财务状况和经营成果，还原企业真正价值，应该加强企业内部、外部制度建设，使企业减少报告粉饰现象。

思考与练习

1. 企业财务会计报告粉饰的动机是什么？
2. 利用关联交易来调节利润有哪几种方式？
3. 如何通过会计政策变更实现财务会计报告粉饰？
4. 如何识别利用公允价值粉饰财务会计报告？
5. 简述识别公司财务会计报告粉饰的方法。
6. 应如何防范财务会计报告粉饰？

附 录

附录一：GL公司 2012—2015 年度

资产负债表

编制单位：GL公司　　　　　　　　　　　　　　　　　　　　　　　　　　单位：万元

报表日期	2012-12-31	2013-12-31	2014-12-31	2015-12-31
流动资产：				
货币资金	923	1 072	1 130	1 380
交易性金融资产	0	0	0	
应收票据	0	0	0	
应收账款	989	1 442	2 000	2 350
预付账款	522	189	100	320
应收股利	0			
应收利息	0		0	
其他应收款	93	8	90	40
存货	341	542	510	920
一年内到期的长期债权投资	0		0	

报表日期	2012-12-31	2013-12-31	2014-12-31	2015-12-31
流动负债：				
短期借款	625	873	1 530	1 520
应付票据	0	0	0	0
应付账款	22	132	160	60
预收账款	0	0	0	0
应付职工薪酬	15	17	20	30
应交税费	26	20	-50	60
应付利息	0		0	
应付利润	0	7	0	
其他应付款	0		10	20
流动负债合计	688	1 049	1 670	1 690

续表

报表日期	2012－12－31	2013－12－31	2014－12－31	2015－12－31
其他流动资产	0	0	0	
流动资产合计	2 868	3 253	3 830	5 010
非流动资产:				
长期债券投资				
长期股权投资				
固定资产	1 533	1 642	1 560	1 440
在建工程	16	23	240	460
工程物资	2	0	0	0
固定资产清理	0	0	0	0
无形资产	32	31	860	850
递延所得税资产	3	8	10	10
开发支出	0			
长期待摊费用	0			
其他非流动资产	0			
非流动资产合计	1 586	1 704	2 670	2 760
资产总计	4 454	4 957	6 500	7 770

报表日期	2012－12－31	2013－12－31	2014－12－31	2015－12－31
非流动负债:				
长期借款	0		0	
长期应付款	0		0	
递延收益	0			
其他非流动负债	10	10	10	10
非流动负债合计	10	10	10	10
负债合计	698	1 059	1 680	1 700
所有者权益（或股东权益）:				
实收资本（或股本）	2 750	2 750	2 750	2 750
资本公积	338	288	290	280
库存股	0	0	0	460
盈余公积	86	160	280	2 580
外币报表折算差额	582	－4	0	
未分配利润		704	1 500	
所有者权益（或股东权益）合计	3 756	3 898	4 820	6 070
负债和所有者权益（或股东权益）总计	4 454	4 957	6 500	7 770

附录二：GL公司 2012—2015 年度利润表

编制单位：GL公司

单位：万元

报表日期	2012-12-31	2013-12-31	2014-12-31	2015-12-31
一、营业收入	4 720	5 969	7 343	7 660
减：营业成本	3 916	4 565	5 259	4 930
营业税金及附加	0	0	0	0
销售费用	41	115	146	160
管理费用	90	255	334	360
财务费用	74	177	239	130
资产减值损失	4	2	-1	10
加：投资收益（损失以"-"号填列）	0	0	0	0
二、营业利润（亏损以"-"号填列）	595	855	1 366	2 070
加：营业外收入	0	0	50	60
减：营业外支出	14	10	8	0
其中：非流动资产处置损失	14	10	8	0
三、利润总额（亏损总额以"-"号填列）	582	845	1 408	2 130
减：所得税费用	71	98	217	320
四、净利润（净亏损以"-"号填列）	510	747	1 191	1 810
五、每股收益	0.00	0.00	0.01075	0.02

附录三：GL 公司 2012—2015 年度现金流量表

编制单位：GL公司

单位：万元

报表日期	2012-12-31	2013-12-31	2014-12-31	2015-12-31
一、经营活动产生的现金流量：				
销售产成品、商品、提供劳务收到的现金	7 321	6 675	5 391	4 552
收到的税费返还	687	220	309	195
收到其他与经营活动有关的现金	62	52	53	14
经营活动现金流入小计	8 070	6 947	5 753	4 761
购买原材料、商品、接受劳务支付的现金	5 509	4 814	4 642	3 489
支付给职工以及为职工支付的现金	486	399	347	264
支付的各项税费	341	298	104	93
支付的其他与经营活动有关的现金	285	293	189	96
经营活动现金流出小计	6 621	5 804	5 282	3 942
二、投资活动产生的现金流量：				
收回短期投资、长期债券投资和长期股权投资收到的现金	0	0	0	0
取得投资收益收到的现金	0	0	0	0
处置固定资产、无形资产和其他非流动资产收回的现金净额	0	0	49	0
处置子公司及其他营业单位收到的现金净额	0	0	0	0
收到的其他与投资活动有关的现金	0	0	475	397
投资活动产生的现金流入小计	0	0	524	397
购建固定资产、无形资产和其他长期资产所支付的现金	537	1 356	434	662
投资所支付的现金	0	0	0	0
取得子公司及其他营业单位支付的现金净额	0	0	50	0

续表

报表日期	2012-12-31	2013-12-31	2014-12-31	2015-12-31
支付的其他与投资活动有关的现金	0	0	0	0
投资活动产生的现金流出小计	537	1 356	484	662
投资活动产生的现金流量净额	−537	−1 356	40	−265
三、筹资活动产生的现金流量：				
取得借款收到的现金	2 151	2 029	873	625
吸收投资者投资收到的现金	0	0	0	51
收到其他与筹资活动有关的现金	0	0	0	0
筹资活动现金流入小计	2 151	2 029	873	676
偿还债务支付的现金	2 160	1 370	625	375
分配股利、利润或偿付利息所支付的现金	653	384	607	38
支付其他与筹资活动有关的现金	0	0	0	0
筹资活动现金流出小计	2 813	1 754	1 232	413
筹资活动产生的现金流量净额	−662	275	−359	263
四、汇率变动对现金及现金等价物的影响	0	−4	−3	−1
五、现金及现金等价物净增加额	250	58	149	816
加：期初现金及现金等价物余额	1 130	1 072	923	107
六、期末现金及现金等价物余额	1 380	1 130	1 072	923

补充资料：

报表日期	2012-12-31	2013-12-31	2014-12-31	2015-12-31
1. 将净利润调节为经营活动现金流量				
净利润	1 810	1 191	747	510
加：资产减值准备	0	−1	2	4
固定资产折旧、油气资产折耗、生产性生物资折旧	402	351	298	317

续表

报表日期	2012 – 12 – 31	2013 – 12 – 31	2014 – 12 – 31	2015 – 12 – 31
无形资产摊销	18	12	1	1
长期待摊费用摊销	0	0	0	0
处置固定资产、无形资产和其他长期资产的损失	0	0	10	14
固定资产报废损失	0	0	0	0
公允价值变动损失	0	0	0	0
财务费用	126	109	57	38
投资损失	0	0	0	0
递延所得税资产减少	-1	3	-4	-1
递延所得税负债增加	0	0	0	0
存货的减少	-413	32	-202	255
经营性应收项目的减少	-493	-522	-551	-172
经营性应付项目的增加	0	-32	113	-147
其他	0	0	0	0
经营活动产生现金流量净额	1 449	1 143	471	819
2. 不涉及现金收支的重大投资和筹资活动				
债务转为资本	0	0	0	0
一年内到期的可转换公司债券	0	0	0	0
融资租入固定资产	0	0	0	0
3. 现金及现金等价物变动情况				
现金的期末余额	1 380	1 130	1 072	923
减：现金的期初余额	1 130	1 072	923	107
加：现金等价物的期末余额	0	0	0	0
减：现金等价物的期初余额	0	0	0	0
现金及现金等价物的净增加额	250	58	149	816

参 考 文 献

［1］张先治，陈友邦．财务分析（第七版）［M］．大连：东北财经大学出版社，2014（2）．

［2］万如荣，张莉芳，蒋琰．财务分析［M］．北京：人民邮电出版社，2014（9）．

［3］王文华，陈可喜．财务分析［M］．上海：立信会计出版社，2013（6）．

［4］吴世农，吴育辉．CEO 财务分析与决策［M］．北京：北京大学出版社，2013（1）．

［5］陈星玉．财务分析［M］．北京：电子工业出版社，2015（1）．

［6］唐现杰，徐鹿．财务分析［M］．上海：格致出版社，2011（6）．

［7］李燕翔．500 强企业财务分析实务［M］．北京：机械工业出版社，2015（3）．

［8］章卫东．企业财务分析［M］．上海：复旦大学出版社，2014（2）．

［9］贺志东．名家手把手教你财务分析［M］．北京：电子工业出版社，2014（9）．

［10］武晓玲，田高良．企业财务分析［M］．北京：北京大学出版社，2013（9）．

［11］杨秋华．财务分析一学就会［M］．北京：经济管理出版社，2013（8）．

［12］中华人民共和国财政部．企业会计准则——基本准则（2014）［S］．北京：经济科学出版社，2014（7）．

［13］王微，曹彩琴．企业偿债能力分析——以常州市某医药实业有限公司为例［J］．经济与管理，2015（1）．

［14］曹晓丽．财务分析方法与财务分析中存在的问题［J］．财务与会计，2014（S2）．

［15］余昌文．财务分析技术框架的改进与建议［J］．财务管理，2014（7）．

［16］Robert C. Higgins. Analysis for Financial Management［M］. Mcgraw – Hill. New York，2008.

［17］ROBERT S. KAPLAN. ANTHONY A. ATKINSON. Advanced Management Accounting［M］. Prentice Hall. New York，1998.